Jessica Turner
Cornelia Biegler

Sie gründet

Jessica Turner

Cornelia Biegler

Sie gründet

**Dein Arbeitsbuch von der
ersten Idee zum erfolgreichen Business**

WILEY-VCH GmbH

1. Auflage 2025
Alle Bücher von WILEY-VCH werden
sorgfältig erarbeitet. Dennoch
übernehmen Autoren, Herausgeber und
Verlag in keinem Fall, einschließlich des
vorliegenden Werkes, für die Richtigkeit
von Angaben, Hinweisen und
Ratschlägen sowie für eventuelle
Druckfehler irgendeine Haftung

**Bibliografische Information der Deutschen
Nationalbibliothek**
Die Deutsche Nationalbibliothek
verzeichnet diese Publikation in der
Deutschen Nationalbibliografie;
detaillierte bibliografische
Daten sind im Internet über
http://dnb.d-nb.de abrufbar.

Print ISBN: 978-3-527-51219-5
ePub ISBN: 978-3-527-85198-0

Umschlaggestaltung: Cornelia Biegler &
Susan Bauer, Heddesheim
Satz: Straive, Chennai, India
Druck und Bindung:
CPI Group (UK) Ltd, Croydon, CR0 4YY

C9783527512195_230125

The manufacturer's authorized representative according to the EU
General Product Safety Regulation is Wiley-VCH GmbH, Boschstr.
12, 69469 Weinheim, Germany, e-mail: Product_Safety@wiley.com.

Inhalt

Hinweis

In diesem Buch verwenden wir eine möglichst genderinklusive Sprache, um alle Geschlechter und Identitäten einzubeziehen. Wo es möglich ist, nutzen wir geschlechtsneutrale Formulierungen oder wechseln zwischen femininen und maskulinen Bezeichnungen. Dem Thema geschuldet, richtet sich das Buch an weibliche Personen und wir sprechen oft von *Frauen* und *Männern*, während wir Verhaltensmuster auf Basis eines binären Geschlechterverständnisses pauschalisieren. Damit möchten wir keine veralteten Denkweisen festigen und niemanden in eine Schublade stecken, sondern genau das Gegenteil: Muster sichtbar machen, um sie danach mit vereinter Kraft aufbrechen zu können. Für mehr Diversität und Mut zum individuellen Weg.

Vorwort

Liebe Gründerin,

dieses Buch ist für dich. Vielleicht stehst du gerade an dem Punkt, an dem du den Wunsch verspürst, dein eigenes Unternehmen zu gründen, oder du bist schon mitten auf deinem Weg als Unternehmerin. Ob hoch motiviert oder fürchterlich verunsichert – egal, wo du dich gerade befindest – wir möchten dir zur Seite stehen.

Wir sind Cornelia und Jessica. Wir möchten mehr Frauen als erfolgreiche Unternehmerinnen sehen. Denn als Unternehmerinnen können wir die Welt mitgestalten. Für uns ist es ein wundervoller Weg, Träume zu verwirklichen. Es ist unsere Chance, andere zu ermutigen. Es ist eine Möglichkeit, gegen Ungerechtigkeiten anzukämpfen. Für uns ist es zutiefst erfüllend, wenn wir für Probleme Lösungen finden und damit das Leben anderer verbessern können. Wir sind zwei Frauen, die ihre ganz eigenen Wege als Gründerinnen gehen und dabei schon viele Erfahrungen gesammelt haben. Cornelia ist heute freiberufliche Designerin und Mama. Sie begleitet junge Unternehmen in der Gründungs- und Aufbauphase. Und Jessica ist heute international tätige Unternehmerin, die auch in Start-ups investiert. Wir haben beide unterschiedliche Hintergründe, aber eines gemeinsam: Wir glauben, dass es Zeit ist, dass Frauen mehr Wirkungskraft in dieser Welt haben. Und das erreichen wir zusammen!

Wir möchten dich mit diesem Buch inspirieren, liebevoll anstupsen und auf deinem Weg begleiten. Wir wissen aus eigener Erfahrung, welche Herausforderungen und Chancen sowohl das Leben als auch das Unternehmertum bereithalten. Wir verstehen, wie es ist, große Träume und dann auch mal Angst vor der eigenen Courage zu haben. Doch wir zeigen dir in diesem Buch, wie du es schaffst, mutig und gestärkt den eigenen erfüllenden Weg zu finden und ihn auch erfolgreich zu gehen. Wir teilen zusammen mit unseren illustren Gastautorinnen unser Geheimrezept für das

Verwirklichen der eigenen Vision und vermeiden dabei den Blick durch die rosarote Brille.

In diesem Buch geben wir durch verschiedene Beiträge unterschiedlichen Meinungen und Perspektiven Raum. Jede unserer Reisen ist einzigartig, und so auch deine. Deshalb laden wir dich dazu ein, deine eigene Meinung und den dazu passenden Pfad zu finden. Dabei mal ambivalente Gefühle auszuhalten oder auch die Perspektive zu wechseln, gehört zum Prozess dazu. Du hast die Freiheit, dir verschiedene Ansichten anzuhören, das Beste für dich mitzunehmen und deinen eigenen Plan daraus zu schmieden.

Uns ist es wichtig, dich als Frau anzusprechen, weil wir viele der Situationen, die du erlebst, verstehen können. Wir möchten dir zeigen, dass du voller Stolz deine Stärken einsetzen kannst. Und wir sind uns dabei sicher: Du hast bereits alles, was du benötigst, um deinen eigenen erfolgreichen Weg gehen zu können.

Das Buch ist in drei Teile aufgeteilt. Wir starten mit dem ersten Block: DU SCHAUST UM DICH HERUM UND IN DICH HINEIN, um gesellschaftliche und persönliche Rahmenbedingungen zu analysieren. Danach folgt der Mittelteil: DU ENTDECKST DAS FEUER IN DIR UND MACHST DICH BEREIT. Hier liegt der Fokus auf deiner Gründungsidee. Wir schließen ab mit dem dritten Teil: DU ZÜNDEST DIE RAKETE UND HEBST AB, indem wir den Blick wieder zurück auf dich lenken und was du dafür benötigst, um dein Unternehmen groß zu machen.

Jedes einzelne Kapitel enthält Wissen, Best Practices, persönliche Erfahrungen, kleine Aufgaben zum Bearbeiten direkt im Buch und am Ende eine #challenge.

Die Challenges helfen dir, deine Ideen und Strategien weiterzuentwickeln, und bieten eine wertvolle Gelegenheit zum Austausch mit anderen Gründerinnen. Durch das Teilen von Erfahrungen gewinnst du neue Perspektiven und findest kreative Lösungen. Du förderst den Aufbau eines starken Netzwerks, das dein Business vorantreiben wird. Gemeinsam profitieren wir von kollektiver

Intelligenz, entwickeln Ideen weiter und inspirieren einander, um unsere Ziele effektiver zu erreichen.

Vernetzung ist für uns die Schubkraft, die deiner Rakete Extra-Power verleiht. Ein Netzwerk bedeutet Support, Bereicherung, Inspiration, Lernen, Verbindung, Zugang zu Ressourcen und Sichtbarkeit. Und dieses Buch ist das Tor zu all diesen wertvollen Dingen.

Da wir in diesem Buch nicht in jeden Bereich tief eintauchen können, bieten wir dir zahlreiche weiterführende Links, weisen auf Bücher, Websites und Artikel hin, um dein Wissen zu vertiefen. Ebenso bekommst du Unterstützungsangebote von dem Buch-Netzwerk, die dich nach dieser Lektüre weiter begleiten. Unser Ziel ist es, dir AHA-Momente, inspirierende Erkenntnisse, vielleicht auch einmal Wutausbrüche und Mutmomente zu schenken, die dich allesamt auf deinem Weg in einen neuen Horizont begleiten und bestärken.

Du kannst das Buch gerne in einem Durchlauf lesen und direkt bearbeiten oder dir erst einen Überblick verschaffen und später die Aufgaben nacheinander durcharbeiten. Verwende das Buch so, wie es dir am besten dient.

Also, lass uns aufbrechen! Wir sind hier, um dir zu zeigen, was du alles schaffen kannst.

Deine Cornelia & Jessica

Teil I

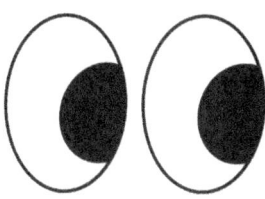

DU SCHAUST UM DICH HERUM UND IN DICH HINEIN

1 Was bedeutet es, zu gründen?

Du bist voller Tatendrang und Mut, dein Gründungsvorhaben jetzt anzugehen? Du willst ein Business starten und deinen Traum verwirklichen? Der Gedanke daran mag ein Kribbeln in deinem Bauch wecken – und genau dieses Gefühl kennen wir, Cornelia und Jessica, nur zu gut! Dies ist der Moment des »Mut-Ausbruchs«. Du hast eine Idee für deine Gründung, weißt aber bis jetzt nicht so recht, wie du anfangen sollst? Genau jetzt ist die richtige Zeit für dieses Buch. Deine Gründung erfordert diesen Mut und die Antriebskraft, denn es ist ein großer Schritt – oder besser gesagt: Es sind viele kleine Schritte, die stetig dein berufliches und wahrscheinlich auch privates Leben umkrempeln werden. Jede aufregende Herausforderung, die du mutig bestreitest, wird dich wachsen lassen und deine Ideen zum Leben erwecken. Es ist vollkommen normal, dabei auf Hindernisse zu stoßen und manchmal an sich selbst zu zweifeln. Dann heißt es tief durchschnaufen und erkennen, dass es diese Erfahrungen sind, die dich prägen, stärken und deine Reise so einzigartig machen. Wir möchten dich ermutigen, immer wieder den nächsten Schritt zu wagen und dir ein paar Abkürzungen ins Ohr flüstern, die dich deiner Vision näherbringen. Unternehmerin zu sein ist mitunter wie eine viel zu schnelle Achterbahnfahrt – sei es, wenn es zeitweise nicht läuft, wenn alles zu gut läuft oder wenn Konflikte auftreten. Wir sind hier, um dich zu unterstützen und zu begleiten!

1.1 Scheitern und das Beste daraus mitnehmen

Als Jessica im Anschluss an ihren Vortrag auf der HerCareer Messe in München nach ihrem größten Misserfolg in ihrem BusinessLeben gefragt wird, weiß sie sofort, was die Antwort ist. Ihr läuft es immer noch eiskalt den Rücken herunter, wenn sie daran denkt, und sie muss gleichzeitig lachen, denn sie weiß, dass ihre Geschichte eng mit Cornelia verbunden ist, die gerade im Publikum sitzt.

Aber jetzt erst einmal zurück zum Anfang: Vor einiger Zeit war Cornelia Teil eines Start-ups, das Jessica um eine Finanzierung bat. Es kam zu keiner Investition, da das Team die Finanzierungsrunde nicht voll bekam. Cornelia stieg aus dem Start-up aus und machte sich selbstständig. Als Freelancerin erstellte sie das UX-Design für eine Firma, die eine App entwickelte. Die Zusammenarbeit war anfangs sehr angenehm und produktiv. Cornelia erfuhr, dass das Unternehmen auf der Suche nach Investorinnen und Investoren war. »Ha! Da kenne ich doch eine großartige Investorin, die vielleicht Interesse hat«, dachte sie und vernetzte Jessica und den Gründer dieser Firma, da sie die Idee als äußerst unterstützenswert empfand.

Jessica war auch sofort begeistert von der Idee und sah großes Potenzial in dem Konzept und arbeitete sich direkt in das Thema ein. Währenddessen konnte das Start-up die Rechnungen von Cornelia nicht mehr bezahlen und der Gründer wandte immer mehr zweifelhafte Methoden an, um sie zu vertrösten. Cornelia warnte Jessica, doch da war es schon zu spät. Das Darlehen war bereits unter Dach und Fach. Jessica merkte zunehmend, dass es nicht einfach werden würde, das Start-up auf tragfähige Beine zu stellen, aber Vogel-Strauß-Moves sind nicht Jessicas Ding. Sie wollte die Idee zum Leben erwecken. Sie investierte viel Geld, Arbeit und Energie, um das Start-up zum Laufen zu bringen. Doch schließlich stellte sich heraus, dass der Gründer einen großen Teil des Geldes nicht für die vereinbarten Zwecke – noch schlimmer, ja nicht einmal innerhalb des Unternehmens – einsetzte. Die Zusammenarbeit konnte nicht fortgeführt werden, da das Vertrauensverhältnis komplett zerstört war. Jessica musste erkennen, dass die Idee, auf die sie gesetzt hatte, nie wirklich in Gang kam und sie ihr gesamtes Investment verlor. Cornelia begann gleichzeitig das langwierige Mahnverfahren mit vielen unschönen rechtlichen Schritten. Die Details ersparen wir euch lieber.

Cornelia, die also ein Teil der Business-Fail-Geschichte war, fühlte sich dezent unwohl, als Jessica sie anlachte und der Menge auf der HerCareer Messe erzählte, wer sie in den größten Business-Fail ihres bisherigen Lebens geritten hat. Es war eine schmerzhafte Lektion für uns beide, weil wir uns auf einen Businesspartner eingelassen haben, der unser Vertrauen und unsere Ressourcen nicht verdient hatte.

Glücklicherweise ist unsere gute Zusammenarbeit das schöne Ende der Geschichte. Heute freuen wir uns darüber, dass uns diese Erfahrung zusammengeschweißt und zu vielen neuen Projekten geführt hat. Denn, wenn all das nicht passiert wäre, würdest du heute nicht dieses Buch lesen. Das wäre doch jammerschade – findest du nicht auch?

Die meisten Erfolgsgeschichten verlaufen nicht geradlinig und durchweg positiv. Aber das ist in Ordnung. Wichtig ist, dass du aus jedem Fall auf den harten Boden das Beste mitnimmst.

Gründung ist ein Marathon, kein Sprint. Unternehmerin zu sein bedeutet viel mehr, als nur eine brillante Geschäftsidee zu haben. Diese Idee ist der Start, aber sie macht lediglich etwa fünf Prozent des Erfolgs aus. Die restlichen 95 Prozent kommen danach: Du beginnst, hast erste Erfolge zu feiern, lernst mit Rückschlägen umzugehen, zweifelst und entwickelst neue Ideen. Es liegt an dir, die Herausforderungen in nachhaltigen Erfolg zu verwandeln. Dafür benötigst du eine klare und leidenschaftliche Vision und die Bereitschaft, durchzuhalten.

Stell dir vor, wie du in zehn Jahren auf das zurückblickst, was du aufgebaut hast: ein Unternehmen, das dich erfüllt, Menschen, die dich unterstützen und Kundinnen und Kunden, die restlos begeistert sind. Denke an den Ort, an dem du spürst, dass du angekommen bist. Du bist genau dort, wo du hinwolltest. Behalte dir dieses Bild in deinem Kopf. Gemeinsam werden wir in diesem Buch herausfinden, wie du dieses Ziel erreichen kannst.

1.2 Was Gründerinnen besonders macht

Gerade während wir dieses Buch schreiben, im Sommer 2024, hat das erste Mal in der Geschichte der Commerzbank eine Frau die

CEO-Position übernommen. Die herausragende Unternehmerin Gülsah Wilke wurde 2024 die erste Partnerin des führenden europäischen Venture-Capital-Unternehmens DN Capital und leitet ab sofort die Geschäfte in Deutschland. Auch wenn wir uns über weibliche Errungenschaften freuen, gibt es trotzdem noch deutliches Entwicklungspotenzial im Hinblick auf die Gleichstellung. Die folgenden Einblicke sollen dich motivieren, bewusst gegen Hürden anzukämpfen, Schubladen aufzubrechen und Unterstützungsprogramme offen anzunehmen. Außerdem wollen wir dir zeigen, warum du als Unternehmerin eine so große Relevanz für die Welt hast.

Frauenanteil

Der Frauenanteil darf wieder wachsen! Der Anteil der von Frauen gegründeten Start-ups stieg in den vergangenen Jahren kontinuierlich an. Für 2024 verzeichnet der deutsche Startup-Monitor jedoch einen Rückgang.[1] Im Vergleich zu anderen EU-Ländern ist Deutschland eher konservativ, was die Veränderung traditioneller Rollenbilder angeht. Und Krisenzeiten festigen diese. Das hat Auswirkungen auf die Unternehmensgründungen. Der Gender Gap ist im risikoreichen Start-up-Ökosystem deutlich höher als bei Existenzgründungen allgemein. Frauen profitieren in ihrer gesellschaftlichen Rolle stärker von der Flexibilität der Selbstständigkeit, weshalb sie sich öfter allein selbstständig machen, als in zeitintensive und abenteuerlichere Unternehmungen einzusteigen. Die Bedeutung eines wachsenden Frauenanteils in der Wirtschaft bekommt für die gesamte Gesellschaft generell eine immer größere Bedeutung! Da die personenstärkste Generation mit den Babyboomern gerade in Rente geht, wird der Fachkräftemangel ein zunehmendes Problem. In einer höheren Erwerbstätigkeit der Frauen steckt großes Potenzial zur Minderung des Engpasses.

Gender Care Gap

Der Gender Care Gap zeigt deutlich, dass Frauen generell mehr Sorgearbeit übernehmen als Männer. Sobald Kinder im Haushalt sind, steigt die Differenz auf satte 59 Prozent![2] Dieser Gap hat weitreichende Folgen, nicht nur für die Vereinbarkeit von Beruf und Familie, sondern ganz besonders für die finanzielle Gleichheit. Da der Gender Care Gap der grundlegende Hebel für Geschlechtergleichstellung ist, lohnt es sich ganz besonders, immer wieder Strategien und Wege zu suchen, ihn zu reduzieren.

Die Suche nach dem Kapital

Geld und seine Verteilung sind auch im Hinblick auf Unternehmensfinanzierung kritische Punkte. Frauen erhalten seltener Zugang zu Venture Capital oder Business Angel Investments. Dieses Gender Funding Gap verstärkt sich durch den allgemeinen Verdienstunterschied von 18 Prozent zwischen Männern und Frauen[3]. Auf Frauen spezialisierte Venture Funds und zahlreiche Initiativen wirken dem Ungleichgewicht entgegen und unterstützen gezielt Unternehmerinnen mit Mentoring, Netzwerken und Zugang zu Finanzmitteln.

Affinitätsverzerrung

Ein weiteres relevantes Phänomen ist die Affinitätsverzerrung. Wir alle neigen zu dem unbewussten Verhalten, Menschen zu bevorzugen, die uns ähnlich sind. Es fällt uns dann leichter zu vertrauen. Speziell bei verantwortungsvollen Positionen werden die Stellen deshalb häufig durch »Mini-Mes« aus dem persönlichen Netzwerk besetzt. Um dieser Tendenz entgegenzuwirken, sind Diversitätsquoten wichtig. Initiativen wie TenMoreIn[4] setzen sich dafür ein, mehr Frauen in Führungspositionen zu bringen.

Cornelias kleine Schritte zur Bewältigung mancher Gender-Hürden

Mit dem Aufzählen himmelschreiender Ungerechtigkeiten lassen sich ganze Bücher füllen. Wir konzentrieren uns in diesem Buch hingegen lieber auf die Wirkung durch eigenes Handeln. Und das beginnt mit kleinen, alltäglichen Handlungen.

Schubladen aufbrechen

Mir hilft es, mir immer wieder bewusst zu machen, dass wir alle Vorurteile in uns tragen und in Schubladen denken. Damit diese Vorurteile nicht zu Diskriminierung werden, müssen wir offen bleiben und unser eigenes Denken immer wieder hinterfragen. Zu oft mache ich selbst die Türe zu und poche auf meine Position. Was ich aber versuche, ist, die Türe immer wieder einen Spalt weit zu öffnen, um mich gegebenenfalls vom Gegenteil überzeugen zu lassen. Verständnis und Zugewandtheit ebnen oft den Weg für gute Kommunikation. Und die ist die Basis für die Veränderung der Perspektiven. Spürst du, dass dir jemand voreingenommen gegenübertritt? Merkst du, dass Stereotypisierungen den Blick deines Teams einschränken? Sprich es an, mit einer empathischen Haltung. Vielleicht helfen dir diese Beispielsätze dabei:»Hier gibt es noch mehr Perspektiven, die wir berücksichtigen sollten.«»Ich habe selbst erlebt, dass diese Annahme nicht immer zutrifft. Hier ist ein Beispiel …«»Ich verstehe die Bedenken, aber lassen wir uns vom Gegenteil überzeugen!«

Veränderung durch Sprache

Ich vermeide im Businesskontext die Verwendung von Wortschöpfungen wie»Fempreneur«,»Mompreneur«,»Girlboss«, »Girlpower« und»Powerfrau«. Diese Begriffe machen es zur Besonderheit, dass eine Frau Kraft hat, Unternehmerin oder Boss ist. So wirkt es, als wäre der Normalzustand, dass sie eben keine Kraft hat und eine Mutter typischerweise keine Unternehmerin ist. Deshalb empfinde ich diese Begriffe als kontraproduktiv. Viel besser ist es doch, es als Selbstverständlichkeit anzusehen, dass Frauen das Gleiche machen und können wie Männer. Denn Sprache schafft Wirklichkeit.

Perfektionsansprüche loslassen

Es lohnt sich immer wieder, zu überlegen, wo hohe Ansprüche das Weiterkommen blockieren. Perfektion kostet Zeit und manchmal geht dadurch noch mehr verloren. Ich versuche durch das Reduzieren von Ansprüchen an mich selbst, den Gender Care Gap möglichst kleinzuhalten. Ich gewinne wertvolle Zeit für meine Arbeit und die Familie, indem ich bei der Ordnung im Haushalt Abstriche mache, wenig Freizeitprogramm plane und bei der Kleidung immer wieder pflegeleicht statt edel wähle. Im Job verhilft mir das Loslassen von Perfektionsansprüchen sogar zur ständigen Weiterentwicklung, indem ich Angebote trotzdem annehme, auch wenn ich mir unsicher bin, ob ich die Aufgabe perfekt lösen kann. In diesem Bereich können wir uns von Männern etwas abschauen: berufliche Schritte wagen, für die wir uns nur semi-kompetent fühlen, uns für die selbst gemachten Nudeln mit Butter feiern und ganz generell mehr Mut zur Lücke zeigen.

Prove them wrong!

Dein Gegenüber hat ein falsches Bild von dir? Wann immer du kannst, lass es bröckeln! Zeig, was du kannst, überzeuge durch deine Kompetenz und zeige dich als ganzen, einzigartigen, vielseitigen Menschen. So baust du Verbindung zu den Menschen auf. Das hilft allen dabei, beschränkende Sichtweisen zu mindern.

Nun zu den Erkenntnissen, die belegen, welche Veränderung Frauen in der Wirtschaft machen.

Frauen gründen grüner

Frauen gründen weltweit anders als Männer. Der GEM Women's Entrepreneurship Report[5] zeigt, dass Frauen mehr Wert auf Nachhaltigkeit und soziale Verantwortung legen als Männer. Frauen investieren mehr in grüne Fonds, sie achten auf mehr Transparenz in der Umweltbilanz von Unternehmen. Frauen achten auch beim Einkauf von Produkten mehr auf Nachhaltigkeit und treffen generell umweltfreundlichere Unternehmensentscheidungen.[6] Die größten Innovationspotenziale sehen Gründer*innen aktuell in Bereichen mit hohem gesellschaftlichem Wert. An erster Stelle steht Gesundheit, gefolgt von Bildung und Energie. Trotz schwieriger wirtschaftlicher Lage nehmen soziale Verantwortung und ökologische Nachhaltigkeit geschlechterübergreifend an Stellenwert zu.[7]

Frauen supporten Diversität und treiben Innovation

Frauen stellen mehr Frauen ein und fördern diverse Teams. Sie investieren darüber hinaus mehr in die Weiterbildung des Teams.[8] Das kompetente, diverse Team erzielt dann wiederum bessere Innovationsergebnisse und hat eine höhere Wahrscheinlichkeit, neue Produkte auf den Markt zu bringen, als homogene Teams. Das bedeutet in der Konsequenz, dass höhere Umsätze erzielt werden können.[9]

Eine diverse Wirtschaft stärkt das Land. Besonders junge Unternehmen haben eine hohe gesellschaftliche Relevanz in einer Zeit, in der Ängste und Radikalisierung zunehmen. Gründer*innen blicken auch in angespannter Lage positiv in die Zukunft. Und nur wer die Zukunft positiv sieht, kann sie positiv gestalten. Gründer*innen verfügen über eine hohe Anpassungsfähigkeit und die Kompetenz, große gesellschaftliche Probleme lösen zu können.[10] Diese Fähigkeiten, die Energie und die Denkweise benötigt die Gesellschaft jetzt mehr denn je. Deshalb gilt für uns Jessicas Motto: »Jetzt erst recht!«

Dass Frauen oft anders wirtschaften und anders führen, bemerkte auch Sylke. Sie erzählt in ihrem Beitrag von Situationen, die viele von uns in unterschiedlicher Form auch immer wieder erleben müssen. Wir alle kennen die strukturellen Probleme, die das Arbeitsleben oft erschweren. Sylkes Weg zum Erfolg lag jedoch nicht in der tiefgehenden Auseinandersetzung damit, sondern in der eigenen Stärkung und Weiterentwicklung.

Sylke Mokrus: Der Weg zum erfolgreichen Business ist ein gemeinschaftlicher

Sylke Mokrus ist studierte Betriebswirtin, Ökonompädagogin und psychologische Beraterin mit langjähriger Erfahrung in Führungspositionen im Bereich der technischen Sicherheit. In ihrer Rolle als Geschäftsführerin der Key Account GmbH liegt ihr besonderes Augenmerk auf kundenorientierten Sicherheitslösungen, die auf die jeweilige Risikosituation und Gefährdungslage zugeschnitten sind. Zudem beschäftigt sie sich mit AI und menschlichen Veränderungsprozessen als Hypnosecoach und Kommunikationstrainerin.

linkedin.com/in/sylke-mokrus-98864267

Frauen an der Spitze – gemeinsam unschlagbar

»Die Sylke muss noch viel lernen!«, sagte einer meiner früheren Vorgesetzten, als ich direkt neben ihm stand, zu einem anderen Manager. Ich war bereits seit vielen Jahren Leaderin mit ausgezeichneten Ergebnissen und damals Prokuristin mit einer großen Umsatzverantwortung und einem 300 Köpfe zählenden Team.

Nun, grundsätzlich ist lebenslanges Lernen mein Grundmotiv, da hat der Mann recht gehabt. Aber was hat mich an seiner Aussage gestört? Das Feedback kam von einem Manager, der bei Präsentationen mit seiner monotonen Stimme und dem Rücken zum Publikum nicht einmal mitbekam, dass alle schon schliefen. Von einem, der selbst keine Entscheidungen treffen konnte und gerne unter optimalen Ergebnissen seiner Mitarbeitenden seinen eigenen Namen setzte. Dafür waren sie allein schuld, wenn etwas nicht gut lief.

Du wirst jetzt fragen: »Und wie hast du reagiert?« Damals gar nicht, ich bin zu Respekt und Höflichkeit erzogen worden und hatte kein Repertoire an Verhaltensweisen für derlei Situationen. Heute würde ich fragen:»Was genau meinst du damit?« Oder:»Kannst du das näher erläutern in einem persönlicheren Rahmen?«

Mir zeigt dieses (mein) Beispiel, dass er eigentlich recht hatte, denn nicht alles hinzunehmen musste ich noch lernen. Eine Erkenntnis war zudem:»Wertvoll ist Feedback für mich immer dann, wenn ich die Feedbackgebenden als wertvoll einstufe.«

»Das können wir nicht machen, das wird zu emotional.« Diesen Satz habe ich in meiner Karriere schon öfter gehört, als mir lieb ist. Und jedes Mal habe ich innerlich die Augen verdreht. Emotional? Klar, ich habe Emotionen! Und sie helfen mir, bessere Entscheidungen zu treffen – für mein Team und für das Unternehmen. Wer hat eigentlich festgelegt, dass kühler Rationalismus das einzig wahre Führungsprinzip sein soll? Wahrscheinlich jemand, der dachte, dass Empathie und Weitblick keine Management-Tools sind. Spoiler: Sie sind es doch!

Mit diesen Skills war es mir immer möglich, mich in mein Team, unsere Kundschaft und auch in schwierigste Verhandlungspartner*innen hineinzuversetzen. Mir musste man »Gesprächsführung und Empathie« nicht beibringen.

Die Macht der Diversität in Management-Teams

Wenn ich auf meine Karriere zurückblicke, bin ich besonders stolz auf die Momente, in denen ich als Teil eines vielfältigen Teams gearbeitet habe. Wo Menschen unterschiedlichster Hintergründe und Perspektiven aufeinandertrafen und das Team letztlich genau dadurch unschlagbar war. Weibliche Führungskräfte bringen oft genau das in ein Management-Team ein, was viele Unternehmen benötigen: eine besondere andere Art, Probleme zu lösen. Wir sind nicht besser als unsere männlichen Kollegen, aber wir sind anders – und genau darin liegt der Schlüssel.

Forschung belegt es immer wieder: Teams mit einer ausgewogenen Geschlechterverteilung sind erfolgreicher. Und warum? Weil Frauen häufig andere Stärken mitbringen: Kommunikation, Teamfähigkeit, ein besseres Gespür für zwischenmenschliche Dynamiken. Dinge, die nicht unbedingt in jedem Management-Handbuch stehen, aber in der Praxis absolut entscheidend sind.

Grenzen? Die setzen wir uns oft auch selbst!

Hier kommt der Punkt, an dem es spannend wird: Die größten Hindernisse stehen nicht in Form von alten Vorurteilen oder gläsernen Decken da draußen – oft stehen wir uns selbst im Weg. Klingt unangenehm? Das ist jedoch meine Überzeugung. Wer kennt das nicht: Du sitzt in einem Meeting, hast die perfekte Lösung im Kopf und denkst dir:»Na ja, vielleicht ist das doch nicht so gut«, während dein männlicher Kollege mit einer halbgaren Idee ankommt und sofort überzeugt ist, dass sie der nächste Gamechanger ist.

Es ist Zeit, uns selbst diese mentalen Grenzen zu nehmen. Wir haben genauso viel zu sagen und genauso viel zu geben wie jeder andere auch!

Meine eigene Reise: Vom Zweifel zur Stärke

Ich erinnere mich an die ersten Jahre meiner Karriere, in denen ich oft dachte, ich müsste mich anpassen, um»erfolgreich« zu sein. Ich habe meine Stimme gesenkt, mein Auftreten gezügelt und bin auf Zehenspitzen durch das Büro geschlichen, um bloß nicht zu»dominant« zu wirken. Aber dann passierte etwas Entscheidendes: Ich fing an, mich selbst ernst zu nehmen. Ich habe gemerkt, dass es keinen Sinn ergibt, jemand anderes zu sein, nur um in das Bild zu passen, das andere von mir haben könnten.

Von diesem Moment an änderte sich alles. Ich war keine Kopie von jemand anderem – ich war ich. Mit meinen eigenen Stärken, meiner eigenen Stimme und ja, auch mit meiner eigenen Art, ein Meeting oder Teams zu leiten. Was ich dabei gelernt habe? Wenn wir einander unterstützen und bestärken, sind die Grenzen, die wir bisher vielleicht gespürt haben, schnell Schnee von gestern.

Gemeinsam sind wir unschlagbar

Was mir auf meinem Weg am meisten geholfen hat, waren Netzwerke von Frauen, die einander ermutigt und unterstützt haben. Es liegt eine unglaubliche Kraft darin, sich auf Augenhöhe auszutauschen und zu wissen:»Hey, du bist nicht allein.« Denn letztlich sind wir alle in einem Boot. Und wenn wir das Ruder fest in die Hand nehmen, können wir jede Welle meistern – egal wie hoch sie sein mag.

Diese Herausforderungen, die wir meistern müssen, kommen oft nicht nur aus dem Berufsleben, sondern auch aus unserem Privatleben. Lass uns gemeinsam einen Blick darauf werfen!

1.3 Wie eine Gründung dein Leben beeinflusst

Oprah Winfrey sagt:»Du kannst alles haben. Nur nicht alles auf einmal.« Als Unternehmerin darfst du entscheiden, worin du deine Energie steckst. Es geht um die Kunst, die richtigen Prioritäten zu setzen. Jede Entscheidung hat Konsequenzen und es gibt immer Opportunitätskosten – also die Kosten, die dir entstehen, wenn du dich zwischen mehreren Optionen entscheidest und du auf die potenziellen Gewinne der nicht genutzten Optionen verzichtest.

Die klassischen Beispiele: Entscheidest du dich, all deine Zeit in dein Business zu investieren, bleibt weniger Raum für private

Angelegenheiten. Konzentrierst du dich auf den Aufbau sozialer Projekte neben deinem Kerngeschäft, kann das dazu führen, dass dein Unternehmen langsamer wächst. Möchtest du die Familienzeit priorisieren und in Teilzeit arbeiten? Dann ist aktuell vermutlich nicht jede Gründungsidee realisierbar. Fokus auf das eine bedingt automatisch weniger Relevanz für das andere. Diese Opportunitätskosten zu erkennen und bewusst mit ihnen umzugehen, ist entscheidend, um nicht durch Überlastung zu scheitern. Die Kür besteht darin, deine Energie gezielt und ausgewogen zu verteilen, um sowohl dein Unternehmen als auch dein persönliches Leben in einer für dich idealen Balance zu halten.

Gründen bedeutet nicht, das komplette Leben von heute auf morgen auf den Kopf zu stellen und mit 200 Prozent Kraft in eine Richtung loszustürmen. Du kannst klein anfangen und gesund reflektiert wachsen, wachsen, wachsen. Viele fragen sich, wann der richtige Zeitpunkt ist, sich in Vollzeit der Gründungsidee zu widmen. Und ob überhaupt?

Nebenberuflich vs. Vollzeit

Nebenberuflich zu gründen hat den Vorteil, dass du dein Haupteinkommen aus einer Festanstellung behältst und das finanzielle Risiko damit geringer ist. Gleichzeitig kann die Geschäftsidee dann nur in kleinerem Rahmen getestet werden und auch nur langsamer wachsen. Unternehmertum bedeutet Verantwortung und unternehmerisches Risiko. Je mehr Risiko du eingehst, desto größer ist die Chance auf Gewinn oder Verlust. Viele Menschen kommen aus Angst, einem verklärten Bild vom Gründen oder dem Wunsch nach Perfektion nicht ins Handeln. Für sie ist das nebenberufliche Verfolgen der Business-Idee eine vielversprechende Möglichkeit, in sicherem und festgestecktem Rahmen loslegen zu können. In jedem Fall erfolgt der Weg zum Erfolg in kleinen Schritten, die nicht alle anfangs durchdacht und geplant werden können. Das Gute ist: Du musst sie nicht allein gehen.

Durch ihren persönlichen Weg in die nebenberufliche Selbstständigkeit führt uns Annika.

Annika Junker: Mein Weg in die nebenberufliche Selbstständigkeit mit Mut und Fokus

Foto: Harald Peter

Als Gründerin von NUVIBES verfolgt Annika Junker die Vision, durch eine wertschätzende Unternehmenskultur nachhaltigen Erfolg zu schaffen. Mit über 14 Jahren Erfahrung als Führungskraft im Konzern sowie als zertifizierte Business Trainerin und Coach bringt sie umfassendes Know-how und Authentizität in Leadership und Unternehmenskultur ein. NUVIBES@work stärkt Führungskräfte darin, authentisch und strategisch zu agieren, Teams zu inspirieren und High-Performance-Kultur zu fördern. Die e-Commerce-Plattform NUVIBES Business Geschenke bietet personalisierte Präsente, um Beziehungen im Businessumfeld zu stärken.

nuvibes.de

Um ehrlich zu sein, war es nie mein Lebenstraum, Unternehmerin zu werden. Meine Zeit im Konzern war abwechslungsreich, aufregend und immer wieder voller neuer Herausforderungen. Doch im Laufe der Jahre öffnete sich für mich eine andere Tür – weg von den Finanzen, hin zum Thema People and Culture. Ein Schlüsselerlebnis hatte ich während meiner zwei Jahre als Projektmanagerin für Post-Merger-Integrationen. Zu sehen, wie Menschen mit großen, von außen initiierten Veränderungen umgehen, faszinierte mich zutiefst und begeistert mich bis heute. Doch wie kam es dazu, dass ich trotz all dem schließlich den Weg in die Selbstständigkeit einschlug?

Bei schwierigen Entscheidungen gibt es eine Frage, die mir immer wieder weiterhilft: Stell dir vor, du bist sehr alt und blickst auf dein Leben zurück. Was wirst du bereuen, nicht getan zu haben? Als ich mir diese Frage stellte, war die Antwort klar: Ich würde es bereuen, nicht den Mut gehabt zu haben, zu gründen. Diese Erkenntnis war wie ein innerer Kompass, der mir die Richtung vorgab. Mit dieser Antwort im Kopf begann ich, einen Plan zu entwickeln. Ich wollte nichts überstürzen, aber auch nicht zögern, es einfach zu versuchen. Der Weg sollte realistisch und machbar sein – also entschied ich mich für eine nebenberufliche Selbstständigkeit. So konnte ich meine Sicherheit als Angestellte behalten und gleichzeitig Schritt für Schritt in die Welt des Unternehmertums eintauchen.

Rückblickend war das eine der besten Entscheidungen meines Lebens, auch wenn es nicht immer einfach war. Als kaufmännische Leiterin war ich es gewohnt, Entscheidungen zu treffen. Geldflüsse, Budgets, strategische Planungen – all das gehörte zu meinem Alltag. Mein Money-Mindset war solide, ich hatte keine Angst vor finanziellen Herausforderungen. Was ich jedoch unterschätzt hatte, war der Faktor Zeit. Der Tag hat 24 Stunden und doch schien es, als ob jeder neue Tag weniger davon zu bieten hatte.

Fokus ist gefragt! Zwei Jobs unter einen Hut zu bekommen, dazu Familie und Freundinnen und Freunde nicht zu vernachlässigen, ist eine echte Kunst. Ich habe gelernt, dass es nicht nur darum geht, To-do-Listen abzuarbeiten, sondern klare Prioritäten zu setzen. Es ist okay, wenn manche Dinge warten müssen. Nicht jede Aufgabe ist gleich wichtig, und das zu erkennen, hat mir eine Menge Druck genommen. Manchmal war es das Frühstück für den Kindergarten, was improvisiert werden musste, und manchmal war es das Projekt, das ich einfach vertagen musste. Dieses bewusste Priorisieren war für mich ein absoluter Gamechanger. Es half mir, den Überblick zu behalten und nicht in all den Aufgaben und Verpflichtungen zu versinken. Klar, das bedeutet auch, dass nicht alles perfekt laufen kann – und das ist völlig in Ordnung. Ein bisschen Chaos gehört dazu, wenn man mehrere Bälle gleichzeitig jongliert.

Netzwerk ist unabdingbar. Was mir unglaublich geholfen hat, war der Austausch mit anderen. Egal, ob es Gespräche mit Freunden, anderen Unternehmerinnen oder Kollegen waren – jede Konversation brachte mir neue Perspektiven und Ideen. Manchmal half es einfach, laut über ein Problem nachzudenken, und schon war die Lösung da. Andere Male brachten mir Gespräche mit erfahrenen Unternehmerinnen genau den Tipp, den ich benötigte, um eine Herausforderung zu meistern. Mein Netzwerk ist in dieser Phase zu einer echten Säule geworden. Mit Gleichgesinnten unterwegs zu sein, die die gleichen Sorgen und Freuden teilen, war und ist für mich unbezahlbar. Es ist fast so, als ob sich der Knoten im Kopf von allein löst, wenn man darüber spricht.

Flexibilität im Job ist wichtig für mich. Ein großer Vorteil war die Flexibilität, die mir mein Arbeitgeber entgegenbrachte. Teilzeit als Führungskraft von 13 Leuten – das klingt auf den ersten Blick nach einem Drahtseilakt, aber mit klaren Absprachen und regelmäßigen Reflexionen haben wir das gut hinbekommen. Natürlich lief nicht immer alles reibungslos, aber das gehört dazu. Erwartungen müssen immer wieder angepasst und reflektiert werden. Kommunikation ist hier der Schlüssel. Für mich war es wichtig, dass sowohl mein Arbeitgeber als auch meine Mitarbeitenden wussten, woran sie bei mir sind und wann ich verfügbar bin.

Eines der schönsten Dinge am Unternehmertum ist für mich die Freiheit, Entscheidungen zu treffen und einfach auszuprobieren. Als Angestellte hatte ich selten diese Freiheit. Es gibt klare Vorgaben, Prozesse und Hierarchien. Doch als Unternehmerin bin ich meine eigene Chefin und das bedeutete: ausprobieren.

Ich habe schnell gelernt, dass es nicht immer der perfekte Weg sein muss. Manchmal trifft man eine Entscheidung und merkt dann, dass es die falsche war – na und? Dann dreht man eben um und probiert es anders. Dieses spielerische Ausprobieren macht mir immer wieder Freude. Es ist okay, Fehler zu machen. Es ist okay, nicht alles sofort zu wissen. Und es ist okay, einfach mal Dinge auszuprobieren, die im ersten Moment verrückt erscheinen. Diese Freiheit und Flexibilität geben mir nicht nur Raum für Kreativität, sondern auch die Sicherheit, dass ich meinen eigenen Weg gehen kann.

Die Kombination aus Angestelltenverhältnis und Selbstständigkeit war für mich der perfekte Mix. Ohne den Druck, sofort erfolgreich sein zu müssen, konnte ich mich auf Projekte konzentrieren, die mich wirklich begeistert haben. Es ging nicht darum, schnell Geld zu verdienen, sondern um den Spaß an der Sache. Dieser Freiraum hat es mir ermöglicht, eine entspannte und finanziell abgesicherte Basis für meine Selbstständigkeit aufzubauen.

All das wäre nicht möglich gewesen ohne eines der wichtigsten Learnings aus dieser Zeit: Es ist notwendig, einen Plan zu haben, der auf deinen Werten und Visionen beruht. Es ist unerlässlich, den Mut aufzubringen, Entscheidungen zu revidieren und den Kurs anzupassen. Denn der Weg zum Erfolg ist selten gerade und manchmal bedeutet das größte Learning, flexibel zu bleiben und neue Wege zu erkunden. Am Ende des Tages geht es darum, Balance zu finden – zwischen Job, Selbstständigkeit, Familie und den eigenen Bedürfnissen. Und auch wenn das nicht immer einfach ist, kann ich sagen: Es lohnt sich.

Durch den Einblick von Annika wird deutlich, was für und gegen eine nebenberufliche Gründung spricht. Die in unseren Augen wichtigsten Punkte haben wir für dich zusammengefasst:

Haupteinkommen bleibt stabil, während du deine Geschäftsidee ausprobierst	Doppelbelastung von Job und Gründung erfordert viel Organisation und Energie
Business in Ruhe aufbauen, ohne sofort finanziellen Erfolg haben zu müssen	schwieriger, spontan auf Kundenanfragen oder Marktchancen zu reagieren
mehr Zeit, deine Idee zu verfeinern und dich Schritt für Schritt weiterzuentwickeln	nebenberufliche Gründung könnte als weniger engagiert oder professionell wahrgenommen werden beim Arbeitgeber, deinen Geschäftspartner*innen und Investorinnen und Investoren

Ob eine nebenberufliche Gründung passt, hängt stark von deiner Geschäftsidee ab. Flexibel einteilbare Dienstleistungen eignen sich oft gut, während zeit- und kapitalintensive Gründungen wie Start-ups oder Ladenbetriebe schwieriger neben dem Hauptjob zu managen sind.

Balance zwischen Erwerbs- und Care-Arbeit

Der größte limitierende Faktor in Bezug auf verfügbare Zeit ist das Kümmern um Kinder und pflegebedürftige Angehörige, was vorwiegend von Frauen übernommen wird. Wir leben in einer Gesellschaft, in der Frauen die Fürsorge und das Kümmern zugeschrieben wird. Es wird zum Beispiel immer noch oft vermittelt, dass Mütter viel besser wissen, was Kinder brauchen, und immer für Kinder da sein sollten, da nur sie über den einzigartigen Mutterinstinkt verfügen. Doch das Kümmern ist vielmehr eine Fähigkeit, die durch aktives Ausüben erlernt wird und durch Bindung entsteht. Das Buch *Mythos Mutterinstinkt* beschreibt ausführlich, dass eine gute und enge Bindung sowie die Kompetenz des Kümmerns nicht von der Geschlechtsidentität abhängig sind.[11]

Unsere Gastautorin Katharina gibt dir einen privaten Einblick in ihre Achterbahnfahrt als berufstätige Mutter.

Katharina Stapel: Ein ganz normaler Bericht einer selbstständig tätigen Mutter mit Happy End

Katharina Stapel ist eine erfahrene Verhaltensökonomin und Expertin für digitalen Vertrieb. Auf internationalen Bühnen vermittelt sie praxisnahe Strategien für Verkaufs- und Marketingprozesse. Als Gründerin und CEO von der Stapelfux GmbH sowie der Outlier GmbH unterstützt sie Unternehmen bei der Optimierung ihrer Verkaufsstrategien im digitalen Zeitalter. Sie ist außerdem Advisory Board Member für das Thema E-Commerce bei der Berlin Expo.

Foto: Sylke Gall

www.stapelfux.de

»So schwer kann das nicht sein. Das funktioniert schon. Ich nehme sie einfach überall mit hin.«

Ich hatte genau acht Wochen Pause nach der Geburt meiner Tochter, bevor ich wieder zu arbeiten begann. Meine größte Schwachstelle liegt zwischen einem hohen Anspruch und dem ständigen schlechten Gewissen. Dazwischen balanciere ich noch heute. Auch wenn meine Tochter schon 13 Jahre alt ist.

Mein erster Job nach der Geburt war eine Keynote bei einer Veranstaltung etwa 700 Kilometer von uns entfernt im Schwarzwald. Unsere Unterstützungsressourcen sind auf Freundinnen und Freunde beschränkt. So hatte ich damals eine Freundin dabei, die mich für den Drei-Tages-Trip begleitet hat, nur um auf mein Kind während der 45-minütigen Keynote aufzupassen.

Das Leben besteht plötzlich aus lauter »ersten Malen«. Mit dem ersten Kind kommt das erste Mal Fieber, Krupp und Punkte im Gesicht. Erstmalig wurden dem niedlichsten Kind in der Krippe die Haare abgeschnitten, eine Schnecken-Sportmannschaft im Trainingszentrum im Kleiderschrank gefunden, Kellerasseln aus der Jeans gefischt, lebende Muscheln im Handschuhfach gefunden, der Arm ausgekugelt, im Bett mit der Dogge geschlafen, Angst im Dunkeln, Streit mit der Freundin, Einschulung, Nagellack und verliebt sein. Jedes erste Mal bedeutet, eine Entscheidung zu treffen, von der man noch keine Ahnung hat, wie dies ausgehen wird. Das sagt uns nur vorher keiner. Man steht in voller Verantwortung. Und das spürt man sofort, denn jede Entscheidung hat Konsequenzen für einen Menschen, den man über alles liebt.

Man hat eine Idee, wie man als Familie leben, was man für das Kind und wie man als Mutter sein möchte. Es ist anstrengend. Und dennoch das Schönste, was mir passieren konnte. Und ich spreche da von beidem: von der Selbstständigkeit und dem Kind. Mein Tag beginnt um 04:00 Uhr. Die einzige Zeit, in der bislang nicht mal der Hund was von mir möchte. Hier trinke ich meinen Kaffee und bin für niemanden verantwortlich. Ich kann in Ruhe lesen und nicht selten auch was wegschaffen. Zwei volle Stunden, in denen ich nichts entscheiden muss. Wunderbar!

Danach ist mein Tag weitestgehend fremdbestimmt. Entweder durch das Kind oder durch die Arbeit. Beides unter einen Hut zu bekommen bedeutet, dass die Freizeit sich in den meisten Fällen auf das Schlafen begrenzt, weil immer noch was zu tun ist. Fremdbestimmt klingt nicht aktuell – das war das Gefühl in den ersten Jahren.

Das Muttersein hatte mich überrollt. Da gab es kein »Schauen wir mal«, es geht direkt los. Zusammen mit der Selbstständigkeit hat man wenig Zeit, um sich darüber im Klaren zu werden, welche Haltung man jetzt im Alltag haben möchte und wie man beides mit Liebe, Freude und Leidenschaft macht. Das kommt mit der Zeit. Spätestens beim vierten Mal Fieber. Beim dritten Krupp. Beim fünften Sprint auf High Heels, um rechtzeitig beim Kunden sein zu können. Doch deshalb ist der Stress nicht weg. Er ist nur etwas anders.

Ich hatte verdammtes Glück. Meine Tochter war schon von Anfang an glücklich, zufrieden, gesund und entspannt. Im Maxi-Cosi hat sie vor 2000 Leuten auf der Bühne neben mir geschlafen. Und das hat sich durchgezogen. Ich schaue sie heute an, mit meinem ständigen schlechten Gewissen, und sehe eine großartige junge Dame, die weiß, was sie will. Mit einem großartigen Freundeskreis. Ein schönes Selbstverständnis. Selbstständig. Kreativ. Familiär. Klug. Und natürlich ohnehin das weltweit schönste Kind. Und dann bin ich stolz. Nicht nur auf sie. Sondern auch auf mich. Trotz Selbstständigkeit bin ich als Mutter da, verbringe viel Zeit mit ihr, habe ein enges Verhältnis und versorge sie meinen Ansprüchen entsprechend.

Ist es für jeden möglich?

Ich weiß es nicht. Nicht, weil die Frau es nicht schafft, sondern weil die Umstände eine große Rolle spielen. Ich hatte viel Glück und habe das genutzt. Ich musste aber genauso viele Abstriche machen und zurückstecken. Ob die Partner*innen Care-Arbeit übernehmen, die Betreuungszeiten, Krankzeiten und Gesundheit oder die Kinderfreundlichkeit der Kundinnen und Kunden – vieles liegt nicht in den eigenen Händen. Genau genommen das Wenigste.

Es lohnt sich, um die Balance zwischen hohem Anspruch und schlechtem Gewissen zu kämpfen. Es ist anstrengend. Aber es ist auch das Schönste, weil man mit dem Kind und dem Business wächst. Das ist eine besondere Art der

Persönlichkeitsentwicklung, die keine Ausflüchte beim Stark-sein und -bleiben duldet. Sie fordert alles ab und schenkt viel zurück.

Was mir am Ende geholfen hat, waren drei Dinge: Netzwerk, Flexibilität und Humor.

Wenn ich heute noch einmal Mutter werden würde, dann würde ich mir alle Tipps und wertvollen Bücher schenken und mich auf diese drei Kernthemen fokussieren. Ein Netz-werk ist familiär und beruflich das Wertvollste, was es gibt. Vielleicht schafft man es allein. Das kann sein. Aber es ist so viel schöner und leichter, wenn man Menschen um sich hat, mit denen man einander unterstützen kann. Flexibilität ist ein Muss. Wenn man einen wichtigen Termin hat, das Kind allerdings dich mit roten Punkten am ganzen Körper an-schaut, dann nützt es nichts. Du kannst jammern oder Lö-sungen finden. Es hilft, nicht alles so ernst zu nehmen. Nicht alles ist so wichtig, dass man darüber nicht auch lachen kann. Was ich die letzten 13 Jahre gelernt habe:

- Ein Kind zu lieben, ist das Schönste und Härteste, was einem das Leben abverlangen kann.
- Zeit ist das wertvollste Gut. Sie kommt nicht wieder. Schaffe also schöne Momente, die in Erinnerung bleiben.
- Arbeiten zu gehen, ist vollkommen in Ordnung. Zusammen mit 100 kg Mutterliebe entpuppt sich das Kind zu etwas sehr Wunderbarem.
- Essen, Wechselklamotten und Plan C dabei zu haben, ist ein Muss. Mit Kind und im Job.
- Ehrlichkeit, Vertrauen und Respekt sind die wertvollsten Werte innerhalb von Beziehungen. Wenn du das mit Men-schen und deinem Kind hast, dann kann kommen, was will.
- Es gibt ein geheimes Mantra, das hilfreich ist: »Es ist nur eine Phase. Es ist nur eine Phase. Es ist nur eine Phase …«

Eines, was mir jeden Tag hilft, nicht nur besser, sondern auch zufriedener zu werden, ist, mir immer wieder vor Augen zu halten: Mein Alltag ist ihre Kindheit und mein Leben. Davon gibt es jeweils nur eines. Und es ist mein Job, damit gut umzugehen.

Es gibt immer viele andere Frauen, die ähnliche Herausforderungen meistern wie du. Sie können dir nicht nur Inspiration geben, sondern auch das beruhigende Gefühl, dass du mit all den manchmal ganz schön verrückten Schwierigkeiten nicht allein bist. Hier sind sechs Tipps, die dir helfen können, einen guten Weg für dich und deine Familie zu finden. Wähle das, was für dich passt!

1. Erkenne den Wert von Care-Arbeit. Die Menschen, die sich um andere kümmern, sind unverzichtbar für unsere Gesellschaft. Setz dich mit deiner Familie, deinem Partner oder deiner Partnerin zusammen und besprecht, wie ihr die Aufgaben fair verteilen könnt. Findet gemeinsam Lösungen, damit du auch deiner Gründungsidee nachgehen kannst.

2. Passe deine Prioritäten flexibel an dein Leben an. Falls du in diesem Jahr nicht die Rahmenbedingungen hast, die du benötigst – passe den Plan an und vielleicht sieht es im nächsten Jahr schon wieder ganz anders aus. Nimm den Druck raus und treffe Entscheidungen, mit denen du dich wohlfühlst.

3. Gibt es in der Familie eine Person, die mehr Erwerbs- und weniger Care-Arbeit leistet, bekommt diese auch später eine höhere Rente. Von der unbezahlten Care-Arbeit profitiert jedoch die ganze Familie. Kümmert euch darum, dass das Einkommen fair geteilt wird, die Rentenvorsorge ausgeglichen ist und keine Abhängigkeit voneinander entsteht.

4. Nimm dir bewusst Zeit für dich selbst. Genüssliche und sichtbare Pausen sind revolutionär! Nur wenn du deine Energie bewahrst, kannst du sowohl dein Business voranbringen als auch im Privatleben präsent und ausgeglichen sein. Warte nicht, bis

du an deine Grenzen kommst – achte frühzeitig auf dich und deine Bedürfnisse.

5. Engagiere dich aktiv für das, was dir wichtig ist. Nutze deine Stimme, um Veränderungen zu bewirken – sei es im Alltag, im eigenen Umfeld oder auf politischer Ebene. Du kannst in deinem persönlichen Umfeld Lösungen schaffen und andere dazu inspirieren, sich für Themen wie Gleichberechtigung und die Reduktion des Care Gaps starkzumachen. Jeder kleine Schritt zählt und gemeinsam können wir eine große Veränderung bewirken!

6. Wir glauben, die größte Erleichterung liegt im Support-Netz. Ein Zusammenschluss mit anderen Familien kann große Entlastung bringen und die Doppelbelastung reduzieren. Denk über alternative Wohn- oder Unterstützungsmodelle nach. Aktiviere allen Rückhalt, den du bekommen kannst. Du musst das nicht allein schaffen![12]

Ein weiterer wichtiger Punkt ist eine flexible Arbeitswelt. Was wäre, wenn sich Care- und Erwerbsarbeit besser vereinbaren ließen? Viele Jobs sind immer noch an starre Arbeitszeiten gebunden, obwohl das nicht nötig wäre. Unzählige Frauen entscheiden sich deshalb für die Selbstständigkeit, um ihren Alltag selbst zu gestalten. Welche Plattform dir dabei helfen kann, erzählt dir Anika.

Anika Schmidt: Unterstützung für flexible Arbeitsmodelle

Anika Schmidt ist Psychologin, Personal- und Organisations-entwicklerin und Co-Founderin von FreeMOM, einem HR-Start-up für familienfreundliches Freelancing. Als ehemalige Head of Talent Development hat sie umfassende Erfahrung im Bereich Personalentwicklung gesammelt. Als Business Coach und Expertin für New Work und Vereinbarkeit bringt sie über 15 Jahre Erfahrung in verschiedenen HR-Funktionen mit. Ihre Vision ist es, eine Arbeitswelt zu schaffen, die für alle funktioniert.

Foto: Michael Lübcke

freemom.de

Jede Person, die Kinder hat, weiß, Beruf und Familie unter einen Hut zu bringen, ist eine Herausforderung. Doch benötigen Mütter tatsächlich andere Arbeitsmodelle als Väter oder liegt die Lösung in mehr Vereinbarkeit für alle? Ein Blick auf Zahlen des Bundesfamilienministeriums (2022) zeigt, es könnten dem Arbeitsmarkt 840 000 zusätzliche Arbeitskräfte zur Verfügung stehen, könnten Mütter so arbeiten, wie sie es laut eigenen Angaben gerne möchten. Das heißt, das Potenzial ist enorm! Doch die Realität zeigt, dass 66 Prozent der Mütter nach der Elternzeit Abstriche machen müssen. Nur 44 Prozent der Mütter mit Kindern unter drei Jahren sind überhaupt berufstätig und rund ein Drittel kündigt aufgrund mangelnder Vereinbarkeit. Mütter sind noch immer eine unterschätzte Zielgruppe am Arbeitsmarkt – das muss sich ändern. Ja, wir benötigen andere Arbeitsmodelle, die mehr Flexibilität und Selbstbestimmung zulassen, um diese Potenziale zu heben.

Die FAIRteilung von Care-Arbeit in Familien ist ein großer Hebel. Der Wunsch nach Flexibilität und Vereinbarkeit betrifft nicht nur Mütter – auch Väter, pflegende Angehörige und andere Menschen in besonderen Lebenssituationen profitieren von Arbeitsmodellen, die sich an ihre individuellen Bedürfnisse anpassen. Deshalb ist es wichtig, die Debatte um die Vereinbarkeit so zu gestalten, dass sie die Bedürfnisse aller Menschen mit ihren individuellen Ansprüchen berücksichtigt. Wir glauben daran, dass mehr Vereinbarkeit, Flexibilität und alternative Arbeitsmodelle möglich sind. Freelancer*innen zeigen das mit ihrer Arbeit jeden Tag. Und genau das ist unsere Mission bei FreeMOM: flexible, zukunftsfähige Arbeitsmodelle für mehr Vereinbarkeit. FreeMOM ist die erste Freelancing-Plattform, die familienfreundliches Arbeiten unterstützt und Unternehmen mit Freelancer*innen projektbasiert vernetzt. Unsere Projekte sind alle remote und passen sich von Umfang und Rahmenbedingungen an verschiedene Lebensrealitäten an. Letztlich lässt sich sagen, dass es nicht um die Frage geht, ob Mütter andere Arbeitsmodelle benötigen, sondern vielmehr darum, dass die Arbeitswelt von morgen flexibler und individueller werden muss. Die Bedürfnisse von Müttern, Vätern und Co. sind vielfältig und es braucht Arbeitsmodelle, die auf diese unterschiedlichen Lebenssituationen eingehen.

Privat versus Business – gegensätzliche Ziele

Zeitliche Einschränkung aufgrund von Care-Arbeit, ein Hauptjob, den du bisher nicht aufgeben kannst, und limitierte finanzielle Ressourcen sind Rahmenbedingungen, die Einfluss auf deine Gründung haben können. Da gibt es aber vielleicht noch mehr? Hast du manchmal Gedanken wie »Ich kann nur glücklich sein, wenn ...« oder »Für mein Lebensglück benötige ich ...«? Solche Überlegungen sind berechtigt, da das Business nicht isoliert von deinem Leben existiert – es ist vielmehr ein integraler Bestandteil davon. Dein Unternehmen wird dein Leben beeinflussen und auch andersherum. Am Ende zählt, dass dein Business dich glücklich macht und in dein Leben passt. Deine Gründungsidee sollte nicht nur wirtschaftlich tragfähig sein, sondern auch deine persönlichen Ziele und Wünsche berücksichtigen sowie im Einklang mit deiner Lebenssituation funktionieren. Das bedeutet nicht, dass sie dich nicht herausfordern darf – im Gegenteil. Aber diese Herausforderungen sollten dich nicht überfordern oder ausbrennen lassen.

Deine Entscheidungen im Business beeinflussen auch dein privates Leben. Stell dir vor, du träumst davon, in der Natur zu leben, in einem ruhigen Wald, weit weg von der Hektik der Stadt. Dein Business hingegen verlangt regelmäßige persönliche Meetings und eine starke Kundenpräsenz in der Großstadt. Wie verbindest du beides? Eine andere Zerreißprobe könnte sein, dass deine große Liebe im Ausland lebt, während sich dein Geschäft auf den deutschen Markt konzentriert. Dies sind keine seltenen Dilemmata, sondern reale Beispiele für Situationen, die Entscheidungen fordern.

Während du darüber nachdenkst, dein eigenes Unternehmen zu gründen, ist es also entscheidend, deine persönlichen Rahmenbedingungen zu berücksichtigen.

Welche Rahmenbedingungen beeinflussen dich? Nimm dir einen Moment Zeit, um eine Liste von bis zu acht Dingen zu erstellen, die deine Gründung beeinflussen könnten. Diese Liste sollte Aspekte deines Lebens umfassen, die deine Entscheidungen prägen – vom Standort hin zu familiären Verpflichtungen. Markiere diejenigen mit einem Stern, die besonders wichtig sind, und frage dich, welche dieser Bedingungen du nicht als feststehende Gegebenheiten akzeptieren möchtest. Diese kannst du symbolisch durchstreichen.

#hurdlechallenge

Die Challenges ermöglichen dir, dich mit Gleichgesinnten auszutauschen und wertvolle Netzwerke aufzubauen. So gewinnst du neue Perspektiven und Lösungen. Durch die gemeinsame Zusammenarbeit und das Teilen von

Erfahrungen kannst du schneller vorankommen und die Motivation steigern, deine Ziele als Gründerin zu erreichen. Bevor du also im nächsten Kapitel deinen Blick in dich hinein lenkst, haben wir noch eine Aufgabe für dich:

Verfasse einen Post auf LinkedIn oder Instagram, in dem du von einer Hürde erzählst, die du meistern musstest, um Privates und Berufliches in Einklang zu bringen. Zeige, welchen Weg du gefunden hast, damit umzugehen. Erzähle, inwiefern deine Learnings dein Leben nachhaltig prägen. Damit machst du anderen Frauen Mut!

Frage deine Follower, wem das bekannt vorkommt. So animierst du zur Interaktion mit dem Beitrag und ein wertvoller Austausch kann entstehen.

Tagge @wir.gruenden in deinem Beitrag, um die Reichweite zu erhöhen. Wir werden deinen Beitrag teilen.

2 Deine persönliche Entwicklung

Gründen bedeutet, mutig unklare Pfade zu beschreiten. Dieser Mut wächst oft aus einem starken Selbstwertgefühl und Vertrauen in die eigenen Fähigkeiten. Unserer Ansicht nach sollte jede Gründung mit der Gründerin und ihrer Selbststärkung beginnen. Stärke dich selbst, damit du die innere Kraft hast, ein erfolgreiches Business aufzubauen. Ein stabiler Selbstwert lässt dich nach dem Hinfallen zügig wieder aufstehen. Lernst du gut auf deine Bedürfnisse zu achten, kannst du Stress schnell erkennen und dir Strategien aneignen, um mit ihm umzugehen. Unternehmerinnen, die an sich selbst arbeiten und Selbstreflexion in ihr Leben integrieren, werden zudem zu Vorbildern für ihre Mitarbeitenden. Deine Resilienz hilft dir auch in unvorhergesehenen Momenten (von denen man als Gründerin ja viele hat), die Ruhe zu bewahren und langfristig gesund bleiben zu können. Sonst sinkt die Energie und damit auch die Leistungsfähigkeit und der Fokus.

2.1 Untersuche deinen Selbstwert

Ein starkes Selbstwertgefühl hilft dir, Entscheidungen schneller und mutiger zu treffen sowie weniger Angst vor Fehlern zu haben. Es macht dich widerstandsfähiger, besonders in schwierigen Zeiten. Dein Selbstwert sollte dabei möglichst unabhängig von deiner Leistung oder dem Erfolg deines Unternehmens sein, damit du auch Tiefschläge überstehst. Diese innere Stärke ist essenziell für deinen Erfolg als Unternehmerin. Arbeite daran, gut zu dir selbst zu sein, denn das bringt dich langfristig weiter – und das ist etwas, das persönlich und beruflich wirklich schön ist!

Was beeinflusst das Selbstwertgefühl?

Viele Frauen wachsen mit Selbstzweifeln auf, die durch vorherrschende Norm- und Idealbilder verstärkt werden. Schönheits- und Performance-Druck sind Beispiele dafür. Diese Zweifel können den Mut dämpfen, den ersten Schritt zu machen und die eigenen Träume zu verfolgen. Doch es ist wichtig zu erkennen: Ein stabiles Selbstwertgefühl hängt nicht von Leistung oder Perfektion ab. Es bedeutet, zu wissen, dass du wertvoll bist, unabhängig davon, wie viel du schaffst. Deine eigenen Wünsche und Bedürfnisse verdienen es, priorisiert zu werden – und das macht dich wirklich stark und authentisch.

Celsy Dehnert spricht in ihrem Buch *Das Gefühl von Armut* in eindrucksvoller Weise darüber, wie der Selbstwert auch an Herkunft, Status und (kulturelles) Kapital gekoppelt ist.[1] Es sind aber auch unsere Beziehungen und sozialen Interaktionen, die einen signifikanten Einfluss auf unseren Selbstwert haben. Das bewusste Wertschätzen von Fähigkeiten, Lernprozessen und Erfolgen stärkt uns auch.

Wie Jessica an ihrem Selbstwert arbeitete

Meine Themen sind »gut genug zu sein«, »immer stark für andere sein zu wollen« und »mangelndes Vertrauen«. Persönliche Weiterentwicklung war schon immer ein wichtiger Teil meines Lebens. Was du privat mit dir herumträgst, zeigt sich auch in deinem Business.

Ich erinnere mich gut an meine erste große berufliche Entscheidung: Ich hatte gerade mein eigenes Unternehmen gegründet und fühlte mich oft unsicher, ob das die richtige Wahl war. Zunächst gründete ich mit zwei Mitgründern, doch beide stiegen frühzeitig aus. Plötzlich stand ich allein da, was mein Selbstvertrauen stark herausforderte. Es fühlte sich an, als müsste ich doppelt so hart kämpfen, um zu beweisen, dass ich es schaffen kann. Diese Erfahrung half mir zu erkennen, wie wichtig es ist, den eigenen Fähigkeiten zu vertrauen, auch wenn man auf sich allein gestellt ist.

Jetzt könnte ich als Autorin dieses Buches natürlich sagen, dass ich immer selbstbewusst bin und meinen Selbstwert stets hochhalte. Doch ich bin ehrlich zu mir selbst. Es war nicht leicht, die Zweifel zu ignorieren, die mir zuflüsterten, dass ich nicht genug oder nicht stark genug sei, um diesen Weg zu gehen. Doch später wurde mir klar, dass ich mich von diesen alten Glaubenssätzen befreien musste. Schritt für Schritt arbeitete ich daran, mein Selbstwertgefühl nicht von meinen Leistungen oder der Meinung anderer abhängig zu machen – und genau das hat mich mutiger und stärker gemacht.

Unter anderem habe ich das Buch *Metamorphose* geschrieben. Es behandelt die Persönlichkeitsentwicklung und nutzt den Schmetterlingszyklus als Metapher. Ich schrieb das Buch nicht nur für andere, sondern auch für mich selbst. Im Schreibprozess setzte ich mich intensiv mit meinen eigenen Themen auseinander. Außerdem investiere ich viel in meine persönliche Entwicklung, besuche Seminare und suche Mentor*innen, die mich auf meinem Weg unterstützen.

Jede dieser Erfahrungen hat dazu beigetragen, dass ich mich weiterentwickeln und an meinem Selbstwert arbeiten konnte. Es ist ein kontinuierlicher Prozess und ich bin stolz darauf, dass ich ihn gehe!

Hier sind einige Ideen, wie du im Alltag daran arbeiten kannst, deinen Selbstwert zu steigern.

- **Erweitere dein Wissen:** Überlege dir, in welchen Bereichen du mehr lernen möchtest. Je mehr du dich mit neuen Themen beschäftigst, desto mehr wächst dein Gefühl der Kompetenz – und damit auch dein Selbstwert.

- **Reduziere den Einfluss von sozialen Medien:** Setze dich für eine Weile weniger sozialen Medien und anderen Einflüssen aus, die unrealistische Schönheitsideale propagieren. So schaffst du Raum für eine positivere Selbstwahrnehmung.
- **Finde Dinge, die du an dir schätzt:** Nimm dir bewusst Zeit, um Aspekte deines Körpers zu entdecken, die du magst oder wertschätzt. Das kann dir helfen, eine positive Beziehung zu dir selbst aufzubauen.
- **Setze kleine Grenzen:** Beginne damit, in Situationen, in denen du dich überfordert fühlst, höflich abzulehnen. So übst du, deine eigenen Bedürfnisse in den Vordergrund zu stellen, und stärkst damit deinen Selbstwert.

Diese Schritte können dir helfen, ein besseres Gefühl für dich selbst zu entwickeln und deinen Selbstwert kontinuierlich zu steigern!

Nun geht es um deine Gedanken über dich. Es folgt eine kleine Aufgabe, um deine Selbstwahrnehmung zu schärfen und negative Glaubenssätze ins Positive umzuwandeln.

Glaubenssätze sind, einfach gesagt, Sätze, die du dir erzählst oder die dir andere erzählt haben, denen du Glauben schenkst und dich danach ausrichtest. Diese Glaubenssätze basieren auf deinen Erfahrungen, die du gemacht hast, können dir aber auch von anderen Menschen übergestülpt worden sein. Ein positiver Glaubenssatz ist unter anderem der Satz: Ich kann alles schaffen. Dieser basiert auf Erfahrungen, die einen darin bestätigen, dass man alles schaffen kann. Dieser Glaubenssatz hilft und motiviert. Ein negativer Glaubenssatz wäre zum Beispiel: Selbstständige arbeiten selbst und ständig. Dieser Glaubenssatz wird einem oft vom Umfeld aufgedrängt, wenn man mitteilt, dass man sich selbstständig machen will. Interessanterweise kommt dieser Glaubenssatz oft von Menschen, die nie selbstständig waren und damit nicht einmal aus ihrer eigenen Erfahrung berichten. Das

Problem ist, dass viele diesen Glaubenssatz ungeprüft übernehmen und dadurch ihren Träumen nicht mehr nachgehen oder andere ausbremsen.

Achte in den nächsten Tagen bewusst auf deine Gedanken, insbesondere in schwierigen Momenten. Frage dich dabei: Wie beschreibe ich mich selbst? Wie spreche ich mit mir, wenn mir etwas schwerfällt? Bin ich optimistisch, kritisch oder voller Selbstzweifel? Wie denke ich über mich, wenn ich einen Fehler mache? Identifiziere dann Glaubenssätze, die dir schaden, und schreibe sie auf. Danach formuliere sie in positive Glaubenssätze um. Beispiele dafür könnten sein:

- »Ich bin nicht gut genug.« → »Ich habe viel zu bieten.«
- »Ich muss alles allein machen.« → »Ich darf um Hilfe bitten.«
- »Ich schaffe das nicht.« → »Ich kann wachsen und lernen.«
- »Keiner möchte mich.« → »Ich bin wertvoll und werde von vielen geschätzt.«

Führe diese Übung regelmäßig durch, um dich von hinderlichen Mustern zu befreien und deinen Selbstwert langfristig auf ein neues Level zu heben. Eine einfache Methode, um blockierende Glaubenssätze aufzulösen, ist es, sich folgende Fragen, basierend auf dem Buch *Byron Katies The work* von Moritz Boerner[2], zu stellen:

- Ist das wahr?
- Kannst du dir zu 100 Prozent sicher sein, dass es so ist?
- Wie fühlst du dich mit diesem Gedanken?
- Wie würdest du dich lieber fühlen?
- Glaubenssatz umdrehen.

Negativer Glaubenssatz

Ist das wahr?

Wie fühlst du dich mit dem Gedanken?

Wie würdest du dich lieber fühlen?

Umgewandelter positiver Glaubenssatz

2.2 Entwickle den Mut, dein eigenes Ding zu machen

Mut ist nicht die Abwesenheit von Angst, sondern das »Trotzdem-machen«. Mut entwickelt sich aus Selbstvertrauen, einer tiefen Überzeugung, einem starken, unterstützenden Umfeld, aus einer Not heraus, durch mutige Vorbilder oder aus positiven Erfahrungen.

Äußere Erwartungen können oft wie ein unsichtbarer Käfig wirken, der dich daran hindert, mutig deinen eigenen Weg zu gehen. Wenn du zu sehr auf das hörst, was andere von dir erwarten, verlierst du schnell den Blick für das, was du wirklich willst und wofür du brennst. Hast du bisher einen Beruf gewählt, weil es die

Erwartungen deiner Familie sind? Vielleicht hast du dich nie für diesen Beruf begeistert, aber der Druck, die Familientradition fortzusetzen, hält dich zurück. Fühlst du dich gezwungen, einen bestimmten Lebensstil zu führen oder Entscheidungen wie Heiraten oder den Kauf eines Hauses zu treffen, weil es von Freunden oder Freundinnen oder gesellschaftlichen Normen erwartet wird? In solchen Momenten hast du die Chance, dich zu befreien. Dein wahres Potenzial liegt dort, wo du deine eigenen Werte, Träume und Stärken lebst – ohne dich von äußeren Meinungen einengen zu lassen.

Lebst du dein Leben? Oder lebst du das Leben, das sich dein Umfeld für dich wünscht? Welche Erwartungen hat dein Umfeld (Eltern, Partner*in, Freunde/Freundinnen) an dich? Und widerspricht das deinen Wünschen?

Um deinen eigenen Weg zu finden, ist es wichtig, dich mit Menschen zu umgeben, die deine grundlegenden Ziele unterstützen und dich inspirieren. Sie können dir helfen, deinen wahren Traum zu erkennen und dich auf deinem Weg ermutigen. Du bist du. Du darfst deinen eigenen Weg gehen und die Entscheidungen treffen, die zu deinem Leben passen.

Wo Cornelia gesellschaftlichen Druck erlebte

Schon während der Schwangerschaft spürte ich stark, wie die Menschen erwarteten, mich durch das Mutterwerden ganz besonders erfüllt und glücklich zu sehen. Und dann direkt nach der Geburt müsste ich vor Mutterglück ja regelrecht platzen? Ein Mutterbild schwebte über mir, das eine glückliche, dankbare, sich aufopfernde Frau zeigt, ohne eigene Bedürfnisse und Karriereansprüche, die instinktiv alles »richtig« macht in Bezug auf Kind und Familie. »Richtig« bedeutet in diesem Bild auch, die Priorität nie bei sich selbst zu sehen.

Ich konnte diesem Bild nicht entsprechen und hatte das Gefühl, mich selbst zu verlieren. Als mein Kind 4 Monate alt war, stürzte ich mich in die Start-up-Gründung. Ich war vom Mutterdasein ausgebrannt. Die Last dieses gesellschaftlich geprägten Ideals vom Muttersein war kaum auszuhalten. Hinzu kam ein großer Perfektionsdruck, den ich durch andere Eltern und Social Media erfuhr. Glücklicherweise hatte es keinen Einfluss auf die Liebe zu meinem Kind. Aber auf meine Verfassung durchaus. Die intellektuelle und kreative Arbeit fehlte mir zudem immer mehr. Da ich dem surrealen Mutter-Konstrukt nicht entsprechen konnte, wollte ich mich umso mehr auf beruflicher Seite beweisen.

Ich hatte mich in den vergangenen Monaten durch ein noch nie zuvor erlebtes Level an Erschöpfung gekämpft. Und war noch lange nicht wieder in meiner Kraft, denn Ruhe und Schlaf waren weiterhin Mangelware. Zusätzlich war die verfügbare Zeit für die Arbeit sehr begrenzt, da ich die meiste Zeit damit beschäftigt war, die Bedürfnisse eines kleinen, süßen, glucksenden Wesens zu befriedigen. Ich war weit davon entfernt, mich dem anderen gesellschaftlichen Idealbild, der Powerfrau, zu nähern. Ich fühlte mich eher wie ein kleiner Heizstrahler in einem großen, kalten Haus. Gibt und gibt und gibt, aber nie genug. Schlussendlich war es eine Zeit ständiger Herausforderungen, Überlastung und Unsicherheit auf beruflicher sowie privater Seite. Ich war zerrissen zwischen zwei ungesunden Utopien.

Glücklicherweise habe ich allmählich gelernt, mich aus äußeren Erwartungen zu lösen und meinen eigenen Weg zu gehen. Die Auseinandersetzung mit der Entstehung dieser gesellschaftlichen Normen hat mir dabei geholfen, die quälenden Stimmen loszulassen. Ich habe begriffen, dass die vermeintlichen Ideale für keine Frau dieser Welt tatsächlich ideal sind. Ich habe mein eigenes Bild der »guten Mutter« gefunden, dem ich entsprechen kann. Und ich habe mit meiner Selbstständigkeit eine Arbeit gefunden, die mir Erfüllung, Weiterentwicklung, Erfolge und Vereinbarkeit schenkt. Jetzt kann ich in beiden Bereichen authentisch wachsen und glänzen.

Meine Mut-Quelle war also einerseits die Notwendigkeit, mich aus ungesunden Mustern zu befreien. Andererseits sind auch mein starker Wertekompass und mein Idealismus immer wieder der Grund dafür, mutige Schritte zu gehen. Dabei ist nicht zu vergessen, dass mein stützendes Umfeld mir hilft, mutig zu sein und auch fallen zu können.

Jessicas Nr. 1 Mut-Quelle

Mut bedeutet, aktiv zu handeln, auch wenn du unsicher oder ängstlich bist. Es ist nicht das Fehlen von Angst, sondern das Akzeptieren dieser Gefühle und das gleichzeitige Vorangehen. Es gibt viele Mut-Quellen. Mut entwickelt sich aus Selbstvertrauen, einer tiefen Überzeugung, einem starken, unterstützenden Umfeld, aus einer Not heraus, durch mutige Vorbilder oder aus positiven Erfahrungen, die dir zeigen, dass du Herausforderungen bewältigen kannst. Wenn du an dich und deine Vision glaubst und den Fokus auf deine Chancen und nicht auf das Scheitern legst, wird Mut zur treibenden Kraft.

Studien wie die von Albert Bandura[3] belegen, dass Menschen mutiger werden, wenn sie erleben, dass sie erfolgreich Herausforderungen meistern. Das Erleben von Selbstwirksamkeit und das gestärkte Vertrauen in die eigenen Fähigkeiten spielen dabei eine zentrale Rolle, um mutig sein zu können. Möchtest du mutiger werden, helfen dir kleine Schritte ins

Ungewisse, bis sich diese Bereiche vertraut anfühlen. So lernst du dich allmählich an Unsicherheit zu gewöhnen und stärkst dein Selbstvertrauen.

Eine gute Übung könnte sein, allein zu verreisen – das erweitert den Horizont und hilft, dich selbst besser kennenzulernen. Und wenn es nur ein Tag in einer anderen Stadt ist. Ich reise viel allein. Das hat mich in vielerlei Hinsicht bereichert und mutiger gemacht. Es begann 2015 mit meiner Freiwilligenarbeit in Kenia, wo ich nicht nur Land und Leute kennenlernen, sondern auch meine eigenen sozialen Projekte aufbauen durfte. Diese Erfahrung hat mir gezeigt, wie sehr ich mir selbst vertrauen kann. Ich lebte außerdem fünf Jahre in den USA und musste dort viele Schritte ins Ungewisse wagen, um mir dort ein soziales Netzwerk aufbauen zu können. Jedes Mal habe ich dabei nicht nur meinen Horizont erweitert, sondern auch mein Selbstbewusstsein, indem ich mich immer wieder neuen, unbekannten Herausforderungen gestellt habe.

2.3 Entdecke deine Gründungspower!

Du hast eine immense Kraft in dir. Female Empowerment ist kein Trend der Moderne, sondern tief in der Geschichte verankert. Unterdrückte Frauen haben schon immer für ihre Rechte, Gleichheit, Unabhängigkeit und für die Sichtbarkeit ihrer Leistung gekämpft. Hier findest du einige inspirierende Vorbilder, die mit ihrem scharfen Intellekt gezeigt haben, wozu Frauen fähig sind und wie stark und furchtlos sie für ihre Überzeugungen eintreten können – sowohl damals als auch heute.

Frauen in der Steinzeit waren nicht nur für häusliche Aufgaben zuständig, sondern auch aktiv am Jagen und Kämpfen beteiligt.[4]

Die vermeintlich »natürliche Ordnung« zwischen Mann und Frau, die auf bestimmte Rollenverteilungen verweist, ist eine Erfindung späterer Zeiten und auch heute nicht in jeder Kultur die Norm.[5] Frauen haben seit jeher eine bedeutende Rolle in allen Bereichen gespielt. Eine viel größere Rolle, als die meisten von uns wissen.

Wusstest du, dass Mileva Maric, die erste Frau von Albert Einstein, selbst eine herausragende Mathematikerin war?[6] Trotz körperlicher Herausforderungen schaffte sie es, auf Augenhöhe mit Einstein in wissenschaftlichen Bereichen zu arbeiten, und leistete vermutlich einen wesentlichen Beitrag zu einigen Werken von Einstein. Ihr Ehrgeiz und ihre mathematische Brillanz ermöglichten es ihr, in einer Zeit, in der Frauen in der Wissenschaft wenig Anerkennung fanden, herausragende Forschung zu betreiben und gemeinsam mit Einstein an bedeutenden Theorien zu arbeiten.[7]

Wusstest du, dass Rosalind Franklin maßgeblich zur Entdeckung der DNA-Struktur beigetragen hat, aber nicht die Anerkennung erhielt, die ihr gebührte? Während sie diejenige war, die die entscheidenden Röntgenbilder der DNA anfertigte, veröffentlichten ihre Kollegen Francis Crick, James Watson und Maurice Wilkins ihr Bild ohne ihre Zustimmung und gaben es als deren Entdeckung aus. Dafür erhielten die drei den Nobelpreis, während Franklin leer ausging.[8] Erst viele Jahre später wurde ihre Arbeit als entscheidend für den DNA-Nachweis gewürdigt. Heute inspiriert ihre Geschichte Frauen, unbeirrt für die eigenen Errungenschaften einzustehen und für ihre Leistungen Anerkennung zu fordern.[9]

Wusstest du, dass es gar nicht Walt Disney war, der den Zeichentrick erfand? Es war die deutsche Filmemacherin Lotte Reiniger.[10] Lotte Reiniger war tatsächlich eine Pionierin im Bereich des Animationsfilms. Sie nutzte ihre innovative Scherenschnitt-Technik und schuf den ersten abendfüllenden Animationsfilm

Die Abenteuer des Prinzen Achmed im Jahr 1926. Diese Technik setzte Maßstäbe für die spätere Animation und prägte das Genre, lange bevor Disney mit seinen Werken weltberühmt wurde[11].

Die Geschichte der letzten Jahrhunderte wurde von einseitigen Perspektiven geprägt und überliefert, vorwiegend von Männern aus der Kirche und dem Adel[12]. Bis heute spiegeln viele Medien dieses weltliche Erbe wider.[13] Doch heute leben wir in einer Zeit des Wandels. Immer mehr Historiker*innen wie Leonie Schöler zeigen, dass Menschen aller Geschlechter und Herkunft bedeutende Beiträge zur Menschheitsgeschichte geleistet haben. Diese neuen Erkenntnisse beweisen: Fähigkeiten wie Mut, Intelligenz und Führungskraft sind universell. Du kannst heute stolz auf deine eigenen Stärken sein und wissen, dass du Teil dieser breiten, gleichberechtigten Zukunft bist! Wir dürfen alle gemeinsam daran arbeiten.

Für uns, Jessica und Cornelia, bedeutet Female Empowerment nicht, dass Frauen sich in Konkurrenz zu Männern sehen und versuchen, besser zu sein. Es soll vielmehr ein natürliches Miteinander entstehen, in dem wir alle die gleichen Voraussetzungen haben, gleichberechtigt sind und einander unterstützen, unabhängig vom Geschlecht. Wir glauben an die Kraft der Zusammenarbeit und daran, dass jeder Mensch einzigartige Stärken einbringen kann. Für uns ist Empowerment, gemeinsam an einer Welt zu arbeiten, in der alle gleichermaßen ihre Ziele erreichen können.

Yin & Yang

Das Konzept von weiblicher und männlicher Energie wird in vielen Kulturen, Religionen und Philosophien verwendet, um unterschiedliche, aber komplementäre Kräfte zu beschreiben[14]. Diese Energien sind dabei nicht auf das Geschlecht beschränkt, sondern sind archetypische Qualitäten, die in jedem Menschen vorhanden sind.

Weibliche Energien (Yin) stehen oft für:
Intuition und Empathie
Kümmern und Hingabe
Kreativität und emotionaler Ausdruck
Zusammenarbeit und Gemeinschaftssinn

Männliche Energien (Yang) symbolisieren:
Handlungsorientierung und Zielstrebigkeit
Rationalität und Analyse
Führung und Unabhängigkeit
Durchsetzungskraft und Fokus

Weibliche und männliche Energien ergänzen sich dabei auf wunderbare Weise. Weibliche Energien wie Intuition, Empathie und emotionale Intelligenz geben uns die Fähigkeit, authentische Verbindungen zu anderen aufzubauen und Entscheidungen zu treffen, die nicht nur rational, sondern auch mitfühlend sind. Unsere intuitive Wahrnehmung hilft uns, soziale Dynamiken zu erkennen, bevor sie sich voll entfalten, und strategisch zu handeln, was besonders im beruflichen Umfeld von Vorteil ist. Wenn du beide Energien lebst, kannst du das Beste aus dir herausholen. Männliche Energien helfen dir, mit der notwendigen Durchsetzungskraft dein Business nach vorn zu treiben und wichtige Entscheidungen zu treffen. Auch weibliche und männliche Prägungen tragen beide wertvolle Qualitäten in sich, die wir bewusst in unser Leben integrieren können. Die chinesische Philosophie von Yin und Yang betont dabei, dass die Verbindung und Balance der Energien entscheidend sind.

Die westliche Theorie des Embodiment konzentriert sich auch auf die Verbindung zweier Entitäten, stützt sich hierbei aber auf die Wechselwirkung zwischen Körper und Geist. Embodiment untersucht, wie unser körperlicher Zustand das Denken, Fühlen und Handeln beeinflusst, unabhängig von den Geschlechterpolaritäten »weiblich« und »männlich«. Gedanken und Gefühle beeinflussen demnach etwa die Körperhaltung. Durch gezieltes Ändern der Körperhaltung kann wiederum Einfluss auf die Gedanken und Gefühle genommen werden. Bringst du deinen Körper also beispielsweise in eine selbstsichere Haltung, fühlst du dich auch selbstsicher. Embodiment ist eine wunderbare Methode, um im Einklang mit Körper und Geist zu arbeiten und beide Teile für sich zu nutzen. Lena Soukup erzählt dir dazu mehr.

Lena Soukup: Der Weg zum Embodiment

Lena Soukup ist Gründerin, Coachin und Expertin für persönliche Transformationsprozesse. Seit mehr als 12 Jahren begleitet sie Führungskräfte und Unternehmer:innen darin, ihr Potenzial zu entfalten, ohne auszubrennen. Ihre Leidenschaft, die Entfaltung des menschlichen Potenzials, führte zur Gründung von hiryze, ein Unternehmen für mentale Fitness, Resilienz, gesundes Leben und persönliches Wachstum.

Foto: Mona Hübner   *lenasoukup.de*

Mit 21 Jahren war ich Führungskraft von 80 Mitarbeiter *innen, auf dem Weg, internationale Karriere zu machen. Es fühlte sich an, als hätte ich die Welt zu meinen Füßen. Doch plötzlich, ohne Vorwarnung, zog es mir den Boden unter den Füßen weg. Mein Körper schaltete scheinbar von einem Tag auf den anderen in den Überlebensmodus – zumindest fühlte es sich so an. In Wirklichkeit hatte ich jedoch lange Zeit die Warnsignale meines Körpers ignoriert. Mein Traum begann vor meinen Augen zu zerbrechen.

Ich bin Lena, in einem kleinen Dorf mit 2000 Einwohner *innen aufgewachsen und habe aus eigener Entscheidung als Erste in meiner Familie beschlossen, zu studieren. Ich gehöre somit zu den 8 Prozent der Nicht-Akademikerkinder in Deutschland, die einen Masterabschluss erreicht haben. Noch nie war ich mir zu schade, meinen letzten Cent in mich selbst zu investieren, weil ich – bewusst und unbewusst – immer wusste, dass mich genau diese Investitionen auf einen außergewöhnlichen Weg führen würden.

Was du hier liest, mag einfach klingen, doch in Wirklichkeit war es eine große Herausforderung, die mich persönlich an meine Grenzen gebracht hat. Für mich stand immer fest: Ich folge nicht dem vordefinierten Pfad, sondern gestalte mein Leben nach meinen Vorstellungen. Mein Leben ist ein Abenteuer, das mir immer wieder mentale und emotionale Herausforderungen,»Einladungen«, schenkt, die mich wachsen lassen (und die mich manchmal an den Rand des Wahnsinns bringen).

Die Reise nach innen: Heilung und Erkenntnis

Mit»Einladungen« meine ich, dass ich aufgefordert bin, hinzuschauen, etwas über mich zu lernen und mein Potenzial mehr zu leben. Ich definiere mein Potenzial als meine Wirksamkeit – als die Kraft, die entsteht, wenn ich Störfaktoren wie Konditionierungen, blockierende Erfahrungen oder Energiefresser eliminiere. Aber ich gehe noch einen Schritt weiter: Es geht darum, das, was ich tue, aus einer Haltung der Freude heraus zu tun. Freude ist für mich das Fundament, auf das ich baue. In der Frequenzlehre[15] ist sie eine der hoch schwingenden Emotionen, die uns in unserem Schaffen und Sein unterstützen.

Am Anfang meiner Karriere war es also schon Zeit, zurück zu mir selbst zu finden. Es begann eine wunderschöne und intensive Zeit der Heilung, deren Anfang ich in Australien erleben durfte. Doch bevor ich dorthin aufbrechen konnte, musste ich eine schwierige Entscheidung treffen. Mein Körper und mein Geist waren am Limit und ich wusste, dass ich dringend eine Auszeit benötigte. Also kratzte ich all meine Ersparnisse zusammen, um mir diese Reise – diese Zeit nur für persönliches

Wohlbefinden und mich – zu ermöglichen. Es war kein leichter Schritt, denn ich musste alles, was ich hatte, in diese Entscheidung investieren. Aber ich wusste, dass es eine Investition in mich selbst war, die sich lohnen würde.

Entgegen allen Stimmen, die mir rieten, in meinem sicheren Job zu bleiben, folgte ich meinem inneren Ruf und brach – ohne klaren Plan, aber mit viel Vertrauen – zu meiner persönlichen Reise auf. Diese 6 Monate in Australien waren lebensverändernd. Ich wusste immer, dass ich einen tiefen Wunsch in mir trug, auf diesem Planeten etwas zu bewegen, aber nun veränderte sich mein »Warum«. Es ging nicht mehr nur darum, »Erfolg« zu haben – es ging darum, gesund und nachhaltig Erfolg zu haben. Ich begann, Antworten auf die Frage zu suchen: Wie kann ich als High-Performerin gesund und bewusst Leistung erbringen? In meinen Worten: wirksam sein. Und eines kann ich dir jetzt schon sagen: Die gelebte, verkörperte Antwort auf diese Frage ist kein »One Shot«, sondern eine lebenslange Reise. Das Leben ist ständige Veränderung und so wurden Persönlichkeitsentwicklung, mental-emotionale Fitness und Embodiment zu meinem Lebensstil.

Mit jeder Veränderung erkannte ich: Wenn wir dranbleiben, verändert sich unsere innere »Werkseinstellung« Schritt für Schritt – weg vom Überlebensmodus und der Angst, hin zu kreativem Gestalten und tiefer Freude. Wir beginnen, aus einer kraftvolleren Quelle zu schöpfen, und es liegt allein in unserer Verantwortung, dafür zu sorgen, dass diese Quelle im Laufe des Lebens nicht wieder versiegt.

Albert Einstein sagte einmal: »*Die Definition von Wahnsinn ist, immer wieder das Gleiche zu tun und andere Ergebnisse zu erwarten.*« Das beschreibt genau das, was viele von uns erleben. Wir arbeiten hart, kämpfen uns durch, hoffen auf bessere Ergebnisse – aber enden oft an derselben Stelle: ausgebrannt, leer und überwältigt. Hast du vielleicht auch das Gefühl, eine unsichtbare Linie überschritten zu haben, wo du dich einfach nur noch taub fühlst? Oder bist du kurz davor? Diese Momente sind der Punkt, an dem wir uns selbst verlieren.

Ich wünsche mir für dich, dass es gar nicht erst so weit kommen muss. Was ich hier beschreibe, ist ein Extrem, das ich oft in der Arbeit mit meinen Klienten und Klientinnen erlebe. Doch inzwischen weiß ich auch, dass unser Körper uns im Alltag bereits kleine Einladungen schickt. Wenn wir lernen, diese wahrzunehmen, eröffnen sie uns die Chance, unserem authentischen Selbst, der Verkörperung von Freude, Schritt für Schritt näherzukommen.

Fast forward: 12 Jahre später lebe ich als Unternehmerin und helfe meiner Kundschaft, ihr Potenzial zu verkörpern, ohne dabei auszubrennen.

Ich muss dir etwas erzählen: Ein Unternehmen von Grund auf aufzubauen, angefangen bei einer Idee im Kopf oder auf einem Blatt Papier, ist eine der wunderbarsten Erfahrungen, die ich je gemacht habe. Es ist mein Zuhause, mein Lebenssinn. Und gleichzeitig ist es das Schwierigste, was ich jemals getan habe.

In dieser Zeit habe ich wertvolle Beobachtungen gemacht, die sowohl meinen Klienten und Klientinnen als auch mir helfen, durch mental und emotional herausfordernde Phasen zu navigieren. Anstatt von den Wellen überwältigt zu werden, lernen wir, mit ihnen zu surfen und die Energie bewusst zu nutzen, um voranzukommen, ohne uns dabei zu verlieren.

An manchen Tagen fühlt es sich so an, als würde ich weglaufen wollen. Diese Tage, diese Phasen, in denen wir das Gefühl haben, dass alles zu viel ist, sind entscheidend. Denn genau diese Momente bergen eine enorme Chance für Wachstum. In den vergangenen Jahren habe ich einen faszinierenden

Weg gefunden, damit umzugehen: Es nennt sich »Embodiment«. Aber dazu später mehr.

Als Gründerin jonglierst auch du ständig verschiedene Aufgaben in einem dynamischen Umfeld. Du versuchst, den Bedürfnissen deines Teams gerecht zu werden, den Anforderungen des Marktes zu entsprechen und dein Produkt zu entwickeln – und das alles gleichzeitig. Dieser Balanceakt führt oft dazu, dass du dich manchmal vielleicht auch erschöpft fühlst und nicht mehr den Einfluss hast, den du eigentlich ausüben möchtest. Die erste Reaktion ist oft, nach äußeren Lösungen zu suchen, die kurzfristig vielleicht Erleichterung bringen. Du stürzt dich in noch mehr Arbeit, suchst nach Schuldigen, warum es nicht so läuft, wie du es dir vorstellst, oder verlierst dich in den sozialen Medien, bei Netflix oder in den To-dos.

In den vergangenen 12 Jahren, während ich meinen eigenen Weg als Unternehmerin gegangen bin und gleichzeitig andere Unternehmer*innen im Bereich Persönlichkeitsentwicklung begleitet habe, habe ich eines klar erkannt: Der Aufbau eines Unternehmens ist ein ständiger Wandel. Er ist nicht linear, er folgt keiner klaren Logik – besonders dann nicht, wenn du etwas erschaffst, das die Welt noch nie gesehen hat. Und das macht es zu einer ganz wertvollen Erfahrung für dein persönliches Wachstum.

Wir vergessen dabei oft, uns selbst Raum zu geben und uns selbst zu betrachten. Hast du dich in diesen Momenten schon einmal bewusst, ohne dich zu bewerten, selbst beobachtet? Was passiert mit deinen Emotionen, mit deiner Energie? Die Emotionen stauen sich an und wir verdrängen sie so lange, bis sie uns überwältigen – die Welle überkommt uns.

Erst kürzlich befand ich mich in Gesprächen mit einer potenziellen neuen Geschäftspartnerin. Es ging um eine

Kooperation, die mir viel bedeutete. Mein Nervensystem re-
agierte sofort. Ich konnte beobachten, wie es in den Flucht-
modus wechselte, und plötzlich wünschte ich mir nur noch,
die Situation zu verlassen. Diese körperliche Reaktion war
keine bewusste Entscheidung, sondern eine automatische Reaktion meines Nervensystems. In stressigen Situationen, wie
meinem Gespräch mit einer Geschäftspartnerin, aktiviert der
Sympathikus die »Kampf-, Flucht- oder Erstarrungsreakti-
on«. Der Körper wird auf Alarmbereitschaft gestellt: Die
Herzfrequenz steigt und Stresshormone wie Adrenalin werden freigesetzt. Dieser Mechanismus war früher überlebens-
wichtig, ist heute aber oft hinderlich, da das Gehirn Stress mit
Gefahr gleichsetzt. Wir verlieren die bewusste Kontrolle und
handeln impulsiv. Der Parasympathikus hingegen sorgt nach
Stress für Entspannung, indem er den Körper beruhigt und
Funktionen wie Herzschlag und Atmung normalisiert. Damit
wir bewusst und kraftvoll handeln können, müssen wir lernen, den Sympathikus in Stresssituationen zu regulieren und
uns bewusst zu navigieren.

Indem wir lernen, unsere Reaktionen wahrzunehmen und
bewusst mit unserem Nervensystem zu arbeiten, können wir
aus diesem unbewussten Modus ausbrechen. Techniken wie
Atemübungen, Bewegung, Meditation oder Embodiment-
Übungen helfen, das Nervensystem zu beruhigen und den
Parasympathikus zu aktivieren, sodass wir wieder bewusst
und aus unserer Mitte heraus agieren können. So schaffen wir
es, aus dem reaktiven, blockierenden Opfermodus herauszu-
treten und unsere eigene Wirksamkeit zu erleben. Dadurch
können wir nicht nur schwierige Situationen besser meistern,
sondern auch mit mehr Gelassenheit und Stärke durch das
Leben gehen.

Manchmal sind es kleine Herausforderungen wie das zuvor er-
wähnte Gespräch und manchmal fühlt es sich an, als würde

unsere innere Welt unter den Wellen zusammenbrechen – unabhängig davon, was im Außen passiert. Was mir dabei am meisten hilft, ist die Arbeit mit Embodiment, die auf Sound, Movement und Breath basiert. Embodiment, zu Deutsch »Verkörperung«, ist ein Ansatz aus der neueren Kognitionswissenschaft, der den Körper als zentralen Ausgangspunkt für persönliches Wachstum und nachhaltige Veränderung betrachtet. Es geht darum, nicht nur über Veränderung nachzudenken und zu sprechen, sondern sie auch körperlich zu erleben.

In unserem Ansatz steht Achtsamkeit im Mittelpunkt – eine Grundhaltung, die es ermöglicht, im gegenwärtigen Moment zu sein und eine tiefere Verbindung zu sich selbst herzustellen. Durch die Einbeziehung des Körpers in den Coaching-Prozess nutzen wir die kraftvolle Sprache des Körpers, um verborgene Muster und Blockaden aufzudecken und zu transformieren sowie Ressourcen zu reaktivieren.

Embodiment bedeutet, dass Veränderung nicht nur auf der mentalen Ebene stattfindet, sondern dass sie auf einer tiefen emotionalen und körperlichen Ebene erlebt und verankert wird. Der wahre Mehrwert dieses Ansatzes liegt darin, dass wir nicht nur kurzfristige oder oberflächliche Lösungen anbieten, sondern eine nachhaltige Veränderung bewirken, die Körper, Geist und Emotionen miteinander in Einklang bringt.

So kannst du jeden Moment mit Embodiment für dich transformieren:

Schaffe Raum für dich: Nimm dir bewusst Zeit und gestalte dir einen Ort, an dem du dich wohlfühlst – ob allein oder mit anderen. Mache es dir auf deiner Matte gemütlich, vielleicht mit Kerzen, entspannender Musik und einem Tee, um eine Atmosphäre zu schaffen, in der du dich ganz auf dich selbst konzentrieren kannst.

Emotionen fühlen: Schließe deine Augen, setze dich in eine meditative Haltung und lass dich von der Musik tragen. Lasse jede Emotion zu – nichts muss zurückgehalten werden, alles darf da sein. Verbinde dich mit deinem Atem: Atme tief ein und aus. Fühle deinen Körper. Nutze die Bewegung deines Körpers, deine Stimme und deinen Atem, um die Gefühle vollständig zu erleben. Gib deinem Körper die Führung, denn er ist weiser als dein Verstand und weiß, was du in diesem Moment brauchst.

Durchbruch: Durch das bewusste Fühlen und Loslassen von Emotionen, Widerständen und Blockaden gelangst du zu einem inneren Durchbruch. Dieser Prozess öffnet dir die Tür zu tieferem Verständnis und persönlichem Wachstum.

Integration und Entspannung: Nachdem du das Erlebte durchlebt hast, gehst du in die Phase der Integration. Nimm dir Zeit, um das, was du erfahren hast, zu verarbeiten. Setze oder lege dich hin, schließe die Augen und lasse dich von ruhiger Musik in einen Zustand tiefer Entspannung und innerer Ruhe begleiten.

Dein neues Selbst: Spüre in dich hinein, wie sich dein neues Selbst entfaltet. Nimm bewusst wahr, wie du dich nach diesem Prozess verändert fühlst, und erlaube dir, dieses Gefühl in deinen Alltag mitzunehmen.

Am Ende dieser Reise wirst du feststellen, dass jede Lösung, jede Antwort in dir liegt. Die Herausforderungen werden nicht verschwinden, aber es wird die Art und Weise verändern, wie du ihnen begegnest. Du wirst weniger Stress, dafür mehr Freude, Leichtigkeit und Vorwärtsbewegung in deinem Leben spüren. Du wirst entdecken, wie du als Unternehmerin in deine volle Kraft kommst.

Über diesen Link findest du eine kuratierte Playlist inklusive Anleitung zur Embodiment-Session: *hiryze.de/ embodimentsession*

2.4 Pflege deine Beziehung zu Geld

»Geld ist nicht alles«, sagt die finanziell abgesicherte Beamtin. Ganz anders sieht das die alleinerziehende Arbeitssuchende mit pflegebedürftigem Kind. »Geld macht glücklich«, sagt die erfolgreiche Krypto-Investorin, die sich jetzt alles leisten kann, von dem sie immer geträumt hat. Ganz anders sieht das die ausgebrannte Topmanagerin, die auf Kosten ihrer Gesundheit viel Geld verdient hat. Dass es unterschiedliche Einstellungen zu Geld gibt, ist verständlich. Viele Menschen haben ein gespaltenes Verhältnis zum Thema Geld. Die einen wollen einerseits mehr Geld, Macht und Einfluss, aber denken gleichzeitig, dass Geld den Charakter verdirbt. Die anderen fühlen Stolz, Freiheit und Glück durch ihren Besitz von ausreichend Geld, während sie sich gleichermaßen dafür schämen, mehr zu besitzen als andere. Geld macht etwas mit uns. Da sprechen wir aus Erfahrung.

Financial Wellbeing

Eine Studie des American Psychological Association (APA)[16] zeigt, dass finanzielle Sorgen eine der Hauptursachen für Stress sind. Dieser Stress kann zu Schlafproblemen, Depression, Angstzuständen und physischen Symptomen wie Kopfschmerzen, Magenschmerzen und Herzproblemen führen. Die ständige Sorge, dass das Kartenhaus durch unerwartete Zahlungsaufforderungen zusammenbricht, prägt dann den Alltag. Und das Dauergrübeln über die Bewältigung der Fixkosten raubt die nötige Erholungszeit. Fehlt das Geld, hat das auch Auswirkungen auf viele andere Bereiche wie medizinische Versorgung, Sport, Hobbys, gesunde Ernährung, Coaching, Urlaub, die wiederum Auswirkungen auf die Gesundheit haben. Vor diesem Hintergrund entstand der Begriff »Financial Wellbeing«. Er bedeutet, dass eine gesunde Beziehung zu Geld und die ausreichende Verfügbarkeit davon eine Sicherheit geben, die sich positiv auf das gesamte Leben und die Gesundheit auswirkt.

Finanzielle Ressourcen und Geschlechterungleichheit

Frauen haben historisch gesehen weniger Zugang zu finanziellen Ressourcen und weniger Wissen über das Vermehren von Geld. Nur 12 Prozent der Frauen investieren am Aktienmarkt und weltweit besitzen Männer im Schnitt doppelt so viel Vermögen wie Frauen. In unserem kapitalistischen System bedeutet Geld Macht, Einfluss, Entscheidungsfreiheit und Unabhängigkeit. Von den zehn vermögendsten Frauen der Welt hat nur eine ihr Vermögen selbst aufgebaut: Rafaela Aponte-Diamant, die Miteigentümerin von MSC, einem der weltweit größten Schifffahrtsunternehmen. Die anderen Frauen auf dieser Liste haben ihr Vermögen entweder von ihren Ehemännern oder Vätern geerbt, darunter Persönlichkeiten wie Françoise Bettencourt Meyers (L'Oréal), Alice Walton (Walmart) und Julia Koch (Koch Industries).[17] Das zeigt, wie gesellschaftliche Strukturen und tief verwurzelte Glaubenssätze das Money-Mindset von Frauen beeinflussen.

Die Perspektive der Langlebigkeit

Und dann kommt noch eine andere wichtige Perspektive hinzu: Die Lebenserwartung steigt stetig an.[18] Vielleicht ist der erste Mensch, der 130 werden wird, heute schon geboren![19] Unglaublich! Der sogenannte Longevity-Trend ist ein Lifestyle-Trend aus den USA, der zunehmend nach Europa überschwappt und sich auch mit diesem Thema befasst. Menschen, die sich dem Trend anschließen, sagen »Ja!« zum langen Leben und möchten das meiste davon herausholen. Durch bewusstes und ganzheitliches Leben wird ein möglichst langes, gesundes, gutes Leben möglich. Doch was hat das mit dem Thema Geld zu tun? Darüber spricht die Finanzexpertin Natasha Wegelin in ihrem Female Finance Podcast *Own it*.[20] Grob gesagt: Je länger du lebst, desto mehr finanzielle Ressourcen benötigst du. Durch den demografischen Wandel steht das Rentensystem heute schon vor großen Herausforderungen. Daher der Rat an dich: Fang noch heute damit an, für die Zeit vorzusorgen, in der du nicht mehr arbeiten kannst. Ein positiver Aspekt: Je länger du lebst, desto mehr profitierst du von dem Zinseszinseffekt, wenn du früh Geld investierst. Wenn du dich also bisher nicht mit deiner Altersvorsorge befasst hast und lange leben möchtest, ist jetzt der ideale Zeitpunkt dafür.

Tipp von Jessica

Ich weiß, wie es sich anfühlt: Alle sagen, du sollst anlegen, für die Rente sparen und so weiter. Obwohl ich selbst eine Ausbildung zur Bankkauffrau gemacht habe, war es kompliziert, den Startpunkt zu finden. Ich sah den Wald vor lauter Bäumen nicht mehr. Ich habe aber mit guten Kontakten den richtigen Weg für mich finden können. Sprich mich gerne an, wenn du Unterstützung bei deiner finanziellen Vorsorge benötigst.

Geld und Erfolg

Wir glauben: Erfolg ist nicht gleichzusetzen mit Geld oder Status. Erfolg ist, wenn du eine Sache, die du dir vorgenommen hast, positiv abschließen kannst oder ein Ziel erreichst. Dein Ziel kann sein, gut auf den eigenen Körper zu schauen, Freundschaften zu pflegen oder viele schöne Momente mit der Familie zu schaffen. Wenn du diese Ziele erreichst, bist du erfolgreich. Du definierst deine Ziele. Du definierst, was Erfolg für dich bedeutet.

Aber mal ehrlich: Als Unternehmerin hat Erfolg jedoch auch eine finanzielle Komponente. Mit deinem Business entstehen Kosten, die du wieder erwirtschaften musst. Und dein Ziel ist es, dir mit deinem Business dein Leben finanzieren zu können. Das ist das absolute Minimum. Ansonsten bräuchten wir uns doch gar nicht über unsere Gründungsidee den Kopf zu zerbrechen, wenn wir am Ende des Tages nicht unsere Miete zahlen können.

Die Tatsache, dass du dir dieses Buch gekauft hast und dich so stark mit deiner Gründungsidee beschäftigst, zeigt: Du möchtest dich weiterentwickeln. Und auch das kostet Geld – Geld für Coachings,

Trainings und Mentoring. Vielleicht willst du entsprechende Gewinne machen, die du in Wachstum investieren kannst.

Deine Einstellung zu Geld – auch als »finanzielles Selbstwertgefühl« bekannt – beeinflusst zum Beispiel, wie du in Preisverhandlungen auftrittst und welche Preise du für deine Dienstleistungen setzt. Geld ist kein nötiges Übel, sondern das zentrale Werkzeug für dich und dein Unternehmen. Es gibt dir die Möglichkeit, deine Träume zu verwirklichen. Wenn du eine bewusste, strategische und positive Einstellung zu Geld hast, wird es dir leichter fallen, deine Finanzen im Griff zu haben – sowohl im privaten als auch im geschäftlichen Kontext. Du wirst dir zutrauen, gut mit Geld umzugehen. Du wirst es dir wert sein, Geld zu verdienen.

Damit also all deine Ziele als Unternehmerin in Erfüllung gehen können, lohnt es sich, einen Blick auf dein Money-Mindset zu werfen. Visualisiere dein ideales zukünftiges Leben. Überlege jetzt: Wofür benötigst du Geld am Weg dahin? Für einen gesunden Körper und Geist, für deine persönliche Weiterentwicklung, für ein erfolgreiches Unternehmen, für ein glückliches Privatleben – welche Maßnahmen möchtest du ergreifen, die Geld kosten und dich deinem Ziel näherbringen?

Jessica zum Thema Geld

Ich erinnere mich gut daran, dass Geld in meiner Familie immer ein sensibles Thema war. Wir hatten nicht viel und »vermögende Leute« wurden oft als arrogant betrachtet. Aber diese Perspektive hat mich nie entmutigt. Obwohl ich nicht aus einer Akademikerfamilie stamme, wusste ich, dass ich es schaffen kann, meine Ziele, ohne einen starken finanziellen Hintergrund zu erreichen. Meine Gründung war während Corona ein mutiger und ungeplanter Schritt. Ich bin wahnsinnig froh, dass ich es gemacht habe und »finanziell frei« bin. Geld war für mich nie der Hauptantrieb meiner Arbeit, aber das Mittel, das mir Freiheit und Selbstbestimmung ermöglicht. Heute sehe ich Geld als etwas Positives – mit all der Verantwortung, die damit einhergeht.

Dass ich als Kind und Jugendliche gelernt habe, auch mit sehr wenig auszukommen, gibt mir Sicherheit und einen reflektierten Umgang mit Geld. Ich weiß auch: Es ist nie genug. Du passt automatisch deinen Lebensstandard an dein Einkommen an. Und das birgt auch eine Gefahr. Viele Selbstständige verbraten ihr Geld direkt am Anfang, wenn sie erstmalig viel Geld verdienen, für teure Luxussachen. Deshalb rate ich dir: Freue dich, wenn du Geld verdienst, sei auch stolz darauf und erfülle dir Träume. Aber behalte immer den Überblick über deine Finanzen.

#mindetsetchallenge

Du hast das zweite Kapitel hiermit erfolgreich absolviert. Zum Abschluss bekommst du die zweite Challenge von uns, um in den Austausch mit anderen inspirierenden Gründer*innen zu kommen.

Suche dir eine Person, die in Bezug auf eines der Themen von Kapitel 2 (Selbstwert, Mut-Blocker, Erwartungen von außen, Selbstfindung, innere Stärke, Money Mindset) eine Inspiration darstellt. Es soll eine Person sein, die nicht aus dem engen Bekanntenkreis kommt. Eine Person, die du bewunderst für ihre Stärke und von der du gerne lernen würdest.

Schreibe ihr eine Nachricht und vereinbare einen Termin, in dem ihr euch zu den obigen Themen austauscht. Erzähle ihr, was du von ihr lernen möchtest.

Teile danach ein paar Einblicke zu eurem Gespräch auf LinkedIn oder Instagram. Animiere zur Interaktion und frage deine Follower, wo ihr größtes Potenzial zur persönlichen Weiterentwicklung steckt!

Tagge @wir.gruenden in deinem Beitrag, um die Reichweite zu erhöhen. Wir werden deinen Beitrag gerne teilen.

Teil II

DU ENTDECKST DAS FEUER IN DIR UND MACHST DICH BEREIT

3 Finde dein Ding

In diesem Kapitel geht es darum, dein »Why, What und How« für deine Gründung zu entdecken – wir machen uns also an den Kern deiner Gründungsidee. Was treibt dich an? Welche Bilder entstehen in deinem Kopf, wenn du ungehemmt träumst? Die Fragen dieses Kapitels helfen dir, Klarheit über deine Gründungsidee zu gewinnen und eine solide Basis zu schaffen, auf der du dein Business langfristig aufbauen kannst.

3.1 Finde dein inneres Feuer als Antrieb für die Gründung

Hast du bereits eine Idee, die dich begeistert und für die du brennst? Vielleicht möchtest du deinen Job wechseln, weil er dich nicht mehr erfüllt, oder der Gedanke, deine eigene Chefin zu sein, reizt dich. Du träumst davon, dein eigenes Unternehmen zu gründen, und suchst nach Unabhängigkeit, zeitlicher Flexibilität oder einer neuen Perspektive? All diese Motive treiben viele Menschen dazu, den Weg in die Selbstständigkeit oder Unternehmensgründung zu wagen. Doch um dein eigenes Business erfolgreich aufzubauen, ist es entscheidend, den tieferen Antrieb hinter diesem Wunsch zu verstehen.

Um diesen zu finden, wirf einen Blick auf dein Leben: Was hat dir als Kind am meisten Spaß gemacht? Was war dein Traumberuf? Die Antworten auf diese Fragen können wichtige Hinweise darauf geben, was dich wirklich erfüllt.

_____

_____

_____

_____

_____

Was sind so richtige Kraft-Tank-Aktivitäten für dich? Wo verlierst du dich in deinem Arbeitsflow und fühlst dich gleichzeitig lebendig?

_____

_____

_____

_____

_____

Ebenso wichtig sind deine prägenden Lebenserfahrungen. Denke an die Momente, in denen du Hürden meistern musstest. Welche Ereignisse haben dich zutiefst berührt oder sogar wütend gemacht? Wut kann eine starke Antriebskraft sein, weil sie zeigt, was dir wirklich wichtig ist. Oder gibt es ein Problem in deinem Umfeld, welches du unbedingt lösen möchtest?

_____

_____

_____

_____

_____

Was sind die Themen, die dich so faszinieren? Liste sie auf und markiere, welche Themen dich aktuell tief bewegen oder langfristig interessieren!

★ Bringt meine Stimme zum Beben

● Dem könnte ich mich 10 Jahre lang widmen

Unsere Gastautorin Patricia hat ein spezielles Konzept entwickelt, wie sie ihren Kundinnen und Kunden dabei hilft, ihren inneren Antrieb zu finden und in ihre Kraft zu kommen. Wie sie zu diesem Ansatz kam und was diesen genau ausmacht, erzählt sie dir lebhaft in ihrem Beitrag.

Patricia Paule: Warum du dich deiner wilden Seite widmen solltest, wenn du dein »Warum« finden möchtest

Patricia Paule ist Trainerin, Coach und Beraterin für ein agiles und menschzentriertes Mindset. Seit über 10 Jahren begleitet sie Menschen, Teams und Organisationen durch Veränderungsprozesse – vom Teambuilding bis zur unternehmensweiten Transformation. Als wild woman at heart empowered sie Frauen in 1:1- und Gruppencoachings auf allen Hierarchieleveln und in allen Lebenslagen, ihre wilde Seite wieder zu entdecken und ihr natürliches Potenzial zu entfalten. Für ein erfülltes Leben und erfolgreiches Arbeiten aus echter Frauenpower heraus.

welcometoyourwildside.com

Ich wünschte ja, ich könnte behaupten, schon immer und ganz selbstverständlich die Frau mit den wilden Haaren, der großen Klappe und dem unkonventionellen Kleidungsstil gewesen zu sein. Um bei mir selbst anzukommen, habe ich allerdings 27 Jahre, den Abbruch einer vielversprechenden Karriere, zwei Hörstürze, unzählige Migräneanfälle und genau 260 Kilometer Pilgern durch die Pampa von Portugal gebraucht.

Schon mit 14 war für mich klar: Ich will die große Konzernkarriere. Mit 27 hatte ich die To-dos auf meiner Liste der »Dinge, die ich bis 30 erreichen möchte« erfolgreich abgehakt. Ich hätte glücklich und erfüllt sein sollen, schließlich war ich genau da, wo ich sein wollte – fancy Jobangebote inklusive. War ich aber nicht. Ich war müde. Obwohl die sprichwörtliche Karotte vor meiner Nase baumelte, konnte ich mich nicht dazu bewegen, zuzugreifen. Dafür hat sich meine innere Stimme zu Wort gemeldet. Na ja, genau genommen hat sie mich zähnefletschend angeknurrt. Also habe ich innegehalten, hingehört, ihrem Drängen nachgegeben und mich meiner damals größten Angst (der Lücke im Lebenslauf) gestellt. Ich habe meinen Rucksack gepackt und mich in die Ferne verabschiedet.

Auf den vielen Kilometern des Jakobsweges habe ich meinen ungezügelten Idealismus, meine Vorliebe für Ecken und Kanten und meine Lust auf Abenteuer wiederentdeckt. Mich auf das Minimum zu reduzieren, hat mich erkennen lassen, wie viele Label, Rollen, Ideale und Überzeugungen ich sonst so mit mir herumtrage. Die sich plötzlich alle viel zu eng und viel zu schwer anfühlten. Der Weg in die Ferne war also ein Weg zurück zu mir. Ich habe mich Schritt für Schritt wieder ein wenig mehr an mich erinnert. An meine »wilde Seite«: den unberührten, ungezähmten, rauen und zugleich rohen Teil meiner Selbst. Dem, was mich im Kern ausmacht. Und die wilde Frau, die da zum Vorschein kam, hatte so gar keine Lust, in ihr »altes Leben« zurückzukehren.

Dafür hat sie mich in die Selbstständigkeit geführt. Ein Karriereweg, den ich mir nie für mich hatte vorstellen können. Dabei passt er perfekt zu mir, zu der, die ich wirklich bin, und dem, was ich wirklich vom Leben möchte. Seitdem ist es meine Herzensmission, Frauen die vielen Kilometer zu ersparen. In meinen Coachings begegnen mir täglich ähnliche Geschichten wie die meine. Das ist auch nicht weiter verwunderlich, denn wir Frauen teilen dieselbe Vergangenheit. Das, was wir können, sollen und dürfen, wird uns seit Jahrhunderten von der Gesellschaft vorgeschrieben. Auch wenn sich viel getan hat, ziehen sich bestimmte Glaubenssätze nach wie vor wie ein roter Faden durch die verschiedenen Generationen unserer Familien und damit auch durch unsere Erziehung.

Unsere Einstellung entsteht bereits im zarten Alter von
0–7 Jahren. So früh haben wir kaum die Möglichkeit zu reflektieren, was unser Umfeld uns vorsagt und vorlebt. Es wird
und bleibt lange Zeit unser »Richtig und Falsch«, unser Wertekompass, die Brille, mit der wir auf die Welt schauen. Es beeinflusst unser Denken, Handeln und Fühlen. Dies prägt
maßgeblich unsere Definitionen von einem erfolgreichen und
erfüllten Leben. Wir haben das Gefühl, dass wir uns ständig
beweisen müssen – uns selbst und anderen. So wählen wir
den schwierigsten Weg und die größte Herausforderung,
auch wenn wir dabei über unsere Energien hinausgehen. Wir
schrauben unsere Erwartungen ins Unendliche hoch, bitten
nicht um Hilfe, weil wir alles allein, sofort und perfekt machen wollen. Dieser Anspruch macht uns selbst und andere
Frauen zu unserer größten Konkurrenz und härtesten Kriti-
kerin. Kurzum: Wir tappen in die Powerfrau-Falle. In dem
Versuch, die vielen Möglichkeiten der »Frauen von heute« zu
nutzen, enden wir im Spagat zwischen persönlicher Selbstverwirklichung, Familie und Erfolg. Wenn wir also nicht immer wieder mal genau in uns hineinhören und spüren, laufen
wir Gefahr, wie ich damals Lebenszielen hinterherzujagen,
ohne jemals anzukommen und sich im Prozess vielleicht sogar selbst zu verlieren.

Mein Tipp für den Anfang:

Um ein Leben und Arbeiten zu gestalten, das dir echten Erfolg und echte Erfüllung bringt, darfst du dich »umprogram-
mieren«. Und das ist ein Prozess auf allen Ebenen: Körper,
Geist und Seele. Der Schlüssel liegt darin, mit deiner wilden
Seite auf Tuchfühlung zu gehen. Was meine ich damit? Auch
in dir schlummert eine tiefe, authentische Kraft, die mit deiner ursprünglichen, natürlichen und unverfälschten Essenz
verbunden ist. Dem, was dich wirklich ausmacht. Wenn Frau-
en in meine Coachings kommen, ist erst einmal nur eine Frage entscheidend: warum? Und die Frage stelle ich nicht nur

einmal, sondern fünfmal. Denn mit jedem Warum bewegen wir uns weiter weg von einer oberflächlichen Antwort wie: »Na, das ist jetzt halt der nächste logische Schritt«, hin zu dem emotionalen Auslöser, der sich dahinter verbirgt. Wir gehen unseren tiefen Wünschen und Sehnsüchten auf den Grund. Auch wenn deine Antwort Erfolg oder Erfüllung lautet, haken wir noch einmal nach: warum? Was bedeutet Erfolg für dich? Was bedeutet Erfüllung? Usw. Probiere die Methode gerne mal selbst aus. Schreib dir deine Antworten auf, damit du nicht ausweichen kannst, oder frag jemanden aus deinem Umfeld, immer wieder nachzubohren. Das kann dir großartige Impulse für neue Ideen liefern. Aber auch wenn du bereits eine Vision hast, stell sie noch einmal auf die Probe: Warum ausgerechnet diese Idee? Welcher Wunsch und Anspruch verbergen sich dahinter? Frage wieder fünfmal, warum. Damit kannst du gut prüfen, wo deine Gegenwart und Zukunft eventuell noch von deiner Vergangenheit beeinflusst werden. Wo du bisher nicht in deiner Kraft bist oder deine eigene Wahrheit lebst.

Wir Frauen haben gelernt, gerade die großen Lebensfragen im Kopf zu beantworten. Um in einer Männerwelt zu bestehen, haben wir unsere Energie und unser Verhalten entsprechend angepasst. Das lässt uns oft unendlich viele Kreise um uns selbst drehen. Dabei sind wir eigentlich mit einer unschlagbaren Intuition und inneren Stimme ausgestattet. Wir dürfen lernen, sie wieder wahrzunehmen und ihr zu vertrauen. Wenn dir bereits erste Ideen für deine Gründung durch den Kopf geistern, schnapp dir eine davon, mach die Augen zu und lass sie auf dich wirken: Wirst du von der Leidenschaft gepackt und möchtest am liebsten sofort loslegen? Dann bist du genau richtig. Mach am besten sofort ein Visionboard davon. Auch ein bisschen Angst und Aufregung darf mit dabei sein, das ist ganz normal! Falls dich die Vorstellung aber stresst, du Enge empfindest, nervös wirst oder unter

Druck gerätst, dann darfst du noch einmal in andere Richtungen schauen. Frag dich, welcher Glaubenssatz dich hierhergebracht hat. Ob er dir noch dient oder ob du ihn loslassen darfst.

Mein Motto ist: Raus aus dem Powerfrau-Dasein und rein in echte Frauenpower! Finde das, was dich brennen lässt, aber nicht ausbrennt. Erfolg und Erfüllung dürfen leicht gehen. Sie sind kein Endzustand, sondern ein lebenslanger Entwicklungsprozess. Doch wenn du »dein Richtig« gefunden hast, springst du morgens freiwillig aus dem Bett und machst dich an die Arbeit. Weil sie sich nicht wie Arbeit anfühlt, sondern immer genug Energie wieder zu dir zurückkommt!

Patricia gab dir den Impuls, ein Visionboard zu erstellen. Das ist ein Werkzeug, um Ziele zu visualisieren und zu manifestieren. Du setzt es aus Bildern, Zitaten, Worten und Symbolen zusammen. Das kannst du auf einer Pinnwand, einem Poster oder mit einem digitalen Tool erstellen. Der Sinn und Zweck eines Visionboards ist, das Unbewusste zu aktivieren. Durch das regelmäßige Betrachten wirst du daran erinnert, was dir wichtig ist, und motiviert, dieses Zielbild anzustreben. Das Visionboard verstärkt positive Gedanken und bringt dich dazu, die eigene Energie und Aufmerksamkeit auf das zu lenken, was du erreichen möchtest.

Du hast dir durch Patricias Input schon einige Warum-Fragen gestellt? Das war die perfekte Vorbereitung für den nächsten Abschnitt!

3.2 Entdecke das »Warum« für deine Gründung

Nachdem du deinen inneren Antrieb entdeckt hast, geht es darum, das »Warum« für dein Business herauszuarbeiten. Das »Warum« sollte mit deinem inneren Feuer harmonieren, muss ihm aber nicht genau entsprechen. Dein »Business-Warum« ist maßgebend für alle Bereiche des Unternehmens. Das »Warum« beschreibt, welchen Zweck das Unternehmen hat und welchen positiven Beitrag es leisten möchte. Andere sprechen auch vom Purpose des Unternehmens und meinen damit dasselbe. Lass uns tiefer eintauchen und dazu einen Blick auf den goldenen Kreis von Simon Sinek werfen! Er erklärt mit diesem Schema, was für ihn erfolgreiche Unternehmen ausmacht. Sie haben ein starkes »Warum« und überzeugen damit. Sie kommunizieren immer vom Inneren des Kreises nach außen. Mit dem »Warum« gewinnen sie die Kundinnen und Kunden. Versuchen Unternehmen hingegen nur, ihre Produkte zu verkaufen, und erklären nicht den Sinn und Zweck dahinter, sind die Erfolgschancen dadurch minimiert.[1]

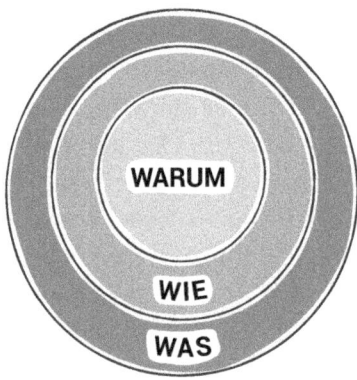

Jede Firma hat ein »Was« – die Produkte oder Dienstleistungen, die Lösung des Problems. Das »Wie« sind die Strukturen, das Vorgehen und die Prozesse, die Organisation und die Handlungen, die wir bewusst im Unternehmen setzen. Und das »Warum« im Kern sind die Motivation, die Visionen, der Grund, morgens aufzustehen. Wie kann so ein »Warum« aussehen?[2]

Das »Warum« des nachhaltigen Fashion-Labels Armedangels ist unter anderem das Ziel, keine Mode zu machen, sondern Veränderung. Mit jedem Kauf eines Produkts von Armedangels wird die Entscheidung getroffen, ein Teil dieser Veränderung sein zu wollen. Das »Warum« des Unternehmens ist also die Nachhaltigkeits-Revolution der Modebranche. Armedangels schafft es, der Welt mitzuteilen, woran sie glauben. Und genau deshalb werden die Produkte gekauft. Nicht wegen des Schnittes, der Farben oder der Materialien. Das »Warum« ist ausschlaggebend. Ein starkes »Warum« macht das Unternehmen einzigartig und schwer kopierbar. Denn wenn die Armedangels-Produkte von anderen kopiert werden, fehlt ihnen die Tiefe des »Warum« und die treue Armedangels-Kundschaft wird niemals auf die Alternative anspringen. Denn sie möchte mit dem Konsum der Produkte in erster Linie ihren eigenen Glauben an die Veränderung der Modebranche zum Ausdruck bringen. Das Unternehmen gibt durch ihr starkes »Warum« der Kundschaft die Möglichkeit, die eigenen Werte an die Außenwelt mitzuteilen.

Das »Warum« muss an erster Stelle stehen. Nur, wenn der tiefer liegende Sinn und Zweck dem ganzen Unternehmen klar ist, können die Produkte und Strategien richtig gut werden. Das »Warum« gibt die Richtung vor für dein Geschäftsmodell, deine Unternehmensstrategie, die Brand, dein Marketing, die Akquise von Mitarbeitenden, die Unternehmenskultur.

Mit dem »Warum« als Blaupause kannst du zum Beispiel herausfinden, ob das neue Produkt zum Unternehmen passt und realisiert werden sollte. Wenn alles, was du tust, auf das »Warum« deines Unternehmens einzahlt, wirst du am erfolgreichsten sein.

Das »Wie« und das »Was« werden und dürfen sich in einem Unternehmen immer wieder ändern, während das »Warum« konstant bleibt. An dem »Warum« sollte später nicht mehr zu stark gerüttelt werden, denn damit besteht die tiefe Identifikation der Kundschaft.[3]

Das »Warum« deines Unternehmens ist der leidenschaftliche Antrieb, der hinter jeder Entscheidung und jedem Handeln steht.

Stell dir vor, dein Unternehmen könnte das Leben von Menschen verändern – sei es durch innovative Produkte, die den Alltag erleichtern, oder Dienstleistungen, die das Wohlbefinden fördern. Vielleicht möchtest du eine Welt schaffen, in der jeder Zugang zu notwendigen Ressourcen hat, oder eine Gemeinschaft aufbauen, die Menschen ermöglicht, ihre Träume zu verfolgen und an sich selbst zu glauben.

Indem du das »Warum« deines Unternehmens klar und leidenschaftlich kommunizierst, weckst du eine tiefe Begeisterung und Verbundenheit bei deinen Kundinnen und Kunden. Menschen sind nicht nur an Produkten oder Dienstleistungen interessiert – sie suchen nach einem Sinn, einer Verbindung und einem Ziel. Dein »Warum« kann sie inspirieren, mit dir auf eine gemeinsame Reise zu gehen.

Verliere dich nicht in den Details – konzentriere dich darauf, was deine Gründungsidee einzigartig macht. Dein Unternehmen ist nicht nur ein Geschäft. Es ist eine Bewegung, die Menschen dazu anregt, über den Tellerrand hinauszuschauen und eine positive Veränderung in der Welt herbeizuführen.

Lass die Welt wissen, warum dein Unternehmen gebraucht wird, und entfache die Begeisterung in den Herzen der Menschen. Beachte dabei: Das »Warum« darf richtig groß, unverschämt groß gedacht werden. Denn so kann es in den Menschen eine tiefe Begeisterung auslösen. Formuliere das »Warum« für dein Unternehmen möglichst in einem Satz!

Wenn du mit deinem »Warum« im Kopf ein Bild der Zukunft malst, das dein Herz höherschlagen lässt und dabei deinen Kopf fast um den Verstand bringt, dann hast du eine Vision. Formuliere oder zeichne sie!

Das Ziel eines Unternehmens sollte es sein, langfristigen Mehrwert für die Welt zu schaffen. Ein Warum, das größer ist als du selbst und dein eigener (finanzieller) Nutzen, wird auch deine intrinsische Motivation massiv erhöhen. Somit stehen auch die Erfolgschancen für dein Business viel besser. Genau dieser Glaube an etwas Größeres macht dich zur Unternehmerin.[4]

3.3 Entscheide, wie du dein Unternehmen führen möchtest

Unsere Welt benötigt Gründerinnen, die mit ihrer Kreativität und Vision Großes bewirken. Auf welche Art und Weise möchtest du das tun? Wie ist deine Strategie, damit das »Warum« Wirklichkeit wird? Wir wechseln vom Herz zum Hirn – von der Gefühlsebene des »Warum« zum rationalen Denken. Und du stellst dir die Frage: Wie möchte ich meine Unternehmensvision verwirklichen?

Die folgenden Fragen helfen dir dabei, das herauszufinden. Du erhältst dadurch eine Selbsteinschätzung, um zu reflektieren, welcher Unternehmerinnen-Typ du bist und welche Art von Business zu dir passt. Es geht nicht darum, das »perfekte« Unternehmerinnen-Profil zu finden, sondern eines, das am besten zu dir und deinen Fähigkeiten passt.

Wähle für jeden Bereich 2 Aussagen, die dir entsprechen.

Persönliche Belastbarkeit & Resilienz:

1. Ich kann gut allein mit Stress umgehen und mich selbst motivieren.

2. Ich kann mit ständiger Unsicherheit und Rückschlägen umgehen.

3. Ich kann im kleinen Team Verantwortung übernehmen und bei Bedarf schnell reagieren.

4. Ich kann mit schnellem Wachstum und den damit verbundenen Herausforderungen umgehen.

5. Ich kann mich in ein erprobtes System einfügen, dort wachsen und bleibe ruhig bei geschäftlichen Herausforderungen.

Kreativität & Problemlösungsfähigkeiten:

1. Ich entwickle regelmäßig kreative und effiziente Lösungen für Kundenprobleme.

2. Ich entwickle innovative Produkte oder Dienstleistungen, die den Markt verändern können.

3. Ich finde kreative Wege, um mein Geschäft mit begrenzten Ressourcen weiterzuentwickeln.

4. Ich habe ständig innovative Ideen zur Skalierung meines Geschäftsmodells.

5. Ich kann kreative Lösungen innerhalb eines festen Rahmens finden und schaffe es, Innovationen in ein bestehendes Geschäftsmodell zu integrieren.

Risikobereitschaft & Ambition:

1. Ich bin bereit, mein eigenes Geld und Zeit zu investieren, um mein Business aufzubauen.

2. Ich bin bereit, hohe finanzielle und persönliche Risiken einzugehen, um mein Start-up schnell wachsen zu lassen.

3. Ich gehe moderate Risiken ein, um mein Geschäft zu stabilisieren und zu erweitern.

4. Mein Ziel ist es, mein Unternehmen richtig großzumachen. Großer Kapitalbedarf und hohe Risiken schrecken mich nicht ab.

5. Ich bin bereit, in ein etabliertes Modell zu investieren, das wenig Risiko bietet. Mein Fokus liegt eher auf Stabilität als auf Innovation.

Arbeitsstil & Präferenzen:

1. Ich arbeite gerne allein und entscheide selbst, wann und wie ich Projekte umsetze.

2. Ich kann flexibel arbeiten, auch wenn Strukturen bisher nicht klar definiert sind. In neue Themen arbeite ich mich schnell ein.

3. Ich arbeite gerne in einem kleinen Team, in dem alle eine enge Zusammenarbeit pflegen und flexibel agieren.

4. Ich kann mir in einem dynamischen Umfeld klare Ziele setzen und dabei strukturiert vorgehen.

5. Ich schätze klare Vorgaben und festgelegte Prozesse und liebe es, ein bewährtes System zu nutzen und weiterzuentwickeln.

Kundenkontakt & Kommunikation:

1. Ich suche den direkten Kontakt zu Kunden/Kundinnen und passe meine Dienstleistungen individuell an.

2. Ich bin bereit, oft und offen mit Kunden/Kundinnen, Partner*innen und Investoren/Investorinnen zu kommunizieren, um mein Unternehmen voranzubringen.

3. Ich lege großen Wert auf den direkten Austausch mit meinen Kunden/Kundinnen, um langfristige Beziehungen aufzubauen.

4. Es ist mir wichtig, auf das Feedback meiner wachsenden Kundenzahl zu hören. Den direkten Kontakt zu meinen Kunden/Kundinnen suche ich aber nur punktuell.

5. Ich mag den regen Austausch mit Know-how-Träger*innen und Partner*innen. Auf Kundenfeedback reagiere ich bestmöglich.

Auswertung

Überprüfe nun, welche Nummer bei deinen Antworten am häufigsten vorkam, und du findest heraus, zu welchem Unternehmerinnen-Typ du tendierst!

Solopreneurin/Freelancerin
Du arbeitest gerne selbstständig und flexibel, ohne dich groß abstimmen zu müssen. Deine Kundschaft kennst du in- und auswendig, und du bist Expertin auf deinem Gebiet. Die Fixkosten sind überschaubar und du brauchst kein großes Kapital. Dieses Profil passt zu Beraterinnen, Designerinnen, Fotografinnen oder Autorinnen.

Start-up-Gründerin
Du bist eine Visionärin, die es liebt, etwas von Grund auf zu schaffen. Dein Fokus liegt auf Innovation und Wachstum. Du arbeitest dich schnell in unterschiedliche Geschäftsbereiche ein, gehst Risiken ein, kannst mit Rückschlägen umgehen und hast starke Kommunikations- und Problemlösungsfähigkeiten.

Kleinunternehmerin
Du liebst es, deine Kundschaft mit deiner Arbeit direkt glücklich zu machen. Du möchtest dein eigenes Unternehmen führen, aber in einem überschaubaren Rahmen, mit einem kleinen Team. Beispiele sind Schreinereien, Cafés oder kleine Architekturbüros.

Wachstums-Unternehmerin

Du hast den Ehrgeiz, ein Unternehmen mit klarem Fokus auf Expansion zu gründen. Du bewegst dich in einem weniger risikoreichen Marktsegment, planst jedoch, innovative Prozesse zu integrieren, um dein Geschäft nachhaltig zu skalieren. Deine Ziele sind Effizienz und der Ausbau deines Marktanteils. Dieses Profil passt zu Gründerinnen von E-Commerce-Plattformen, SaaS-Unternehmen, digitalen Agenturen oder innovativen Lebensmittelmarken, die von Beginn an auf Wachstum und Effizienz setzen.

Franchise-Unternehmerin

Du möchtest ein erprobtes Geschäftskonzept übernehmen und an deinem Standort umsetzen. Flexibilität und Innovation stehen weniger im Vordergrund. Du legst Wert auf Stabilität. Betreiberinnen von Fitnessstudios oder Franchisenehmerinnen in der Gastronomie oder im Einzelhandel gehören zu dieser Kategorie.

Egal, in welchem Profil du dich wiederfindest – ob als Solopreneurin, Einzelunternehmerin, Start-up-Gründerin, Wachstums-Unternehmerin oder Franchise-Unternehmerin –, dein Typ wird maßgeblich darüber bestimmen, wie du dein Unternehmen aufbaust und welche Schwerpunkte du setzt. Und die Strategie, die du für dein Business wählst, um deine Vision zu erfüllen, soll zu dir passen. Zu dem »Wie« gehören auch die Werte. Welche Werte zeichnen dich aus? Nach welchen Werten möchtest du in deinem Unternehmen handeln? Die Werte des Unternehmens zu definieren, hilft dir, einen Kompass für dein Handeln aufzustellen. Er ist dazu da, die passenden Mitarbeitenden und Partner*innen zu finden, die nach den gleichen Werten handeln. Er zeigt dir auch bei vielen Entscheidungen den richtigen Weg.

Markiere in der folgenden Werteliste 5 Werte, die dich auszeichnen und die dein Unternehmen vertreten soll.

Integrität Verantwortung Innovation Teamarbeit Engagement Zielstrebigkeit Kundenzufriedenheit Exzellenz Respekt Nachhaltigkeit Agilität Resilienz Verlässlichkeit Flexibilität Empathie Vertrauen Diversität Inklusion Geduld Leidenschaft Transparenz Wachstum Effizienz Kreativität Offenheit Anpassungsfähigkeit Mut Serviceorientierung Qualität Authentizität Fairness Gemeinschaft Wissbegierde Sicherheit Vorbildfunktion Loyalität Lernbereitschaft Wertschätzung Ehrgeiz Proaktivität Optimismus Disziplin Unabhängigkeit Fokus Impact Kundenzentrierung Partnerschaftlichkeit

Die Begriffe allein lassen offen, wie genau das Handeln danach funktioniert. Deshalb schreibe die ausgewählten Werte in die unten angeführte Liste und formuliere Leitsätze für dein Business daraus.[5] Beispiel: »Kundenzentrierung« wird zu: »Wir richten unser Handeln an den Bedürfnissen unserer Kundschaft aus.«

_____

_____

_____

_____

_____

3.4 Definiere das »Was« für deine Gründung

Du hast mit all der Selbstreflexion und der inneren Stärkung dich selbst für den Gründungsweg vorbereitet. Du bist zu deinem inneren Feuer durchgedrungen und hast darauf basierend dein »Warum« formuliert. Wie du dein Ziel erreichen möchtest, weißt du auch schon. Zeit, sich mal ordentlich auf die eigene Schulter zu klopfen – gut gemacht! Nach dem intensiven Reflektieren, Reifen und Träumen ist jetzt Zeit für die große Frage – was möchtest du konkret anbieten? Was ist dein Angebot an die Welt?

Die folgenden Fragen sollen dir zeigen, welche Wege es gibt, auf Ideen zu kommen, und sollen dir dabei helfen, das Richtige für dich zu finden. Du musst nicht jede Frage beantworten. Wähle die Methoden, die dir zusagen, und mache dir keinen Druck, direkt die beste Idee zu finden. Brainstorme frei und unvoreingenommen. Lasse die Bewertung der Ideen erst einmal außen vor.

- Wo sind uns andere Länder einen riesigen Schritt voraus? Welche genialen Konzepte haben sie etabliert, die einen immensen gesellschaftlichen Mehrwert stiften und uns in Deutschland dringend fehlen? Nimm Länder wie Norwegen, Schweden, Island, Neuseeland oder auch Südkorea unter die Lupe!
- Was sind besondere Fähigkeiten von dir? Was kannst du, was andere nicht können? Mit welchen Fähigkeiten hast du schon öfter andere zum Staunen gebracht? Wo hast du tiefes Wissen, das du dir zunutze machen kannst?
- Führe Interviews mit deiner Zielgruppe, um anhand der Bedürfnisse und Schmerzpunkte deiner potenziellen Kundschaft neue Ideen zu entwickeln!
- Baue deine Idee auf der Zukunftsvorstellung der Expertinnen und Experten! Was benötigt die Welt von morgen? Lese Berichte von Zukunfts- und Marktforschungsinstituten wie dem Zukunftsinstitut, Institute for the Future, World Economic Forum, McKinsey Global Institute, MIT Technology Review oder Veröffentlichungen von Zukunftsforschern wie Peter Diamandis, Dr. Pero Mićić, Matthias Horx oder Ray Kurzweil.
- Die Blue-Ocean-Strategie ist eine Methode, die dazu anhält, noch komplett unerschlossene Märkte zu erobern – die blauen Ozeane – und ein einzigartiges Wertangebot zu schaffen. Die roten Ozeane hingegen sind bereits gesättigt und voller Konkurrenz. Einen blauen Ozean kannst du entdecken, indem du beispielsweise zwei Geschäftsmodelle aus unterschiedlichen Branchen kombinierst oder neue, innovative Herstellungsmethoden entwickelst. Auch die Ansprache neuer Kundengruppen durch einen besonderen Service kann dir helfen, dich von der

Konkurrenz abzuheben. Heute stehen dir verschiedene Analysetools zur Verfügung, insbesondere bei Online-Marktplätzen wie Amazon oder Etsy, um herauszufinden, welche Produkte hohe Suchanfragen und gleichzeitig ein geringes Angebot aufweisen. Diese Tools können dir wertvolle Einblicke geben und helfen, einen ungesättigten Markt zu finden.

- Möchtest du lieber ein Produkt anbieten, das ein Must-have (Medizin) oder ein Nice-to-have (Vitamin) ist? Welche strategischen Schlussfolgerungen ergeben sich daraus?

Lass deiner Kreativität freien Lauf! Hier ist Platz für dein Brainstorming zu deinem Angebot:

———————————————————————————

———————————————————————————

———————————————————————————

———————————————————————————

———————————————————————————

———————————————————————————

Puh, das war intensiv, oder? So viele Ideen, so viele Möglichkeiten, mit deinem Business durchzustarten. Nimm dir Zeit für das Gedanken-Pingpong, das sich jetzt vermutlich in deinem Kopf abspielt. Wie könnte ich diese Idee umsetzen? Wer könnte mir dabei helfen, das zu verwirklichen? Ist das Timing dafür gerade gut? Wie hoch schätze ich das Potenzial dafür ein? Schlage an dieser Stelle gerne das Buch einmal zu und lass die Ideen wirken, die du gesammelt hast.

Nachdem du dir Zeit genommen hast, um die Ideen reifen zu lassen, zu kombinieren, zu träumen – welche Idee möchtest du verfolgen?

Definiere jetzt deine Gründungsidee:

_____

_____

_____

_____

_____

Diese Seiten trennst du jetzt aus dem Buch heraus und sendest sie an unsere Adresse, die lautet wie folgt ... Spaß beiseite! Deine Ideen sind deine Schätze, an denen du jetzt feilen und sie groß machen darfst. Wenn dir deine Idee selbst etwas Angst macht, ist das durchaus ein gutes Zeichen. Dann kannst du dir sicher sein, dass sie innovativ ist.[6]

Höchstwahrscheinlich wird sich das »Was« noch ein paar Mal ändern. Vielleicht findest du heraus, dass deine Kundinnen und Kunden doch ein anderes Problem haben, und du passt deine Idee darauf an. Oder dein Unternehmen entwickelt sich schlichtweg weiter und die Produktpalette ändert sich. Das ist normal. Regelmäßiges Testen deiner Idee ist hier hilfreich. Wir führen dich zu einem späteren Zeitpunkt systematisch durch das Testen deiner Idee, um ihre Relevanz zu überprüfen.

3.5 Entscheide, mit wem du gründest

Was spricht für und gegen eine Solo-Gründung? Wir zeigen dir, welche Überlegungen du anstellen solltest, bevor du dich entscheidest, ob du allein gründest oder Unterstützung an deiner Seite möchtest.

Vielfach bestehen besonders erfolgreiche Teams aus einem Duo: einer Person, die die Vision formt und einer, die gerne strategisch denkt. Der Idealismus-Typus und der Realismus-Typus. Simon Sinek gliedert die Menschen in einem Unternehmen nach dem Bild des goldenen Kreises in drei Gruppen ein. Die Visionärin ist die, die das starke »Warum« einbringt. Diese Menschen braucht es, um zu inspirieren, zu mobilisieren, Ziele und Visionen zu formen. Die Strategin ist die »Wie«-Person. Sie braucht es, um die Wege zu finden, diese Ziele und Visionen zu erreichen. »Was«-Menschen sind die ausführenden Kräfte, die Expertinnen und Experten, die es für die Erschaffung der Produkte benötigt.

Die »Warum«-Menschen sind meistens die, die auf den Bühnen stehen und motivierende Reden schwingen. Sie überzeugen das Team, Investoren/Investorinnen und Kunden/Kundinnen von der Idee. Die »Wie«-Menschen sind oft die zurückhaltenderen Personen, deren Name viel seltener an die Öffentlichkeit dringt. Essenziell für den Erfolg sind sie jedoch mindestens genauso. Wenn sie von der Vision genauso überzeugt sind wie der »Warum«-Mensch, verstehen sie es, aus den großen Leitbildern konkrete Schritte abzuleiten. Sie wissen, was es braucht, um das konkrete Produkt zum Leben zu erwecken. Schon oft haben eingespielte Duos aus »Warum«- und »Wie«-Menschen aus einer Idee eine Bewegung und schließlich einen Konzern erschaffen. Einige sehr bekannte Beispiele für erfolgreiche Gründungen aus Vision-Strategie-Duos sind Apple, Microsoft, Disney und HP.[7]

Für den Unternehmensberater Simon Sinek sind die »Warum«-Menschen die wahren Leader-Persönlichkeiten, die das Zeug haben, eine Revolution anzuzetteln. Sie wecken in den Menschen einen positiven Geist, der sie an eine bessere Welt und eine bessere Version von sich selbst glauben lässt. Ihre Mitarbeitenden gehen dadurch gerne zur Arbeit, sind produktiv, kreativ und glücklich. Tatsächlich gibt es von den »Warum«-Typen nicht so viele. Nur 2,5 Prozent der Menschen haben die

Innovator-Mentalität. Der Großteil der erfolgreichen Unternehmer und Unternehmerinnen sind »Wie«-Typen, die sich mit ihrem »Warum« tief auseinandergesetzt haben und gelernt haben, zu inspirieren. Sie sind aufgrund ihrer Fähigkeiten die besseren Manager als »Warum«-Typen. Bist du ein »Warum«-Typ? Genial! Du kannst Großes bewegen, doch du solltest besser nicht allein gründen, um langfristig erfolgreich zu sein. Du bist eine Strategin? Dann kannst du es auch allein schaffen, wenn du ein starkes Warum-Manifest hast! Du bist ein »Was«-Typ? Dann benötigst du zumindest eine Strategin als Ergänzung![8]

Was Cornelia über Founder-Teams denkt

Für mich fühlt sich das Starten eines Business wie das Gründen einer Familie an. Das Unternehmen ist das Baby, die heiß geliebte Idee, die man in Gedanken schon wachsen und aufblühen sieht. Ein Traum soll Wirklichkeit werden. Und welch Überraschung! Die Entwicklung passiert meist nicht haargenau nach den eigenen Vorstellungen. Die einzelnen Teammitglieder haben ihre ganz eigene Vorstellung vom »richtigen« Weg. Eine sieht allein Weg A als sinnvoll, ein anderer betont, nur Weg B kann funktionieren. Immer wieder muss sich die Familie, also das Gründungsteam, zusammen »einnorden« und sich auf einen gemeinsamen Weg einigen. An so einem Business-Baby hängt ganz schön viel Herz. Das spürst du vermutlich schon selbst in dir.

Es kann immer wieder schmerzhaft sein, Ideen aufzugeben, weil Kursänderungen notwendig sind. *Kill your darlings*[9] heißt ein bekanntes Sprichwort aus der Kreativszene, das daran erinnert, dass die eigenen, scheinbar grandiosen Ideen oft nicht die beste Lösung sind. Was für eine herbe Erkenntnis – schwer zu akzeptieren. Doch das gehört dazu. Genauso wie das Kündigen von Mitarbeitenden oder Partnerschaften. Um solch schwierige Schritte immer wieder im Gründungsteam gehen zu können, braucht es emotional reife Menschen, die einander zuhören, vertrauen und gut miteinander kommunizieren können. Das beinhaltet auch das offene und zielorientierte Bearbeiten von Problemen miteinander. Schlummernde Konflikte können die Stabilität des Gründungsteams in Windeseile zerstören.

Es braucht einen sicheren Raum, in dem nichts unter den Teppich gekehrt wird, nichts voreinander geheim gehalten wird, alle einander ernst nehmen. Nicht selten bestehen Gründungsteams tatsächlich aus Personen mit familiärer oder tiefer freundschaftlicher Verbindung. Ihre Verbindung ist so stark, dass sie diverse Wirbelstürme und Erdbeben aushält. Sie können sich aufeinander verlassen, »in guten wie in schlechten Zeiten«. Der meiner Meinung nach wichtigste Faktor dafür: Es besteht die gleiche Wertebasis. Ein unterschiedliches Wertegerüst und unterschiedliche Moralvorstellungen hingegen führen schnell zu unüberbrückbaren persönlichen Differenzen. Persönliche Differenzen sind ein Hauptgrund für frühes Scheitern eines Start-ups.[10]

Direkt nach dem Match der Werte muss der Match der Kompetenzen überprüft werden. Da Start-ups in einem dynamischen und unsicheren Feld agieren, sind T-Profile besonders wertvoll. Das »T« steht für die zwei Aspekte Breite und Tiefe. Die Person verfügt demnach über diverse Kenntnisse in unterschiedlichen Bereichen und tiefgehendes Fachwissen in einem spezifischen Bereich. Dadurch bekommt das Team wahre Expertinnen und Experten sowie universell einsetzbare Kräfte. Des Weiteren ist ein hohes Maß an Selbstverantwortung enorm hilfreich, damit jedes Teammitglied eigenständig und verlässlich Aufgaben erledigen kann.

Ein sich ergänzendes Team mit unterschiedlichen Perspektiven und Fähigkeiten, das ein gemeinsames Ziel verfolgt, kann stärker sein als eine Einzelperson. Viele Start-up-Teams zerbrechen aber auch und formieren sich wieder neu, weil sie nicht perfekt gepasst haben. Je mehr Menschen mitreden und je unterschiedlicher die Einstellungen sind, desto schwieriger werden auch Abstimmungsprozesse. Mit welcher Teamgröße, denkst du, wird die stabilste und stärkste Einheit gebildet? Ich selbst habe schon einmal in einem Team aus sechs Personen ein Start-up gegründet. Unser Kompetenzpool war fantastisch aufgestellt, doch für den unwegsamen Trampelpfad einer Start-up-Gründung war das Team zu groß und nicht stabil genug.

Wir waren durch die Größe des Teams nicht in der Lage, schnell genug zu lernen und die notwendigen Entscheidungen zu treffen. Unterschiedliche moralische Grundsätze und persönliche Konflikte haben das Leben nicht leichter gemacht. Ich habe daraus gelernt, dass nicht jede Kompetenz im Gründungsteam vertreten sein muss. Und für mich gilt seither: Solange noch kein funktionierendes Geschäftsmodell vorliegt, sollte das Team möglichst klein gehalten werden. Viele Kompetenzen können extern oder später durch andere Teammitglieder abgedeckt werden. Nur die zentralsten Fähigkeiten, die für die Umsetzung deines Konzeptes benötigt werden, sollten durch die Gründungsmannschaft abgedeckt werden. Welche Kernkompetenzen das sind? Das hängt ganz von deiner Gründungsidee ab!

Der Ressourcenüberblick als Entscheidungshilfe

Schaffe dir einen Überblick über den Status quo deiner Ressourcen. Ob finanziell, persönlich oder zeitlich – deine Ressourcen bestimmen, auf welcher Ebene du startest. Je nachdem, wo du stehst, kannst du erkennen, in welchen Feldern du

Unterstützung benötigst. Indem du dir deine Ressourcen bewusst machst, kannst du nicht nur besser planen, sondern auch Überlastung vermeiden, indem du dir die passende Unterstützung suchst. Es lohnt sich also, einen genauen Blick auf deine finanziellen Mittel, dein Wissen, deine Unterstützer*innen sowie deine inneren Reserven zu werfen, um das volle Potenzial auszuschöpfen.

Verschaffe dir einen Überblick über deine vorhandenen Ressourcen in den folgenden Bereichen. Kannst du allein gründen? Oder benötigst du Mitgründer*innen? Möchtest du die Verantwortung für dein Business allein tragen?

- **Finanziell:** Möchtest du eine Gründungsteamerweiterung, die sich finanziell beteiligt, um den Kapitalbedarf zu decken?

  ☐ ja

  ☐ nein

- **Intellektuell:** Welche Kernkompetenzen sind für deine Gründungsidee notwendig? Kannst du sie allein abdecken?

  1. _____ ☐ ja ☐ nein

  2. _____ ☐ ja ☐ nein

  3. _____ ☐ ja ☐ nein

- **Vertrieblich:** Wie erreichst du deine Kundschaft? Benötigst du eine Person, die Netzwerk einbringt?

  ☐ ja

  ☐ nein

- **Zeitlich:** Wie viel Zeit hast du für deine Gründungsidee? Kannst du die Arbeitslast allein stemmen?

  ☐ ja

  ☐ nein

- **Körperlich:** Wie steht es um deine physischen und psychischen Reserven? Kannst du allein dem Druck standhalten?

  ☐ ja

  ☐ nein

Und zuletzt: Wie siehst du dich?

☐ A: Visionärin,

☐ B: Strategin (kann am besten allein gründen),

☐ C: Expertin.

Zu welchem Ergebnis kommst du durch die Beantwortung der Fragen?

☐ Ich möchte allein gründen.

☐ Ich möchte im Team gründen.

Falls du dich für die Suche nach der passenden Gründungsteam-erweiterung entschieden hast, kannst du folgende Beispielfragen an deine Anwärter*innen richten, um herauszufinden, ob sie die passende Ergänzung sind:

- Was sind deine 5 wichtigsten Werte? Wie stehst du zu meinen Werten?
- Was sind deine Kernkompetenzen?
- Wie gut bist du darin, Kompromisse einzugehen?
- Wie, wann, wo kannst du am besten Kritik aufnehmen? Wie reagierst du in stressigen Situationen?
- Was, würdest du sagen, sind deine größten Macken? Wie sollte ich am besten damit umgehen?

Tipp:

Schreibe außerdem am besten ein »Manual-of-me«[11] für dein zukünftiges Team. Das ist eine Beschreibung, wie man am besten mit dir umgehen sollte für eine erfolgreiche Zusammenarbeit. Die Plattform manualof.me hilft dir bei der Erstellung.

#feedbackchallenge

Du hast in diesem Kapitel dein Ding gefunden! Bäm!

Hol dir Feedback ein, um deine eigene Idee zu verbessern. Spreche mit Menschen über deine Ideen, die positive Vorstellungskraft besitzen, um die Konzepte »großzudenken«. Wähle vielleicht auch mit Absicht Personen aus, die nicht mit knallharter Kritik sparen. Tausche dich aus, sammle Input und Tipps von erfahrenen Gründer*innen oder Branchenexpert*innen.

Lade direkt ein paar Personen, die dir in den Sinn kommen, zum Austausch ein.

Mach bei dem Gespräch ein Foto von euch und teile es auf LinkedIn oder Instagram.

Tagge @wir.gruenden in deinem Beitrag, um die Reichweite zu erhöhen. Wir werden deinen Beitrag gerne teilen.

4 Marktforschung und Geschäftsentwicklung

In diesem Part geht es darum, wie du deinen Markt gründlich analysierst und wichtige Trends erkennst, um deine Gründungsidee erfolgreich umzusetzen. Die Welt der Start-ups ist dynamisch und wirtschaftliche Veränderungen beeinflussen die Erfolgschancen deiner Gründung. Du erfährst, wie Megatrends wie Digitalisierung, Nachhaltigkeit und Globalisierung deine Geschäftsidee formen können und wie du dein Unternehmen zukunftsorientiert aufstellst. Durch fundierte Marktforschung und das Verständnis relevanter Trends schaffst du die Basis für langfristigen Erfolg. Du setzt dich intensiv mit deiner Zielgruppe auseinander und entwickelst deine Idee durch Experimente und Testen immer weiter hin zum soliden Geschäftsmodell.

4.1 Erforsche den Markt und dessen Trends, um den passenden Fit zu finden

Der Deutsche Start-up Monitor 2024[1] zeigt, dass die dynamischen Wachstumszahlen der letzten Jahre durch wirtschaftliche Unsicherheiten gedämpft wurden. Investorinnen und Investoren sind vorsichtiger, die Zinsen sind gestiegen. Ein positives Zeichen setzt Verena Pausder, die Vorstandsvorsitzende des Start-up-Verbandes, mit einem neuen Maßnahmenpaket. Es zielt darauf ab, den Start-up-Standort Deutschland zu stärken und zukunftsfähig zu gestalten.[2] Die Start-up-Szene in Deutschland hat sich in den vergangenen Jahren als einer der führenden Standorte in Europa etabliert, mit Berlin und München als die zentralen Hubs.[3] Berlin gilt als das Herz der deutschen Start-up-Welt, besonders im Bereich Fintech und E-Commerce, mit bekannten Unternehmen wie N26 und Zalando.[4] Auch München mit seiner Nähe zu großen Unternehmen und akademischen Institutionen wie der TU München hat sich als wichtiger Technologiestandort positioniert, vorrangig in den Bereichen KI und Robotik.[5] Der Standort spielt eine zentrale Rolle bei der Unternehmensgründung, da er viele Aspekte des Geschäfts beeinflusst. Dazu gehören neben dem Zugang zu Wissen, Expertise und Branchennetzwerk natürlich auch die Zugänglichkeit zu Kundinnen und Kunden, die Betriebskosten, die Infrastruktur und die Wettbewerbsbedingungen.

Gründende fokussieren sich heute stärker auf Effizienz und Profitabilität statt ausschließlich auf Wachstum. Internationale Ausrichtung und Englisch als Unternehmenssprache gewinnen an Bedeutung. Während das Gründungsalter steigt und die Anzahl an Gründungen rückläufig ist, bleibt die Innovationskraft im Gesundheits-, Bildungs- und Energiesektor hoch, da hier auch eine entsprechende Nachfrage besteht.[6]

Bevor du mit der Umsetzung deiner Gründungsidee startest, ist eine gründliche Marktforschung unerlässlich. Die zentrale Frage, die du beantworten musst, lautet: Gibt es überhaupt einen Markt für mein Produkt oder meine Dienstleistung? Ein Markt entsteht dort, wo sich Angebot und Nachfrage treffen. Nur wenn ausreichend Nachfrage für dein Angebot vorhanden ist, kannst du langfristig Geld verdienen. Prüfe, ob bereits ein Überangebot besteht, das es erschwert, Fuß zu fassen, oder ob es vielleicht keine Nachfrage gibt, weil dein Produkt keine relevanten Bedürfnisse abdeckt.

Die Megatrends, die das Zukunftsinstitut[7] beschreibt, bieten dir als Gründerin eine wertvolle Orientierung, um deine Idee zukunftsorientiert am Markt zu gestalten. Vermutlich hast du auf der Suche nach der idealen Gründungsidee schon die erste Recherche gestartet. Jetzt ist die perfekte Zeit, sich intensiver damit auseinanderzusetzen. Trends wie Nachhaltigkeit, Individualisierung und Digitalisierung zeigen, wie sich Märkte und Kundenbedürfnisse langfristig verändern werden. Indem du auf diese Entwicklungen reagierst, kannst du dein Unternehmen innovativ und wettbewerbsfähig positionieren.

Individualisierung   Urbanisierung   Silver Society

Gesundheit   New Work   Globalisierung

Gender Shift   Sicherheit   Wissenskultur

Konnektivität   Mobilität   Neo-Ökologie

Diese Trends können dir helfen, innovative Geschäftsideen zu entwickeln, die den Bedürfnissen der Gesellschaft entsprechen.

Du kannst Megatrends nutzen, um dein Unternehmen am Zahn der Zeit auszurichten und Wettbewerbsvorteile zu schaffen. Eine Möglichkeit ist die Integration digitaler Tools und Plattformen in dein Geschäftsmodell, wodurch dein Unternehmen für die Digitalisierung skalierbarer wird. Gleichzeitig kannst du umweltfreundliche Produkte oder Dienstleistungen entwickeln, um der steigenden Nachfrage nach nachhaltigen Lösungen gerecht zu werden. Ferner bieten personalisierte Angebote die Chance, deine Kunden mit maßgeschneiderten Lösungen zu begeistern. Indem du diese Trends erkennst und strategisch für dich nutzt, positionierst du dein Unternehmen optimal für die Zukunft.

1. Markiere in der Übersicht der letzten Seite die Megatrends, die für deine Geschäftsidee relevant sind.

2. Wie könnte sich die Art, wie wir Produkte oder Dienstleistungen nutzen, in den nächsten 10 Jahren ändern? Antizipiere Trends und beschreibe mögliche Entwicklungen, die dein Geschäftsmodell betreffen könnten.

_____

_____

_____

_____

_____

3. Was wird sich in den nächsten 10 Jahren nicht ändern? Überlege, welche Konstanten im Markt bestehen bleiben und wie dein Geschäftsmodell davon profitieren kann.

_____

_____

_____

_____

Was macht der Markt?

Ein umfassendes Verständnis des Marktes ist entscheidend, um das Marktpotenzial zu erkennen und das Risiko von Fehlinvestitionen zu minimieren. Als Gründerin kannst du so realistische Annahmen über deine Erfolgschancen treffen und potenzielle Marktbarrieren frühzeitig identifizieren. Um die Nachfrage für deine Gründungsidee realistisch einzuschätzen, ist es wichtig, Daten über das Interesse und die Interaktionen in deinem Markt zu sammeln. Hier sind einige Schritte, die du unternehmen kannst:

- Nutze Tools wie Google Keyword Planner, Ubersuggest oder Ahrefs, um herauszufinden, wie oft nach bestimmten Begriffen gesucht wird, die mit deiner Idee in Verbindung stehen.
- Achte darauf, die relevanten Keywords und Phrasen zu identifizieren, die deine Zielgruppe verwenden könnte. Das Suchvolumen gibt dir einen ersten Hinweis darauf, wie viele Menschen Interesse an deinem Thema haben.
- Wenn du bereits Inhalte (Blog-Beiträge, Artikel) zu deinem Thema hast, analysiere die Klickzahlen und den Traffic über Google Analytics. Diese Daten zeigen dir, wie viele Nutzer* innen sich für dein Thema interessieren.
- Falls du noch keine Inhalte hast, kannst du ähnliche Seiten analysieren, um zu sehen, wie viel Traffic sie generieren. Tools wie SimilarWeb oder SEMrush können hierbei helfen.
- Überprüfe Plattformen wie Instagram, LinkedIn, Facebook und Twitter. Achte darauf, wie oft Beiträge zu deinem Thema geteilt, kommentiert oder gelikt werden.
- Nutze Hashtag-Analysen, um die Beliebtheit bestimmter Themen oder Kampagnen zu verfolgen.

Schreibe hier deine Ergebnisse auf:

_____

_____

_____

_____

_____

Deep-Dive-Wettbewerb

Eine Wettbewerbsanalyse zeigt dir, welche Wettbewerber bereits existieren, was sie ausmacht und wie sich dein Business von ihnen abheben kann. So kannst du deine eigene Positionierung definieren, um einen einzigartigen Wert für deine Zielgruppe zu schaffen.

Gibt es bereits ein Angebot für deine Gründungsidee?

Direkte Konkurrenz sind Unternehmen, die ähnliche Produkte oder Dienstleistungen anbieten wie dein eigenes Unternehmen. Sie zielen auf dieselbe Zielgruppe ab und konkurrieren direkt um die gleichen Kunden und Kundinnen. Ein Beispiel wäre ein anderes Café in deiner Stadt, wenn du ein Café eröffnen möchtest.

Indirekte Konkurrenz hingegen umfasst Unternehmen, die nicht genau die gleichen Produkte oder Dienstleistungen anbieten, aber dennoch die gleichen Bedürfnisse der Kundschaft ansprechen oder deren Kaufentscheidungen beeinflussen können. Zum Beispiel könnte ein Restaurant als indirekte Konkurrenz für dein Café gelten, da es ebenfalls eine Essens- und Getränkeoption für die Kunden und Kundinnen bietet, auch wenn die Speisen und das Ambiente unterschiedlich sind. Um die Konkurrenz besser zu verstehen, kannst du die Social-Media-Seiten von ähnlichen Unternehmen analysieren, branchenbezogene Blogs lesen und wichtige Influencer*innen in deinem Bereich identifizieren. Dies gibt dir Einblicke in die Strategien der Konkurrenz und hilft dir, deine eigene Position im Markt zu bestimmen. Recherchiere, welche direkten und indirekten Wettbewerber bereits existieren, und liste sie auf.

Was sind die Alleinstellungsmerkmale (USP) deiner Businessidee?

Definiere konkret, was deine Gründungsidee für deine Zielgruppe einzigartig macht. Weshalb bist du überzeugt, dass deine Idee relevant und unverwechselbar ist? Analysiere, in welchen Bereichen du dich mit deiner Idee von dem Angebot der Konkurrenz abheben kannst.

Zähle fünf Merkmale von Konkurrenzunternehmen auf!

_____

_____

_____

_____

_____

Zähle 5 Alleinstellungsmerkmale deiner Lösung auf im Vergleich zu den anderen Unternehmen! Wie kannst du dich differenzieren?

Wenn du sowohl deine Konkurrenz als auch dich selbst gut kennst, erleichtert das dein Geschäftsleben maßgeblich. Die Analyse des Marktes und der Konkurrenz ist entscheidend für den Erfolg deines Unternehmens. Ein tiefes Verständnis der Mitbewerber*innen, ihrer Stärken und Schwächen, ermöglicht es dir, bessere strategische Entscheidungen zu treffen. Dies hilft dir wiederum, neue Märkte mit weniger Wettbewerb zu erschließen, deine Reichweite zu vergrößern oder deinen Marktanteil zu erhöhen.

Diverse digitale Plattformen haben sich auf Wettbewerbsanalyse mithilfe von KI spezialisiert. Sie bieten tiefere und schnellere Einblicke in Marktbewegungen, Kundenstimmungen und Wettbewerberaktivitäten, als es einer Einzelperson möglich ist selbst zu analysieren. Recherchiere immer wieder, welche neuen Möglichkeiten es gibt und nutze gerne auch Google Alerts, um neue Entwicklungen der Konkurrenz sofort mitzubekommen. Hier kannst du dir Benachrichtigungen zu verschiedenen Unternehmensnamen und Themen einstellen.

4.2 Definiere deine Zielgruppe und ihre Bedürfnisse

Viele Gründende sind von ihrer Geschäftsidee so überzeugt, dass sie in ihrer Begeisterung oft vergessen, zu überprüfen, ob ihre

Ideen tatsächlich die Bedürfnisse ihrer zukünftigen Kundschaft treffen. Der enge Austausch mit der Zielgruppe stellt sicher, dass ein Angebot entsteht, das wirklich gebraucht und gewollt wird.

Warum ist die Zielgruppenkenntnis so wichtig? Wenn du deine Zielgruppe gut kennst, kannst du die richtigen Produkte und Dienstleistungen entwickeln, das passende Marketing betreiben und eine Beziehung aufbauen, die über das reine Konsumverhältnis hinausgeht. Eine Zielgruppenanalyse ermittelt, welche Probleme die Menschen haben, welche Lösungen sie sich wünschen und wie sie angesprochen werden möchten. Durch diese Klarheit wird der Erfolg wahrscheinlicher, da das Angebot gezielt auf die Bedürfnisse der Kundschaft abgestimmt ist. Um die Bedürfnisse und Erwartungen zu verstehen, ist es ratsam, qualitative und quantitative Methoden der Marktforschung zu kombinieren. Durch Interviews, Umfragen oder Beobachtungen lassen sich erste Einblicke gewinnen. Fokusgruppen oder tiefgehende Interviews ermöglichen es, die Denkweise und Wünsche der potenziellen Kundschaft noch besser zu verstehen. Wichtig ist, dass eine Vertrauensbasis herrscht und die Zielgruppe dadurch ehrlich zu dir spricht. Auch Online-Foren, Social Media und Kundenbewertungen liefern Kenntnis darüber, was Menschen wirklich suchen und benötigen.

Die Bedürfnisse der Menschen verändern sich im Laufe der Zeit. Märkte entwickeln sich, und was heute gefragt ist, kann morgen schon überholt sein. Deshalb ist es wichtig, im ständigen Austausch zu bleiben, um Trends und Veränderungen zu erkennen und frühzeitig auf sie reagieren zu können. Regelmäßige Kundenbefragungen, Social-Media-Interaktionen und die Analyse von Rückmeldungen helfen, immer am Puls der Zielgruppe zu bleiben.

Ursula Volpe steigt nun in das Thema Ideal Customer Profiles ein. Das wird dir dabei helfen, dein Kundenprofil für dein Produkt oder deine Dienstleistung zu definieren.

Ursula Volpe: Ermittlung deiner idealen Kundinnen und Kunden

Foto: Anita Imfeld-Leu

Ursula Volpe ist Investorin, Unternehmerin und Putzfrau. Seit über 15 Jahren investiert sie in Unternehmen – seit 2022 auch als Business Angel in Start-ups. Nach der Geburt ihrer Kinder tauschte sie den Angestelltenjob gegen die Leitung eigener Firmen. Ihr neuestes Projekt: Mrs. Fox Cleaning GmbH. Ihr Ziel is es, Eltern zu entlasten, indem sie und ihr Team alle Hausarbeiten übernehmen, damit diese sich auf Job und Familie konzentrieren können.

mrsfoxcleaning.com

Wie findest du das ideale Kundenprofil (ICP) für deine Business-Idee heraus? Nun, du könntest Studien lesen, Veröffentlichungen in Fachmagazinen durchstöbern und auf Social Media Meinungen nachforschen. Was ich selbst ganz gerne nutze, ist *answerthepublic.com/de*. Auf dieser Plattform kann man erfahren, zu welchen Themen mit welchen Fragen recherchiert wird und wie hoch das Suchvolumen ist. Aus der Art und Weise, wie die Fragen gestellt werden, lässt sich herauslesen, wie die Zielgruppe tickt.

Hier kannst du ein Verständnis dafür bekommen, welche Probleme deine potenziellen ICP haben und was sie genau bezüglich deines Themas recherchieren. Meiner persönlichen Erfahrung nach ist aber keine Recherchemethode so effektiv wie die, deine potenziellen Kundinnen und Kunden selbst zu befragen. Zu dem Zeitpunkt, an dem ich dieses Kapitel schreibe, stecke ich gerade mitten in der Gründung meines dritten Unternehmens. Ich bin gerade erst fertig mit der Ermittlung meines ICP und habe schon meine ersten Kundinnen und Kunden, die den hohen Preis zahlen, den ich verlange.

Um nah an der Praxis zu bleiben, teile ich meine echten ICP-Interviewbögen mit euch, die ich an potenzielle Kundinnen und Kunden geschickt habe. Sie sind für Unternehmen, die unterschiedlicher nicht sein können. Trotzdem haben die Fragebögen dasselbe Ziel: mehr über das Problem meiner Kundschaft herauszufinden, welches ich mit meinem Unternehmen lösen möchte.

Die Idee für mein erstes Business entstand Anfang 2022. Mein Sohn war gerade 8 Monate alt und mein Gehirn war so langsam wieder aufnahmefähig. Ich entdeckte Podcasts für mich und dort wurden Web3 und NFTs (Non-Fungible Tokens) diskutiert – und ich war gefesselt. Immer tiefer stieg ich in den Krypto-Bereich ein, und da ich gerne einfach mal mache und im Prozess lerne, kaufte ich mir diverse Krypto-Währungen auf verschiedenen Blockchains, probierte verschiedene Krypto-Wallets aus und wurde aktives Mitglied von ein paar NFT-Communitys.

Dir kamen ein paar Begriffe kryptisch vor im vorherigen Abschnitt? So geht es vielen und daher dachte ich, ich muss die Leute da draußen über die vielen Möglichkeiten der neuen Blockchain-Technologie aufklären, damit sie die Möglichkeiten nicht verpassen. Ich lernte meine spätere Mitgründerin kennen, die genauso dachte, und Ende 2022 starteten wir unseren ersten Online-Kurs »Web3 for your business«. Zur Ermittlung der Inhalte sowie unserer ICP erstellten wir einen Fragebogen, den wir per Google-Formular an Personen und Communitys schickten, die uns geeignet schienen.

Das waren die Fragen, die wir an unsere Befragungsteilnehmer*innen geschickt hatten:

- Bitte beschreiben Sie Ihr aktuelles Geschäft.
- Was ist derzeit Ihre größte Herausforderung für Ihr Unternehmen?

- Was ist Ihr wichtigstes Geschäftsziel für 2023?
- Was würde es für Sie persönlich und für Ihr Unternehmen bedeuten, wenn Sie dieses Ziel erreichen würden? Wie würden Sie sich dabei fühlen?
- Was kommt Ihnen gerade in den Sinn, wenn Sie an Web3 denken?
- Was sind die größten Hindernisse für Sie beim Einstieg in Web3/Krypto (falls es welche gibt)? Bitte seien Sie so konkret wie möglich.
- Wobei möchten Sie jetzt Hilfe in Bezug auf Web3 erhalten?
- Wenn Sie es sich aussuchen könnten, welche Sprache würden Sie für eine Web3-Masterclass bevorzugen?
- In welchem Land sind Sie derzeit ansässig?
- Ist es in Ordnung, wenn wir nachfassen, um Ihre Antworten zu besprechen?

Wir haben über 100 Rückmeldungen erhalten und nach der Auswertung war uns klar: Die Leute wollen Web3 verstehen, wissen aber nicht, wo sie anfangen sollen. Bevor wir uns also mit der Implementierung von komplexen Blockchain-Projekten in Unternehmen befassen konnten, mussten wir erst Aufklärungsarbeit leisten. Damit waren wir überzeugt, dass wir ein erfolgreiches Business aufbauen werden.

Heute im Jahr 2024 wissen wir: Das ging in die Hose. Aus heutiger Sicht weiß ich: Wir haben den Fragebogen an die falschen Personen geschickt. Wir hatten sie an die Personen geschickt, die schon Interesse an Web3 hatten. Dieser Kreis an Personen ist allerdings recht klein und dazu kam noch der neue Hype um Künstliche Intelligenz mit ChatGPT und Co. Das Problem, dass Leute Web3 verstehen wollten, aber nicht wussten, wie, bestand einfach nicht. Oder zumindest war es nicht so dringend, als dass Unternehmen Geld dafür ausgeben wollten, das zu ändern. Entweder waren wir einfach zu früh dran mit dem Thema oder Blockchain würde für alle Zeiten eine Nische bleiben. Irgendwann hat es nichts mehr mit unternehmerischer Resilienz zu tun, wenn man an seinem Unternehmen festhält, sondern nur noch mit unternehmerischer Dummheit. Diesen Punkt erreichten wir Ende 2023. Wir entschieden uns, unsere Web3-Beratung einzustellen.

Mein wichtigstes Learning aus meinem gescheiterten Web3-Unternehmen: Löse Probleme, die schon da sind, nicht Probleme, die erst noch kreiert werden müssen.

Als ich mir also dann Gedanken machte, was ich als Nächstes machen möchte, nahm meine unternehmerische Laufbahn eine recht eigentümliche Wendung. Ich wurde zur Reinigungskraft. Wie es dazu kam: 2018 zogen mein Mann und ich, damals noch kinderlos, in die Schweiz. Wir arbeiteten beide Vollzeit und unseren Haushalt hielten wir gleichberechtigt in Schuss. Bis ich schwanger wurde. Ich hatte eine recht schwierige Schwangerschaft und lag einen Großteil nur herum, weil ich mal vor Übelkeit, mal vor Rückenschmerzen nichts anderes machen konnte. Da kam mein Mann auf die Idee, eine Reinigungskraft zu suchen. Wir hatten großes Glück und fanden über eine Vermittlungsplattform Sara. Sie war so großartig: Sie sah, wo es dreckig war, räumte auf und war einfach nur wahnsinnig schnell und trotzdem gründlich. So genossen wir also unser Leben mit einer wöchentlichen Grundreinigung unserer Wohnung. Umso wichtiger wurde Sara, als unsere Tochter geboren war. Meine Erwartungen an mich selbst verschoben sich deutlich nach unten. Ich war froh, wenn ich mal was Warmes gegessen hatte, und hatte nicht den geringsten Anspruch an mich, auch noch die Küche danach aufzuräumen. Sara wurde noch wichtiger, weil wenigstens einmal in der Woche die Wohnung wieder bewohnbar aussah.

Sara war uns eine große Stütze, bis unser zweites Kind geboren wurde. Da hatte sie das erste Mal eine OP und fiel für drei Monate aus. Letztlich musste sie das Putzen aufgeben. Und seit nun knapp fast zwei Jahren suchen mein Mann und ich eine Reinigungshilfe, die genauso zuverlässig und pünktlich ist. Eine Katastrophe. Als zwei berufstätige Elternteile mit zwei kleinen Kindern haben wir weder Zeit noch Lust, aufzuräumen, bevor unsere Reinigungshilfe kommt. Eigentlich suchen wir eine Mischung aus Haushaltshilfe und Reinigungskraft – so wie Sara es halt war. Wir haben sogar kostenintensive Agenturen versucht und wurden da aber auch enttäuscht.

Also dachte ich:»Mir reicht es. Es kann nicht so schwer sein, Mitarbeitende vernünftig auszubilden.« Die Idee, mein eigenes Unternehmen für hochqualitative Haushaltsreinigungen zu gründen, wurde geboren. Als Zweitgründerin war mir klar, ich muss zuerst mein ICP herausfinden. Natürlich wieder mit Fragebogen. Hier der Fragebogen für mein Putzunternehmen:

- Haben Sie bereits einen Reinigungsdienst für Ihr Zuhause beauftragt?
- Wenn Sie noch keinen Reinigungsdienst für Ihr Zuhause beauftragt haben – was hat Sie bisher zurückgehalten?
- Was ist Ihre größte Herausforderung in Bezug auf die aktuellen Reinigungsdienste für Ihr Zuhause?
- Was kommt Ihnen in den Sinn, wenn Sie an »hochwertige Hausreinigung« denken?
- Wobei möchten Sie jetzt Hilfe bei der Reinigung Ihres Hauses erhalten?
- Stellen Sie sich vor, Ihr Reinigungsdienstleister würde alle Ihre Bedürfnisse und Erwartungen erfüllen. Was würde das für Sie bedeuten? Wie würden Sie sich dabei fühlen?

- Bitte teilen Sie uns Ihre Gedanken zur Preisgestaltung mit.
Was wären Sie bereit zu zahlen, um einen Hausreinigungs-
dienstleister zu bezahlen, der alle Ihre Erwartungen erfüllt?
Wenn Sie derzeit einen Hausreinigungsdienstleister beauf-
tragen, was zahlen Sie derzeit?
- In welchem Kanton wohnen Sie derzeit?
- Ihr Feedback ist für mich von entscheidender Bedeutung.
Kann ich mich mit Ihnen in Verbindung setzen, um Ihre
Antworten im Detail zu besprechen? Wenn ja, geben Sie bit-
te unten Ihre E-Mail-Adresse an.

Wo habe ich ihn verteilt? Über Facebook. Ich habe keinen
einzigen eigenen Post abgesetzt, sondern in passenden Gruppen nach Hilfe gefragt. Beispielsweise »Working Mums in
Switzerland« oder »International Women in Switzerland« –
und gleich eine Nische gefunden, weil viele Reinigungsunter-
nehmen sich in der Schweiz damit brüsten, dass alle Deutsch
können. Derweil wollen die Expats aber jemanden, der Englisch spricht (wie ich aus den Antworten meines Fragebogens
erfahren habe).

Jetzt kommen wir auch zum Marketing: Die Antworten aus
dem Fragebogen kannst du wunderbar dafür nutzen, deine
Markenbotschaft zu formulieren. Wofür soll dein Unternehmen stehen? Welche Probleme sollen dein Unternehmen für
deine Kundinnen und Kunden lösen? Welche Gefühle soll
deine Marke hervorrufen?

Praxistipp Nummer 1: Dein ICP muss nicht von Anfang an
zu 100 Prozent stehen. Du kannst es auch im Laufe deines
Business schärfen. Du hast eine ungefähre Vorstellung deines
ICP? Prima, dann leg los und fang an, dein Produkt zu verkaufen. Du wirst im Prozess noch viel über dein ICP dazuler-
nen. Dieses Vorgehen ist besser, als sich in der genauen Definition deines ICP zu verlieren und Zeit zu verschwenden, die
du lieber in die praktische Umsetzung hättest stecken
können.

Praxistipp Nummer 2: Sei besonders am Anfang nah an deinen ICPs dran. Das bedeutet, den Kommunikationskanal zu wählen, mit dem du die meisten Informationen aus deinen ICPs herausholen kannst. Im B2B-Bereich bedeutet das: Nimm dein Telefon in die Hand und rufe deine Kundinnen und Kunden an! Das klingt bestimmt erst mal beängstigend für dich. Nun, du musst nicht mit der Kaltakquise am Telefon anfangen, das ist meiner Meinung nach die Königsdisziplin. Fange an, Bekannte oder ICPs anzurufen, die du über zwei oder drei Ecken kennst. Frage sie zu den Problemen, die du mit deinem Unternehmen zu lösen versuchst. Du wirst sehen, sogar wenn sie schon den Fragebogen ausgefüllt haben, wirst du noch weitere hilfreiche Erkenntnisse durch den Telefonanruf erhalten.

Im B2C-Bereich setze ich auf Social Media. Wähle die Plattform, auf der du deine ICPs vermutest. Aus eigener Erfahrung kann ich auch sagen, du darfst Facebook hier nicht unterschätzen. Es ist immer noch das soziale Netzwerk mit den meisten Nutzenden weltweit. Es ist absolut kein Problem, wenn du hier selbst kaum Follower hast, denn du kannst die Gruppen zu diversen Themen gut nutzen.

Du hast bestimmt bereits wichtige Überlegungen zu deiner Zielgruppe angestellt. Nun möchten wir tiefer in die Materie eintauchen und zusammen **Personas** erstellen. Personas sind fiktive, aber datenbasierte Repräsentationen deiner idealen Kundinnen und Kunden. Sie helfen dir, die Bedürfnisse und Schmerzpunkte deiner Zielgruppe zu verstehen und darauf basierend bessere Entscheidungen für dein Produkt zu treffen.

Wie entstehen Personas?

In großen Unternehmen übernehmen oft Ethnologen und Ethnologinnen, Forschende und Designer*innen die Aufgabe, Nutzende in ihrem alltäglichen Umfeld zu beobachten. Sie führen Interviews und analysieren das Verhalten potenzieller Kundschaft, um deren Herausforderungen und Bedürfnisse detailliert zu verstehen. Dieses Verständnis bildet die Grundlage für die Erstellung von Archetypen oder Personas, die als Orientierungshilfe im Produktentwicklungsprozess dienen. Personas beinhalten meist vier Segmente: demografische, geografische, psychografische und verhaltensbedingte Faktoren.[8]

Du kannst Personas ganz einfach selbst anhand deiner Erkenntnisse aus den Gesprächen mit deiner Zielgruppe erstellen. Suche später am besten nach »Persona Vorlage« im Internet und erstelle mehrere detaillierte Personas für dein Projekt. Überlege dir dabei, welche Bedürfnisse (Needs), Ängste und Herausforderungen (Pains) deine Zielperson hat und welche Vorteile (Gains) dein Produkt für sie bietet.

Zusätzlich kannst du eine »Non-Persona« erstellen. Damit definierst du, wer nicht zu deiner Zielgruppe gehört. Dieser Schritt hilft dir, deine eigentliche Zielgruppe noch gezielter anzusprechen und deine Marketingstrategien präziser auszurichten.

Für weitere Aufgaben im Buch benötigen wir jetzt schon eine Persona. Entwirf nun hier direkt im Buch möglichst genau eine einzelne fiktive Person, die deine Zielgruppe ideal repräsentiert. Dieser detaillierte Fragebogen hilft dir, ein präzises und ganzheitliches Bild zu entwickeln und dein Produkt oder deine Dienstleistung optimal auf die Bedürfnisse zuzuschneiden.

Sobald deine erste Persona steht, geht es weiter mit Experimenten und Nutzerfeedback.

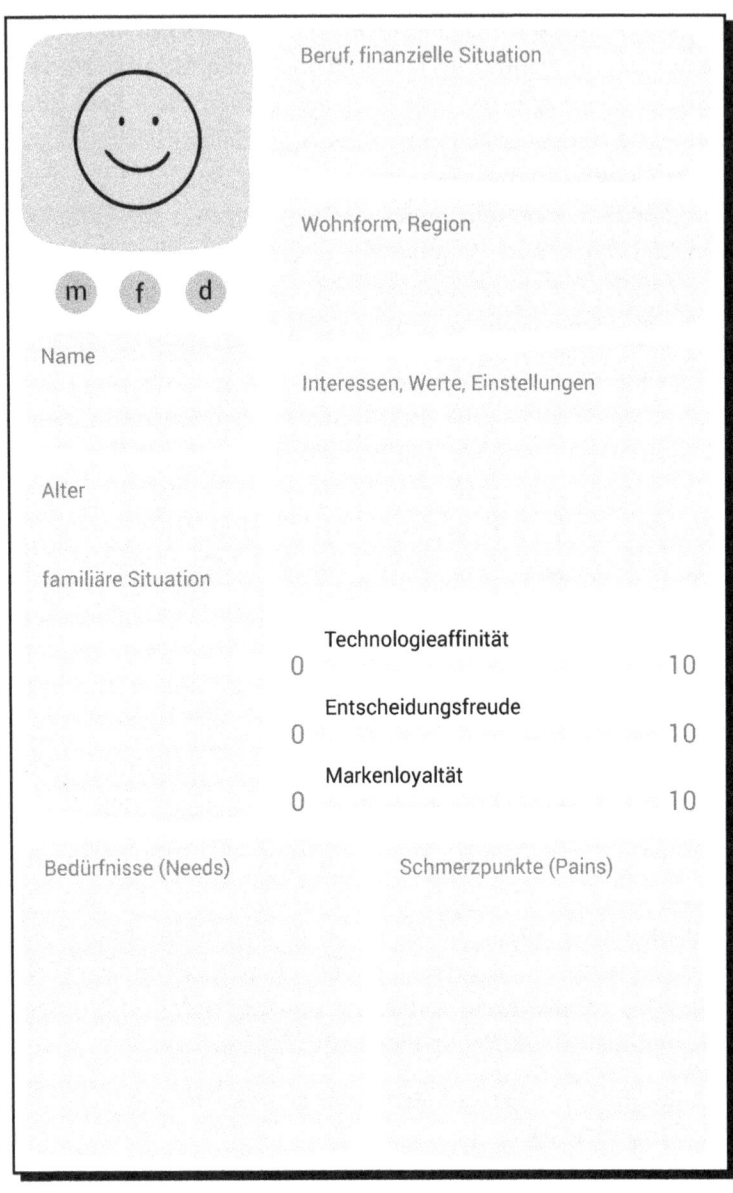

Beruf, finanzielle Situation

Wohnform, Region

m   f   d

Name

Interessen, Werte, Einstellungen

Alter

familiäre Situation

Technologieaffinität

0   10

Entscheidungsfreude

0   10

Markenloyaltät

0   10

Bedürfnisse (Needs)   Schmerzpunkte (Pains)

4.3 Trust the process: Experimente, Nutzerfeedback & validiertes Lernen

Start-ups operieren in einem Feld großer Unsicherheit, bauen alles komplett neu auf und können auf wenig Erfahrungswerte zurückgreifen. Deshalb ist ihre Arbeitsweise grundsätzlich anders als in Konzernen, die seit Jahrzehnten Produkte herstellen, die sich über die Zeit fast nicht verändert haben. Überall, wo geforscht und neu entwickelt wird, braucht es eine besondere, iterative und agile Arbeitsweise. Das ist schlichtweg notwendig, um sicherzustellen, dass die eigene Idee tragfähig ist und sich das Produkt am Ende verkaufen wird. In diese Arbeitsweise führen wir dich jetzt ein:

Zu Beginn stehen der Research und das intensive Kennenlernen der Zielgruppe. Diese wird wiederum in den gesamten Entwicklungsprozess eingebunden, um sicherzustellen, dass die Produktentwicklung in die richtige Richtung läuft. Es werden immer wieder Prototypen, also vereinfachte Versionen des Produktes, erstellt. Ein solcher Prototyp kann anfangs eine simple Skizze auf Papier sein. Das allein reicht schon als Diskussionsgrundlage für ein tiefes Gespräch. Schritt für Schritt wird der Prototyp weiterentwickelt und professionalisiert. Zuerst werden die großen Fragen geklärt und dann geht es immer weiter in die Details. Durch das ständige Lernen über diese Iterationen hinweg entwickelt sich der Prototyp zum finalen Produkt.

Auf den folgenden Abbildungen siehst du einige Wege, Prototypen zu erstellen. Suche dir Methoden, die gut für dein Produkt funktionieren, und hab keine Hemmungen, Neues auszuprobieren! Vielleicht hast du einen ersten inneren Impuls, dass es doch albern oder kindisch ist, mit Lego zu »spielen«, Rollenspiele zu machen oder Bildergeschichten zu zeichnen. Spielen ist ein grundlegender Prozess, durch den wir Menschen lernen. Und das viel besser als durch alleinige Kopfarbeit. Nebenbei schont Prototyping den Geldbeutel, reduziert Stress, macht Spaß, stärkt das Team, fördert Flexibilität und Kreativität.

Wireframes
Über schnelle Skizzen kannst du den Aufbau, die Funktionen und den Nutzungsflow der App erarbeiten.

Lego Serious Play
Lego-Steine bieten eine Möglichkeit, um komplexe Ideen und Herausforderungen durch kreatives Bauen zu visualisieren oder um abstrakte Konzepte greifbar zu machen.

Rollenspiele
Sie ermöglichen es, in verschiedene Rollen zu schlüpfen, um Probleme aus verschiedenen Perspektiven zu betrachten und Empathie für unterschiedliche Nutzerbedürfnisse zu entwickeln.

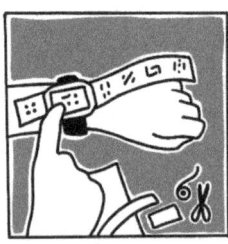  

Low-Fidelity-Prototyping
Aus einfachen, physischen Materialien wie Papier, Karton, Schaumstoff oder sogar Alltagsgegenständen kannst du erste Versionen deines physischen Produktes erstellen, um es erlebbar zu machen.

Storyboards
Du kannst Prozesse und Abläufe in Form einer visuellen Geschichte darstellen, um Nutzerinteraktionen und -erlebnisse zu planen.

Rapid Prototyping
Mithilfe von 3D-Druck kannst du in sogenannten Maker Spaces Modelle herstellen, die vielleicht schon erste Funktionalität beinhalten oder einfach ein Gefühl von Größe und Form vermitteln.

»Wenn ich Leute gefragt hätte, was sie haben wollen, hätten sie sich ein schnelleres Pferd gewünscht.«

Henry Ford

Menschen können oft nicht genau in Worte fassen, was sie benötigen oder was sie sich wünschen, geschweige denn sich innovative Produkte und deren Nutzung im Kopf ausmalen. Speziell dann, wenn wir Wünsche erfüllen wollen, die noch gar nicht geträumt werden, müssen wir einerseits darauf achten, die richtigen Fragen zu stellen. Und andererseits kommt es bei der Analyse der User-Research- und User-Testing-Ergebnisse darauf an, zwischen den Zeilen zu lesen. Wir neigen nämlich dazu, uns anders zu verhalten, wenn wir beobachtet werden. Erinnerst du dich daran, wie sich das Verhalten der Schulklasse innerhalb einer Millisekunde ändern konnte, sobald die Lehrperson den Raum betrat? Das ist der Hawthorne-Effekt.[9] Er zeigt, wie wichtig das soziale Umfeld und die psychologischen Faktoren bei der Verhaltensanalyse und bei der Durchführung von Studien sind. Die reine Beobachtung kann signifikante Auswirkungen auf das Verhalten der Menschen haben. Dies muss bei der Interpretation von Ergebnissen berücksichtigt werden. Bei der Durchführung von Nutzertests wird deshalb gerne darauf geachtet, dass sich die Testperson möglichst unbeobachtet fühlt und sich am besten in einem möglichst realen Umfeld befindet. Ein anderes relevantes Phänomen ist die kognitive Dissonanz. Du erkennst es, wenn das tatsächliche Handeln nicht mit der Überzeugung übereinstimmt. Hier ein Beispiel:»Tierquälerei darf nicht gebilligt werden.« Diesen Satz würden fast alle Menschen unterschreiben. Das daraus entstehende Billigfleisch wird jedoch nicht mit der gleichen Vehemenz gemieden. Im großen Feld des Konsums handeln ganz viele mit dem inneren Konflikt, der kognitiven Dissonanz.

Jetzt geht's an die Prototyp-Erstellung, Testen, Feedback einholen und lernen! Hierfür haben wir ein paar Tipps, Methoden und Hilfestellungen für dich!

Halte dich an die First Movers

First Movers sind Pioniere, frühe User, Innovatoren: Menschen, die sich durch ihre Offenheit, Zukunftsorientierung und Experimentierfreudigkeit von der trägen Masse unterscheiden. Für die Startphase deiner Gründungsidee ist diese Gruppe ideal für den intensiven Austausch. Du denkst dir jetzt vielleicht: »Aber ich will doch die breite Masse erreichen!« Das sollst du auch auf jeden Fall, wenn du das anstrebst. Aber den Mainstream erreicht man nicht auf direktem Wege. Hast du die First Movers für dich gewonnen, überzeugen sie die nachziehenden Kundinnen und Kunden. Das Gute daran: First Movers akzeptieren Produkte, die bisher nicht perfekt sind. Sie begleiten dich gerne durch Experimente, schaffen es, hinter die Fassade zu schauen, haben ein Gespür dafür, was am Puls der Zeit ist, und wollen schlichtweg Teil der neuartigen Bewegung sein. Bei ihnen darfst du Perfektionsansprüche herunterschrauben und rohe Prototypen testen. Erst später, wenn es Richtung Massenmarkt geht, muss die Qualität stimmen und die komplette User-Journey überzeugen.[10]

Validiertes Lernen mit der Lean-Start-up-Methode

Diese Methode ist besonders hilfreich, wenn du eine Gründungsidee entwickelt hast, die es so bisher nicht gab und deshalb gewisse Unsicherheiten mit sich bringt. Sie ist ideal, wenn du erst noch herausfinden musst, wer jetzt genau zu deiner Zielgruppe gehört. Lag es trotz Marktforschung bislang nicht in deinem Ermessen, ob du auf deiner Idee ein tragfähiges Geschäftsmodell aufbauen kannst? Dann solltest du die Lean-Start-up-Methode anwenden. Start-ups müssen ihre Kundschaft erst kennenlernen. Start-ups müssen erst herausfinden, ob sich all die Hypothesen validieren lassen. Start-ups können nicht Copy-and-paste machen, sich einfach auf die Erfahrungen anderer stützen, einen Businessplan abkupfern und geradlinig durchführen.[11]

Du hast vielleicht schon einen groben Plan, wie dein Business funktionieren könnte. Dein Bild der Zukunft beruht aktuell jedoch auf bloßen Vermutungen. Ob dein Plan das Zeug hat, mit grandiosem Erfolg aufzugehen? Das kannst du im Vorhinein systematisch mit Experimenten überprüfen! Stimmt das Konzept? Was will die Kundschaft genau? Haben sie das Problem, von dem du ausgehst? Überzeugt die Produktidee? Wofür sind sie gewillt, Geld auszugeben? Die Lean-Start-up-Methode hilft dir dabei, das herauszufinden. Diese Methodik funktioniert mit sogenannten Experimenten und hat das Ziel, aufzudecken, ob das Geschäftsmodell funktioniert.

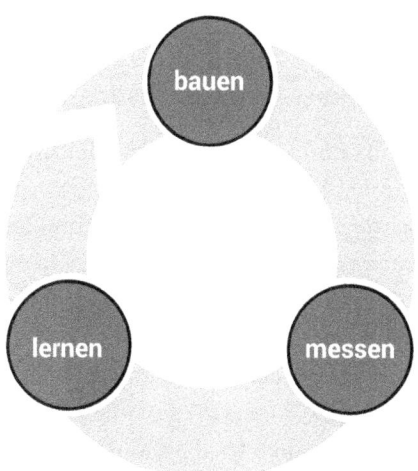

Jedes Experiment ist dazu da, eine aufgestellte Hypothese zu überprüfen. Je kritischer die Annahme, desto früher muss sie überprüft werden.[12] Um die Hypothese überprüfen zu können, brauchst du einen Minimal-Funktionalen-Prototyp (MFP), eine Testumgebung und messbare Werte, aus denen du lesen kannst, ob die Hypothese zutrifft oder nicht. Eine Hypothese könnte lauten: »Mein Produkt bringt solch einen Mehrwert für meine Kundschaft, dass sie gewillt ist, das Produkt erneut zu kaufen.« Nun kannst du einen Prototyp deines Produkts bauen, Testkunden suchen und danach eine Befragung durchführen, ob das Produkt erstens Mehrwert gestiftet hat und zweitens der Wunsch nach erneutem Kauf des Produktes besteht. So validierst du deine Hypothese. Geht das Experiment mit einem negativen Ergebnis aus, braucht es eine Anpassung. Hat das Experiment ein positives Ergebnis, kannst du die nächste Hypothese testen.

»Was Erfolgsgeschichten von den Flops unterscheidet, ist, dass die erfolgreichen Entrepreneure die Voraussicht, die Fähigkeiten und das Handwerkszeug besaßen, um ihre Strategien abzuklopfen, festzustellen, welche Elemente brillant beziehungsweise trügerisch waren, und sie entsprechend anzupassen«[13].

Eric Ries

Cornelias Erfahrung mit User Testing

Zu Beginn kannst du viele Tests selbst durchführen. Du brauchst dafür kein eigenes Testlabor und auch nicht die Test-Agentur, die dich mit Eye-Tracking und Heat-Map-Analysen unterstützt. Ich beobachte meine Testperson ganz genau und bitte sie darum, mich an all ihren Gedanken teilhaben zu lassen. Ich erinnere sie daran, dass jedes Feedback, jede Frage und jeder Gedanke wichtige Hinweise für mich sind, um das Produkt besser zu gestalten und auf deren Bedürfnisse zuzuschneiden. Im Anschluss stelle ich so viele Fragen wie ein neugieriges Kind. Ich vermeide dabei die Frage, ob das Produkt gefällt, und finde lieber heraus, ob meine Botschaft verstanden wird, ob das Problem gelöst wird oder welche Unsicherheiten bestehen.[14]

Von einem Ethnologen habe ich gelernt, in Interviews lange Gesprächspausen auszuhalten. Wenn man Testpersonen mit neuen Ideen konfrontiert, muss all das Neue erst verarbeitet werden. Wenn du deinem Gegenüber richtig viel Zeit lässt, wirst du mit wertvollen Gedanken von deinem Gegenüber belohnt werden. Und dann frage ich gerne einfach noch fünfmal »Warum?«. Lässt sich die Testperson darauf ein, kommst du in eine tiefe Reflexion, die dir viele Erkenntnisse bringen wird.

Verschiedene Wege, dein Produkt zu testen

»Es gibt nichts, was nutzloser wäre, als mit großer Effizienz eine Arbeit zu verrichten, die überhaupt nicht verrichtet werden sollte.«

Peter Drucker

Finde durch Testing heraus, ob die Arbeit deines Unternehmens verrichtet werden sollte! Am Anfang reicht es, mit wenigen Tester*innen den Kern der Idee zu prüfen. Je weiter dein Prototyp dem fertigen Produkt gleicht, desto mehr wandelt sich das qualitative Testen mit wenigen Personen, tiefem Nachfragen und Verstehen zu quantitativem Testen. Hier benötigst du viele Personen und stellst idealerweise auch zwei oder mehr Alternativen deines Produktes zur Bewertung gegenüber. Diese Testprozesse dienen zur tiefen Analyse für den Feinschliff am Produkt und dem Design. Zu Beginn reichen einfache Testformen wie das Hallway-Testing. Später kannst du noch weitere Testformen anwenden.

- **Hallway-Test:** Du stellst Menschen, die du im Gang (Hallway) oder bei dir im Büro oder der Nachbarschaft triffst und gleichzeitig ungefähr der anvisierten Nutzergruppe entsprechen, deine Fragen.
- **Guerilla-Test:** Du sprichst in der Öffentlichkeit fremde Menschen an und lässt sie dein Produkt testen.
- **Fokusgruppe:** Eine geführte Gruppendiskussion kann tiefe Einblicke in die unterschiedlichen Einstellungen der potenziellen Kundengruppen geben.
- **Usability-Test:** Die ausgewählte Testperson interagiert mit dem Produkt. Du kannst dir dafür konkrete Aufgaben überlegen, die gelöst werden müssen, oder die explorative Herangehensweise wählen. Zeichne den Test gerne auf, damit du später noch tiefere Analysen starten kannst. Lerne durch das Beobachten und stelle gezielt Fragen.
- **Smoke-Test:** Steigt Rauch auf, wenn ich die Maschine anmache? Mit dem Smoke-Test überprüfst du die grundlegende

Funktionalität deines Produkts ganz ohne externe Testpersonen. Die Basis muss stabil funktionieren, bevor die Entwicklung weitergeht.

- **A/B-Test:** Du erstellst zwei Varianten, die du zur gleichen Zeit unterschiedlichen Personen mit dem gleichen Profil ausspielst. Das funktioniert gut in der digitalen Welt, mit zwei unterschiedlichen Paketen aus Werbung und Landing-Page. Du findest dann heraus, welche der zwei Optionen besser performt, durch die Anzahl der Klicks beispielsweise. Du kannst aber auch zwei Verpackungen im Laden platzieren und beobachten, welche mehr Konsumenten und Konsumentinnen anzieht. Je realistischer die Kauf- oder Nutzungssituation, desto besser.

- **Wizard-of-Oz-Test:** Bei diesem Test denken die Nutzer*innen, dass sie mit einem top-funktionalen Produkt interagieren, während im Hintergrund eine Person wie durch Zauberhand die bisher nicht fertig gebauten Schritte manuell ausführt.

Welche Anpassung ist notwendig?

Nachdem du deinen Prototyp getestet hast, musst du dir die Frage stellen, ob du deine Idee beibehalten kannst oder etwas verändern musst. Ist es Zeit für eine Änderung? Es gibt verschiedene Arten von Kurskorrekturen. Um die richtige zu finden, kannst du dir folgende Fragen stellen:

- Muss das Kundensegment verändert werden? (Kundensegmentkorrektur)
- Liegt der Bedarf woanders? (Kundenbedarfskorrektur)
- Musst du deine Idee kleiner/größer denken? (Zoom-in-Korrektur, Zoom-out-Korrektur)
- Musst du den Absatzweg ändern? (Absatzwegkorrektur)
- Ist die angewandte Technologie die falsche? (Technologiekorrektur)

- Hast du auf den falschen Wachstumsmotor gesetzt? (Korrektur des Wachstumsmotors)
- Bietet eine andere Plattform einen besseren Verkaufshebel? (Plattformkorrektur)
- Kannst du durch ein anderes Produkt oder eine Änderung des Produkts mehr Wert schöpfen? (Wertschöpfungskorrektur)[15]

Anmerkung: Welche Wachstumsmotoren es gibt, erfährst du in Kapitel 5.

Am besten dokumentierst du jede Test-Schleife, die du durchläufst, von der Hypothese, dem Test, den Erkenntnissen bis zur Kurskorrektur ausführlich. Dieses Vorgehen wird dir selbst Orientierung geben und später dabei helfen, deine Entscheidungen vor deinem Team zu begründen. Häufige und/oder schlecht argumentierte Kurskorrekturen schüren Misstrauen in die Führungsperson. Lege die Beweggründe offen, die zum Strategiewechsel geführt haben, und gewähre dem Team freien Zugriff auf die Dokumentation.[16]

4.4 Nimm dein Geschäftsmodell unter die Lupe

Deine Idee steht, dein Feuer dafür ist entfacht, du hast den Markt erforscht, analysiert und deine Idee in eine echte funktionierende Einheit entwickelt. Daraus kannst du jetzt ein Geschäftsmodell formulieren. Dein Geschäftsmodell ist das Konzept deines unternehmerischen Handelns. Es beschreibt, wie dein Unternehmen Gewinne erwirtschaftet und Wert schafft. Das Business Model Canvas ist ein praktisches Werkzeug, das dir hilft, dein Geschäftsmodell auf eine klare Weise zu skizzieren. Es besteht aus neun Bausteinen, die die wichtigsten Elemente deines Unternehmens darstellen. Durch dieses strukturierte Format wird dein Konzept konkretisiert und du stellst sicher, dass du alle wichtigen Aspekte deines Geschäfts berücksichtigst. Wir führen dich nun durch diese neuen Bausteine.

Die Kundensegmente

Für wen schaffst du Wert? Wer sind die wichtigsten Kundinnen und Kunden?

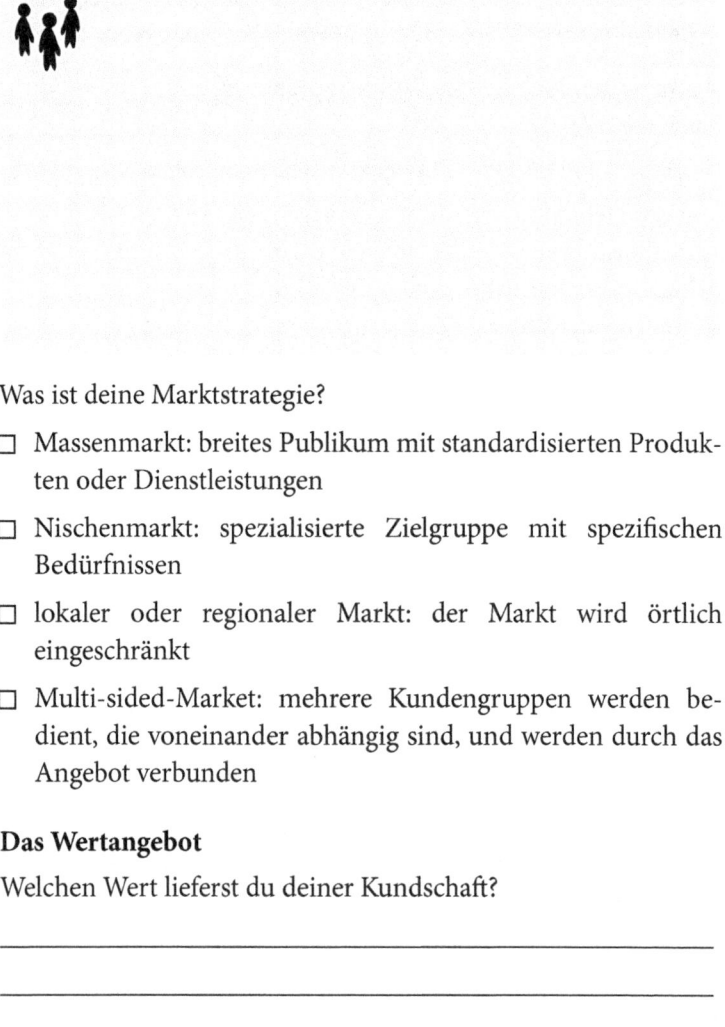

Was ist deine Marktstrategie?

☐ Massenmarkt: breites Publikum mit standardisierten Produkten oder Dienstleistungen

☐ Nischenmarkt: spezialisierte Zielgruppe mit spezifischen Bedürfnissen

☐ lokaler oder regionaler Markt: der Markt wird örtlich eingeschränkt

☐ Multi-sided-Market: mehrere Kundengruppen werden bedient, die voneinander abhängig sind, und werden durch das Angebot verbunden

Das Wertangebot

Welchen Wert lieferst du deiner Kundschaft?

_____

_____

_____

_____

_____

Die Kanäle

Durch welche Kanäle möchten die Kundinnen und Kunden erreicht werden?

_____

_____

_____

_____

_____

Was ist dein gewählter Absatzweg?

☐ B2C (Business-to-Consumer): Produkte/Dienstleistungen für Endkund*innen. Der Vertrieb kann über Zwischenhändler erfolgen

☐ D2C (Direct-to-Customer): Produkte/Dienstleistungen für Direktverkauf an Endkund*innen und der direkte Verkauf an sie

☐ B2B (Business-to-Business): Produkte/Dienstleistungen für Unternehmen

☐ B2B2C (Business-to-Business-to-Consumer): Produkte/ Dienstleistungen für Endkund*innen, wobei ein Unternehmen zwischengeschaltet ist.

Die Kundenbeziehungen

Welche Art von Beziehung erwarten die Kundengruppen? Wodurch kann sie aufgebaut werden?

_____

_____

_____

_____

Die Schlüsselpartner*innen

Wer sind die Schlüsselpartner*innen? Wer sind die wichtigsten Lieferantinnen und Lieferanten? Warum benötigst du sie?

_____

_____

_____

_____

_____

Die Schlüsselaktivitäten

Welche Aktivitäten benötigt es zur Erfüllung des Wertversprechens?

_____

_____

_____

_____

Die Schlüsselressourcen

Identifiziere die Ressourcen, die für dein Unternehmen notwendig sind – physisch, intellektuell (Markenpatente, Urheberrechte, Daten), menschlich, finanziell.

_____

_____

_____

_____

Die Kostenstruktur

Was sind die zentralen Kosten des Geschäftsmodells? Welche Schlüsselressourcen sind am teuersten? Welche Hauptaktivitäten sind am teuersten?

_____

_____

_____

_____

_____

Die Einnahmequellen[17]

Wie kannst du damit Geld verdienen? Was ist dein Ertragsmodell? Ein Ertragsmodell beschreibt, wie dein Unternehmen Erträge, also Einnahmen, generiert. Es gibt verschiedene Ansätze, die du verfolgen kannst. Einige stellen wir dir hier kurz vor. Du kannst auch mehrere Modelle miteinander kombinieren. Fokussiere dich am Anfang jedoch am besten nur auf eines.

Produktverkauf
Du verkaufst Produkte oder Dienstleistungen direkt oder indirekt an deine Kund*innen. Sie stehen für sich und sind nicht an weitere Käufe geknüpft. Du kannst das online oder offline tun, um Einnahmen zu erzielen. Beispiel: Patagonia

Abonnementmodell
Deine Kund*innen zahlen regelmäßig (monatlich oder jährlich) für den Zugang zu deinem Produkt oder deiner Dienstleistung. Beispiel: Netflix

Lizenzmodell
Dieses Modell ähnelt dem Abonnementmodell.
Dein geschütztes geistiges Eigentum vermarktest du an Lizenznehmer. Du bekommst regelmäßige Einnahmen für die Dauer der Nutzung. Das Eigentum bleibt bei dir. Beispiel: Adobe

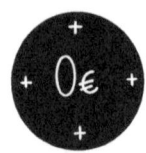

Freemium-Modell
Du bietest eine kostenlose Grundversion deines Produkts an, während erweiterte Funktionen kostenpflichtig sind. Beispiel: Spotify

Werbemodell
Du generierst Einnahmen durch die Bereitstellung von Werbeflächen, während deine Nutzer*innen kostenlos auf dein Produkt zugreifen. Beispiel: Facebook

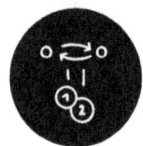

Provisionsmodell
Du bekommst eine Provision bei erfolgreicher Vermittlung zweier Parteien über deine Plattform. Beispiel: AirBnB

Verleih- oder Mietmodell
Produkte oder Dienstleistungen können gegen eine Gebühr gemietet werden. Beispiel: Sixt

Datenmonetarisierung
Du nimmst Geld ein, indem du gesammelte Daten verkaufst. Oder du nutzt eigens gesammelte Daten gezielt zur Kundengewinnung. Beispiel: TikTok

Spenden
Du finanzierst dein Geschäft durch Spendeneinnahmen. Beispiel: Wikipedia

Bait and Hook
Du verkaufst ein Basisprodukt zu einem niedrigen Preis. Wichtige weitere Komponenten müssen fortlaufend dazugekauft werden, die oft kostenintensiver sind. Beispiel: Gillette

Ist dein Ertragsmodell skalierbar? Skalierbarkeit bedeutet, dass dein Unternehmen wachsen kann, ohne dass die Kosten für Ressourcen, Personal oder Infrastruktur im gleichen Maße steigen.

Falls du ein weiteres Geschäftsmodell oder eine abgewandelte Version in einer neuen Business-Model-Canvas-Vorlage entwickeln möchtest, kannst du dir hier eine herunterladen: *wir-gruenden.com*

Diese Vorlage hilft dir, deine Ideen strukturiert zu erfassen und verschiedene Aspekte deines Geschäftsmodells klar zu visualisieren. Nutze sie, um kreative Ansätze zu entwickeln und neue Möglichkeiten zu erkunden!

Künstliche Intelligenz im Geschäftsmodell

Künstliche Intelligenz (KI) schenkt dir Skills. KI kann dir helfen, Ideen zu verwirklichen, von denen du dachtest, dass dir dafür Know-how fehlt. KI beeinflusst die Arbeitswelt bereits erheblich. Neue KI-Tools sprießen wie Pilze aus dem fruchtbaren Waldboden im August. Sie prägen das Handeln und auch das Denken. Sie sind mittlerweile so performant, dass sie Möglichkeiten eröffnen, die vor wenigen Jahren noch undenkbar gewesen wären. Da der Fortschritt so rasant voranschreitet und allein in dem halben Jahr zwischen der Manuskriptabgabe und Veröffentlichung des Buches enorme Veränderungen im Einsatz der KI zu erwarten sind, haben wir uns dazu entschlossen, dir keine konkreten Tools vorzustellen. Wir möchten dich aber animieren, dich schon jetzt intensiv damit auseinanderzusetzen, welche Programme dir mithilfe von Künstlicher Intelligenz das Leben erleichtern und deinen Gründungsprozess beschleunigen können, um nicht zuletzt eine Menge Geld zu sparen.

Dr. Yasmin Weiß ist Professorin und Unternehmerin, die zur Zukunft der Arbeit forscht, lehrt und berät. Im Oktober 2024 sprach sie in einem Vortrag auf der herCareer-Messe über die Relevanz von KI für Frauen. Sie erzählte von einer Umfrage, in der 41 Prozent der Frauen im Jahr 2024 angaben, noch nie KI bewusst eingesetzt zu haben. Bei Männern lag die Zahl bei 21 Prozent. Es gibt also einen Gender AI Gap. Wenn wir Frauen die Zukunft gestalten wollen und mit unseren Unternehmen wettbewerbsfähig sein wollen, müssen wir KI-Kompetenz aufbauen. Frauen, die KI virtuos einsetzen können, werden in beträchtlichem Maße davon profitieren. Nicht nur, weil KI das Business auf eine neue Ebene heben kann, sondern auch durch die Zeitersparnis, die Künstliche Intelligenz möglich macht durch das Abnehmen von Arbeit. Dr. Yasmin Weiß berichtet, dass KI ihr aktuell schon zwei Stunden pro Tag schenkt. Zwei Stunden, die sie nun bewusst außerhalb des Berufes einsetzt – für sich selbst, für Zeit mit der Familie oder Freunden und Freundinnen.

Eine weitere Frau, die sich schon lange mit Künstlicher Intelligenz befasst und zudem Unternehmen dabei hilft, eine individuelle Künstliche Intelligenz in ihr Geschäftsmodell zu integrieren, ist Julia.

Dr. Julia König: Wie Künstliche Intelligenz deine Gründung vorantreibt

Dr. Julia König ist Gründerin und Geschäftsführerin der Ehrenmüller GmbH, ein KI-Unternehmen mit Sitz in Kempten (Allgäu), das maßgeschneiderte KI-Lösungen für innovative mittelständische Unternehmen entwickelt. Sie studierte Mathematik an der TU München und École Polytechnique in Frankreich und promovierte an der TU Hamburg im Bereich der Graphentheorie und Kombinatorik. Nach ihrer Promotion arbeitete sie zunächst als Data Scientist bei Sixt und Bosch und gründete 2018 das Unternehmen Ehrenmüller, welches sie nach ihrem Geburtsnamen benannt hat.

ehrenmueller.ai

Foto: Verena Rechner Fotografie

Vor ca. 6 Jahren habe ich den Entschluss gefasst, ein Unternehmen zu gründen. Damals habe ich als Data Scientist in einem großen Konzern gearbeitet und KI-Algorithmen für die Fertigung entwickelt. Ich fand es faszinierend, was für ein großes Potenzial in Künstlicher Intelligenz steckt. Mit KI lassen sich nicht nur Prozesse automatisieren, sondern auch datenbasierte, fundierte Entscheidungen treffen, die bislang per Bauchgefühl oder mit stundenlangen Excel-Berechnungen und viel Copy-and-paste getroffen wurden. In Zeiten des Fachkräftemangels und hohem Kostendruck geht nichts über Effizienz. Daher ging ich auch davon aus, dass ein großer Bedarf an KI entstehen wird. Da es für mittelständische Unternehmen meist zu teuer und aufwendig ist, eine eigene KI-Abteilung aufzubauen, war meine Idee geboren, ein Unternehmen zu gründen, das KI-Expertise bündelt und für Unternehmen aus den unterschiedlichsten Branchen individuelle KI-Lösungen entwickelt. Mittlerweile ist KI nicht mehr wegzudenken und auch bei der Gründung eines Unternehmens kommt man nicht mehr daran vorbei.

KI-Tools, die auf generativer KI basieren, gibt es mittlerweile wie Sand am Meer. Vom eigenen Logo über einen eigenen Firmen-Song hin zum fertigen Pitch-Deck kann man sich alles per Knopfdruck generieren lassen.

Hier ist darauf zu achten, dass KI-generierte Medien – im Gegensatz zu selbst erstellten – aktuell nicht dem Urheberrecht unterliegen. Gleichzeitig kann es sein, dass man selbst Urheberrechte verletzt, wenn unbeabsichtigt etwas generiert wurde, was es in ähnlicher Form bereits gibt. Zudem erlauben nicht alle KI-Tools die gewerbliche Nutzung der erzeugten Inhalte. Im Zweifel sind die AGB der Tools genau zu lesen und bei wichtigen Dingen (zum Beispiel beim eigenen Logo) ein Anwalt hinzuziehen. Bei der Verwendung von KI-generierten Inhalten solltest du außerdem immer die Plausibilität prüfen und sie durch dein persönliches Wissen und deine emotionale Kompetenz veredeln. Bei Anwendungsfällen, die das eigene Geschäftsmodell betreffen, sollte man grundsätzlich auf eigene KI-Systeme setzen, um die Kontrolle über die Technologie und das geistige Eigentum zu behalten.

Im Alltag sind wir bereits daran gewöhnt, dass Fitness-Apps individuelle Analysen und Work-out-Vorschläge liefern, Social-Media-Feeds Beiträge basierend auf unseren Interessen anzeigen und Online-Shops Kaufempfehlungen geben. All dies basiert auf KI, insbesondere auf maschinellem Lernen, bei dem mathematische Modelle aus Daten lernen, um automatisiert Prognosen und Empfehlungen abzuleiten.

Als Gründerin solltest du dich daher fragen: Ist mein Produkt oder meine Dienstleistung ausreichend mit KI ausgestattet, um am Markt erfolgreich zu sein? Ist es attraktiv genug für meine Zielgruppe? Effizient genug, um es kostensparend zu betreiben? Innovativ genug, um Investorinnen und Investoren zu überzeugen? Wir helfen Unternehmen dabei, die Mechanismen zu verstehen, die das Unternehmen zukunftsfähig machen.

Sind die gewünschten KI-Features erst mal definiert, geht es an die Implementierung. Wie bereits erwähnt, sollte man hier auf jeden Fall auf eigene KI-Modelle setzen. Der Aufbau solcher individuellen Systeme erfordert jedoch Know-how und Investitionen, die bei der Gründung in der Regel bisher nicht möglich sind. Hier lohnt es sich, zunächst pragmatische Prototypen zu entwickeln, um Investorinnen und Investoren überzeugen zu können und diese später durch professionelle Lösungen zu ersetzen. Es lohnt sich zudem, die Grundprinzipien der KI zu verstehen. Vielleicht hilft dir dabei auch ein Blick in unser KI-Lexikon: *ehrenmueller.ai/ki-lexikon*.

Die Auseinandersetzung mit KI kann eine bahnbrechende Ressource für die Weiterentwicklung des Business sein. In jedem Fall empfehle ich, sich intensiv mit der Technologie zu beschäftigen, um die Potenziale und Risiken für das eigene Geschäftsmodell besser einschätzen zu können.

Wir Unternehmerinnen benötigen KI. KI benötigt aber auch uns Frauen. Denn wir können dafür sorgen, dass KI nicht nur ein Spiegel der Gesellschaft der Vergangenheit ist und Rollenbilder und diverse Diskriminierungsformen reproduziert. Wir können KI formen, ihr ein Zielbild von einer vielfältigen, gerechteren Welt geben und dafür sorgen, dass die Arbeit, die KI verrichtet, auf ethischen und fairen Werten fußt. Unsere Wärme, unsere Werte und unsere sozialen Fähigkeiten sind die perfekte Ergänzung zur Künstlichen Intelligenz.

4.5 Last, but not least: Überprüfe, ob deine Gründungsidee passt

In den vorangegangenen Kapiteln hast du intensiv über deine Gründungsidee nachgedacht. Zeit, deine Idee schon mal auf den Prüfstand zu stellen! Dafür haben wir einen kurzen Check für dich vorbereitet. Dein Unternehmen ist nur so stark wie die Basis, auf der es fußt – und diese Basis bist du. Achte darauf, dass deine Geschäftsidee dir nicht nur Freude bereitet, sondern auch deine persönlichen Grenzen respektiert und dir die Freiheit lässt, das Leben nach deinen Vorstellungen zu gestalten.

Ist die Idee gut? Bewerte sie anhand der Checkliste!

- Bist du absolut begeistert von deiner Idee? Würdest du dein Produkt oder deine Dienstleistung selbst kaufen oder deinen Freunden und Freundinnen empfehlen?
- Sagt dein Bauchgefühl nach deiner Analyse, dass deine Gründungsidee eine Chance hat, erfolgreich zu werden?
- Passt deine Geschäftsidee zu deinen Fähigkeiten, Stärken und Neigungen?
- Passt deine Idee zu deinen persönlichen Rahmenbedingungen?
- Hast du die Kapazität, deine Idee umzusetzen, oder das richtige Team dafür?

- Kannst du den Nutzen deines Unternehmens klar benennen? Kannst du das Problem und die Lösung in einem Satz erklären?
- Ist deine Idee anders als bisherige Lösungen am Markt?
- Zeigt dein Geschäftsmodell, dass deine Gründungsidee finanziell sinnvoll ist?

Und nun: Hast du gedanklich alle Fragen mit »Ja« beantworten können?

- **»Hell, yes!«** Dann ab zur Challenge und gleich weiter zum nächsten Kapitel!
- **»Hm, ich bin mir nicht sicher** ...« Kein Problem! Mach einen Spaziergang an der frischen Luft und starte nach ein bisschen Abstand und mit frischer Energie erneut mit Kapitel 4.

#productchallenge

Diese Challenge hilft dir, deine Ideen und Strategien weiterzuentwickeln. Erstelle Beiträge auf LinkedIn oder Instagram, in denen du deine Follower an der Entstehung der Dienstleistung oder des Produkts teilhaben lässt.

Erkläre, welche Hypothese du aufgestellt hast und welches Experiment du jetzt planst, um diese Annahme zu testen. Frage deine Community, wer Lust hat, an dem Experiment teilzunehmen. Erfinde keinen Content, lass die Menschen einfach an deiner Reise teilhaben.

Wenn die Testpersonen genau der Zielgruppe entsprechen sollten, teile die Kriterien, die zur Teilnahme an dem Experiment notwendig sind.

Tagge @wir.gruenden in deinem Beitrag, um deine Ideen mit der Community zu teilen und inspirierende Diskussionen anzuregen. Wir freuen uns, deinen Beitrag zu sehen und gemeinsam an einer zukunftsorientierten Geschäftswelt zu arbeiten.

5 Vermarktung und Markenbildung

Es ist Zeit, einzutauchen in die spannende Welt von Design, Marketing und Vertrieb. Wir zeigen dir, wie du eine starke Marke aufbaust und deine Produkte oder Dienstleistungen erfolgreich vermarktest. Wir werden die grundlegenden Elemente einer Marke zusammen aufbauen, Marketingstrategien erläutern und dir zeigen, wie du diese Konzepte gezielt für deine eigene Gründungsidee einsetzen kannst. Ein besonderer Schwerpunkt liegt auf der Auswahl der richtigen Vertriebskanäle sowie der effektiven Nutzung von Social Media, um deine Ressourcen optimal einzusetzen.

Dein Unternehmen hat außerdem eine Geschichte zu erzählen! Diese lernst du zu schreiben und zu vermitteln. Das funktioniert durch die Marke, das Design deiner Produkte und das gesamte Nutzungserlebnis. Diese Geschichte sollte so tief berühren, dass sie andere dazu anregt, ein Teil davon zu werden. Die Ästhetik deiner Produkte, die durch Formen, Farben und Materialien entsteht, hilft dabei, sich von der Konkurrenz abzuheben und die Kaufentscheidung zu bestärken. Mit der richtigen Tonalität erreichst du deine Zielgruppe genau dort, wo sie sich befindet.

Im Laufe der Zeit werden verschiedene Erfahrungen dazu beitragen, die Beziehung zu deinem Unternehmen zu vertiefen und die Loyalität deiner Kundinnen und Kunden zu fördern. Dabei können sogar negative Erlebnisse für die Kundenbindung förderlich sein! Dazu jetzt mehr:

5.1 Gewinne deine Kundschaft mit der Story hinter deiner Idee

Storytelling hilft uns, die Region im Gehirn anzusprechen, die für die Gefühle zuständig ist: das limbische System. Hier treffen wir die Entscheidungen für oder gegen ein Produkt oder eine Dienstleistung. Wir sagen »Ja« zu dem, was sich stimmig und gut anfühlt. Idealerweise überzeugt uns unsere Wahl so sehr, dass wir die Entscheidung wiederholen möchten und auch unseren Freundinnen, Freunden und Bekannten davon erzählen. Eine gute Geschichte kann uns so berühren, dass sie uns zum Kauf bewegt. Oft werden dann Argumente auf der rationalen Ebene gefunden, um die Kaufentscheidung zu rechtfertigen. Wir behaupten, wir haben das Produkt aufgrund der exzellenten Qualität, des schönen Looks oder der Menge der Features gekauft, aber tatsächlich liegt der Grund viel tiefer begraben. Der Kern der Marke hat uns berührt. Beherrschen wir das Storytelling, können wir Menschen berühren.

Ein Unternehmen, das das überzeugende Geschichtenerzählen beherrscht, muss nicht auf manipulative Verkaufsstrategien setzen wie »Kaufe 2, erhalte 3!«, »Nur noch 24 Stunden verfügbar!« oder »Jeder Profi möchte dieses Produkt!«. Stattdessen spricht die Geschichte für sich und schafft eine tiefere Verbindung zu den Kundinnen und Kunden. Sie identifizieren sich mit dem Unternehmen. Sie hören auf, die Produkte mit der Konkurrenz zu vergleichen. Es werden dann sogar höhere Preise in Kauf genommen.[1]

Nun zum Aufbau einer guten Geschichte. Eine Geschichte braucht einen sogenannten Erzählbogen – einen Beginn, einen Mittelteil und ein Ende. Nicht alles, was in der Geschichte passiert, muss realistisch sein. Die Handlung der Geschichte sollte sich aber auf einige konkrete, nachvollziehbare und relevante Details stützen, wodurch sie glaubwürdig wird. Da du die Geschichtenerzählerin deines Unternehmens bist, darfst du deiner Fantasie freien Lauf lassen und die Geschichten nach deinen Regeln schreiben.[2]

Der bekannteste Story-Aufbau ist die Heldenreise. Schon vor über hundert Jahren wurde herausgefunden, dass Geschichten, Mythen, Erzählungen und auch heute die meisten Filme dem gleichen Muster folgen. Die Heros Journey ist wie folgt aufgebaut:

Nutze das Muster der Heldenreise für dein Business! Dabei gibt es die unterschiedlichsten Anwendungsfelder: eine Präsentation, einen Social Media Post, einen Pitch bei einem potenziellen Partnerunternehmen. Die Heros Journey hilft dir in allen Fällen, deine Botschaft zu vermitteln.

Cornelias Tipp:

Wenn ich mir eine Story ausdenke, rufe ich mir zuerst meine Zielgruppe in Erinnerung. Ich stelle mir am liebsten eine einzelne Person aus meiner Zielgruppe als Kind vor. Für sie schreibe ich die Geschichte. So fällt es mir leichter, kreativ zu werden. Wie tickt die Person? Bei welchem Film würde meine Zielperson emotional werden? Was war wohl ihr Lieblingsbuch der Kindheit? Davon versuche ich ein paar Details oder den Stil in meine Geschichte zu übernehmen.

Jetzt darfst du dich im Storytelling üben! Stell dir vor, du möchtest ein Werbevideo für dein Produkt oder deinen Service erstellen. Die Geschichte soll deine Zielgruppe emotional berühren und sie dazu bringen, sich mit der Heldin der Geschichte zu identifizieren.

Was ist die Schlüsselbotschaft, die die Geschichte vermitteln soll? Überlege, was du mit deiner Geschichte ausdrücken möchtest.

_____

_____

_____

_____

_____

Zeichne jetzt ein Storyboard von der Heldenreise deiner Persona! Ganz einfache Strichzeichnungen reichen aus, um die Geschichte zu visualisieren. Diese Übung wird dir dabei helfen, deine Zielgruppe besser zu verstehen und dein Produkt überzeugender verkaufen zu können. Versuche, die Geschichte auf deine Zielperson, ihr Problem mit deinem Produkt als Lösung zu übertragen. Viel Spaß beim Zeichnen!

(1) Unzufrieden im Alltag

(2) Grund, aktiv zu werden

(3) Ablehnung aus Angst

(4) Motivation von außen

(5) Schritt ins Unbekannte

(6) Herausforderung

(7) Vordringen zum Problem

(8) Sieg über das Problem

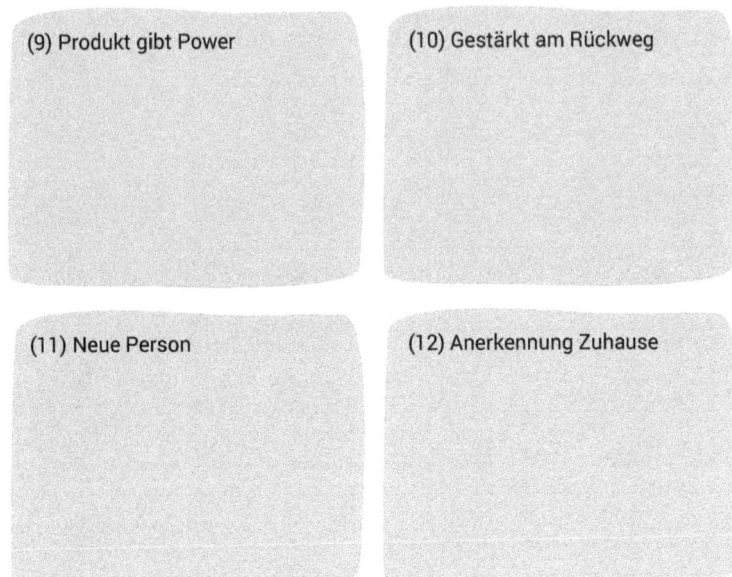

(9) Produkt gibt Power

(10) Gestärkt am Rückweg

(11) Neue Person

(12) Anerkennung Zuhause

5.2 Kreiere ein Erlebnis für deine Kundinnen und Kunden

Design ist der Gestaltungsprozess von Produkten, Services und Erlebnissen. Ein gutes Design soll Identität geben, Informationen vermitteln, unterhalten und überzeugen. Mit Design lösen wir Probleme, erfreuen das Auge, stimulieren das Gehirn und geben Dingen Bedeutung. Dabei darf ein künstlerischer Anspruch mit einem funktionalen Anspruch vereint werden. Es ist ein Spiel aus Folgen und Durchbrechen von Mustern. Dadurch entsteht der besondere Reiz.[3] Ein Geheimrezept für innovatives Design lautet »MAYA« und stammt von dem einflussreichen Industrie- und Branddesigner Raymond Loewy. »MAYA« bedeutet »Most Advanced Yet Acceptable«. Es ging ihm also darum, die fortschrittlichste und gleichzeitig noch akzeptierte Lösung zu finden.[4]

Die Ebenen des Designs sind folgendermaßen aufgebaut:

1. Im Kern stehen die Bestandteile, die es zur Entwicklung des Produkts braucht.

2. Die zweite Ebene ist das fertige Produkt.

3. Ebene drei ist der Service, den es benötigt, um das Produkt zu vertreiben.

4. Und an vierter Stelle steht das Erlebnis, das wie ein Theaterstück inszeniert werden kann.

Versuche, das Modell auf dein Angebot zu übertragen! Befülle den zweiten Lolli bei der folgenden Abbildung ganz innen mit den Bestandteilen deines Produkts. In den zweiten Ring schreibst du dein fertiges Produkt. Welchen Service benötigst du um dein Produkt herum? Und welche Erlebnisse prägen den großen Rahmen?

Das Lolli-Modell nach Ellen Lupton[5]

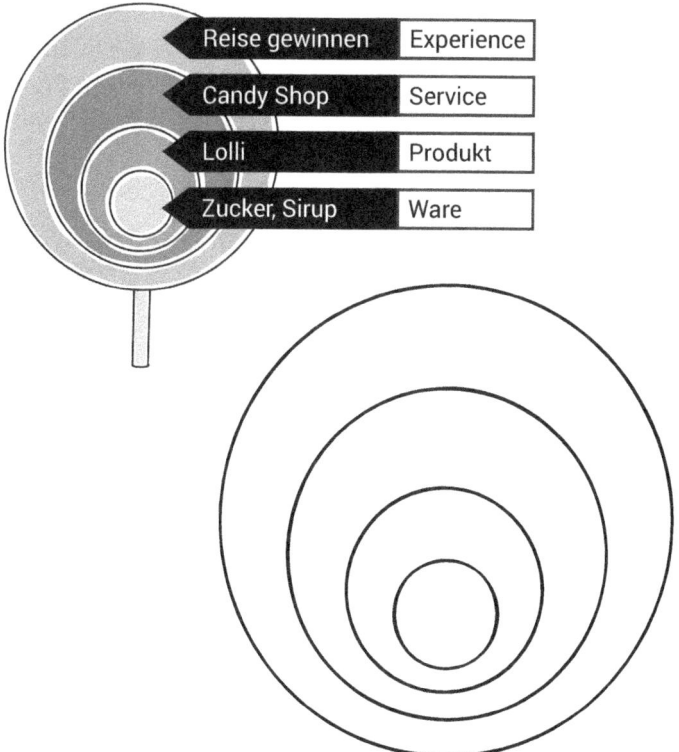

Multisensorisches Design und Barrierefreiheit

Die meisten Menschen verfügen über einen Sehsinn, einen Hörsinn, einen Tastsinn, einen Geruchssinn und einen Geschmackssinn. Als sehende Menschen neigen wir allerdings dazu, das Hauptaugenmerk auf die visuelle Ebene zu legen. Wenn dein Produkt digital vertrieben wird, ist die visuelle Ebene natürlich noch zentraler als bei einem haptischen Produkt. In jedem Fall sollten wir immer wieder auch die anderen sensorischen Ebenen bewusst durchdenken und gestalten. Wie fühlt sich das Produkt in der Hand an? Welche Geräusche entstehen beim Öffnen der Packung? Mit welcher Musik kann ich auf der Website die Vision unterstreichen? Kann ich das Produkt im Dunkeln von anderen unterscheiden? Wie ist die Designerfahrung, wenn wir die visuelle Ebene ausblenden? Werden die unterschiedlichen Sinne in die Produktgestaltung aktiv einbezogen, sprechen wir hier von multisensorischem Design.[6] Grundsätzlich ist es erstrebenswert, mit dem Produkt möglichst viele Sinne zu adressieren. Dies muss jedoch mit Feingefühl passieren. Ein Spielzeug, das zu stark riecht, oder eine Website, die sofort Musik abspielt beim Öffnen, werden die Kundschaft schnell abschrecken. Von dem Motto »Viel hilft viel« empfehlen wir, hier großen Sicherheitsabstand zu nehmen. Teste am besten auch das Design im Allgemeinen mit deiner Zielgruppe, um sicherzugehen, dass alle sensorischen Ebenen des Produktes überzeugen.

Besondere Beachtung bekommen die anderen Sinne, wenn bei einem Menschen Einschränkungen in einer Wahrnehmungsebene bestehen. Um keine Menschen auszugrenzen, ist es von großer Bedeutung, dass das Design auf verschiedenen sensorischen Ebenen ansprechend und möglichst barrierefrei ist. Denn dein Produkt oder dein Service soll ja für möglichst viele Menschen gut nutzbar sein. Befasse dich deshalb unbedingt mit dem Thema Accessibility-Standards. Das heißt: Barrieren für Menschen mit Behinderungen zu beseitigen und die Nutzung der Produkte zu erleichtern. Du kannst dich auch mit dem Konzept des »Universal Design« auseinandersetzen, das aus ganz generellen

Designprinzipien besteht, die zum Ziel haben, das Design für möglichst viele Menschen zugänglich zu machen.

Für Web-Content sind die wichtigsten Richtlinien zur Barrierefreiheit in den WCAG (Web Content Accessibility Guidelines) definiert. Für die Überprüfung gibt es auch schon diverse Accessibility Checker, die du frei nutzen kannst. Apple (HIG) und Google (Material Design) haben auch eigene Design-Standards entwickelt, um Barrierefreiheit zu garantieren. Wenn du also eine App für IOS oder Android entwickelst, ist es ratsam, sich an diesen Guidelines zu orientieren.

Die Customer Journey

Experience Design ist dazu da, die ganzheitliche Erfahrung einer Person mit einem Produkt, einer Dienstleistung zu gestalten und zu verbessern. Es umfasst unterschiedlichste Methoden, um nutzerzentrierte, intuitive und emotionale Erlebnisse zu schaffen entlang der gesamten Kundenreise (Customer Journey). Wenn du an die Customer Journey denkst, kommt dir vermutlich die Zeitspanne vom Kauf bis zum Ende der Nutzung in den Sinn. Aber die Customer Journey ist mehr! Überlege: Wann kommt deine Kundin zum ersten Mal mit meiner Marke in Berührung? Wo erfährt sie von deinem Produkt? Was macht dein Kunde mit dem kaputten Produkt? Vielleicht lässt sich auch das Leben nach der Nutzung gestalten oder das Produkt wieder in einen neuen Lebenszyklus zurückführen? Wie kannst du deine Kundschaft nach Abschluss der Nutzung in der Journey behalten und sie zum neuen Produkt führen? Die Customer Experience beginnt da, wo deine Kundin das erste Mal auf dein Business aufmerksam wird. Das kann durch Social Media sein, durch Bekannte, die dein Angebot nutzen, oder auch durch die eigene Internetrecherche, weil eine Lösung für ein konkretes Problem gesucht wird. Und wann oder ob die Customer Journey überhaupt endet, liegt in deiner Macht. Die Customer Journey betrachtet das ganzheitliche Kundenerlebnis auf verschiedenen Kanälen und in unterschiedlichen Phasen der Kundenbeziehung (zum Beispiel Werbung, Verkauf, Support).

Eine **Customer Journey Map** kann als Werkzeug verwendet werden, um mit dem Verständnis der Kundenperspektive die Prozesse des Unternehmens zu optimieren. Du kannst mit einer Customer Journey Map aufdecken, wo es Entwicklungspotenzial gibt. Es muss dabei nicht immer die gesamte Journey unter die Lupe genommen werden. Du kannst auch eine Journey Map allein für die Kauf-Phase erstellen, um diesen Teil der Reise zu analysieren und zu verbessern.

Die Kundenreise wird traditionell in folgende Phasen eingeteilt:

1. **Bewusstsein(Awareness):** das Bedürfnis oder Problem wird erkannt,

2. **Erwägung (Consideration):** Recherche, Gespräche, Angebots-Vergleich,

3. **Kauf (Purchase):** Entscheidung und Durchführung des Kaufes.

4. **Nutzung (Usage):** die Verwendung des Produktes oder der Dienstleistung,

5. **Nach-Kauf (Post-Purchase):** Kundensupport, Rücksendungen, Kundenbindung.

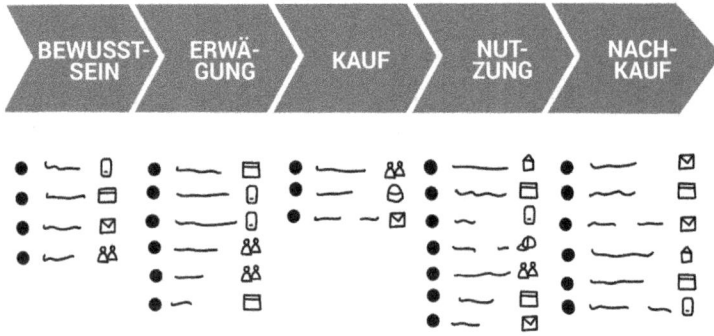

In jeder Phase geht deine Kundschaft verschiedene Schritte. In der Awareness-Phase könnten die einzelnen Kundenschritte beispielsweise so aussehen:

1. Deine Zielkundin scrollt durch ihren Instagram-Feed. Sie stolpert über Werbung von dir, sieht sie sich kurz an, aber scrollt direkt weiter.

2. Während sie am nächsten Tag am Laptop arbeitet, entdeckt sie bei Google erneut eine Werbung von dir. Diesmal klickt sie kurz darauf, verweilt aber nicht lange auf deiner Website.

3. Ein paar Tage später mailt sie mit ihrer Freundin, welche von dem Problem erzählt, für das du die Lösung bietest.

4. Abends bespricht sie das Thema mit ihrem Partner und ihr wird bewusst, dass sie das gleiche Bedürfnis hat wie ihre Freundin.

In den Kundenschritten gibt es Berührungspunkte mit der Marke. Diese spezifischen Touchpoints (Werbung bei Google, Online-Shop, Gespräch mit Freund, DHL-Postbote, E-Mail, Kundenservice am Telefon) können physisch oder digital sein, sie können proaktiv entstehen oder zufällig. Es gibt Richtwerte, wie viele Touchpoints es durchschnittlich benötigt, bis die Zielperson den Kauf abschließt. Diese Zahl ist in den letzten Jahren von 7 auf über 22 gestiegen.[7] Durch das digitale Zeitalter mit hohem Werbekonsum reagieren die Menschen weniger schnell auf Werbung. Mit diesem Wissen kannst du dir etwa die ersten zwei Phasen bei deiner Zielgruppe anschauen und überlegen, ob es ausreichend Touchpoints gibt. Zusätzlich solltest du dich bei der Analyse jeder Phase fragen: Was benötigt die Zielperson zu diesem Zeitpunkt (Need)? Was nervt sie (Pain Point)? Welche Fragen hat sie? Wie ergeht es deiner Persona beim Durchlaufen der einzelnen Schritte? Was denkt sie? Was, denkst du, braucht sie? Dies sorgt für tieferes Verständnis und ermöglicht dir später auch, Touchpoints zu gestalten, die bisher noch fehlten, und die Experience zu verbessern.

Wenn du Phase für Phase die Kundenschritte und Touchpoints erfasst hast, kannst du noch einen Blick auf die Emotionsebene werfen.

Die Methode **Emotional Journey Mapping** visualisiert die emotionalen Reaktionen der Nutzenden auf die einzelnen Nutzungsschritte oder Interaktionen. Sie hilft dabei, die emotionalen Zustände der Person während der Journey besser zu verstehen. Du versetzt dich in deine Persona hinein und durchläufst die Journey gedanklich. Wenn du dir die definierten Touchpoints ansiehst – wie fühlt sich deine Kundschaft dabei? Stelle dir eine Kundin vor, bei der im Prozess alles schiefläuft, und eine, bei der alles ein fantastisches Erlebnis ist. So kannst du dir Höhepunkte überlegen, die du einbauen solltest, und Fehler identifizieren, die nicht passieren sollten.

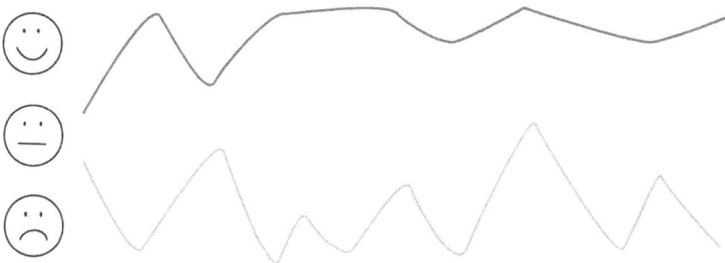

Du kannst diese Maps anhand von einzelnen realen Kundinnen und Kunden oder Personas erstellen. Solange du die detaillierten Kundeninformationen bisher nicht hast, ist der beste Weg, mit den Personas zu arbeiten und zu versuchen, die Schritte in ihren Schuhen zu gehen und ihre Perspektive einzunehmen.

Storytelling ist auch eine Methode, die sich auf die Reise der Kundinnen und Kunden mit deinem Produkt übertragen lässt. Die Personen durchlaufen mit deinem Produkt über die Zeit hinweg verschiedene Phasen. Es gibt immer einen Beginn, einen

Mittelteil und ein Ende der Nutzung. Die Nutzung findet zu verschiedenen Tageszeiten, Jahreszeiten, mit anderen Personen, in unterschiedlicher Intensität statt. Welche Stolpersteine muss deine Kundschaft meistern? Wer könnte der Bösewicht in der Customer Journey sein? Welche Verwandlung durchlebt deine Kundschaft durch die Nutzung des Produkts? Oder gibt es vielleicht ein Rätsel, das gelöst werden muss? Übertragen wir Storytelling auf die User Journey, wird uns bewusst, dass die Reise gar nicht durchweg positiv sein muss, um zu begeistern. Ganz im Gegenteil! Eine durchweg positive Experience ist gar nicht erstrebenswert, weil sie nicht in Erinnerung bleibt und keine starke Verbindung schafft. Die zuvor verwendete Einordnung der Emotionen in Gut, Mittel und Schlecht ist eigentlich sehr begrenzt. Wir sollten das gesamte Spektrum der Gefühle unter die Lupe nehmen.[8]

Die Erfahrung deines Produkts ist dann zufriedenstellend, wenn sie Spannung enthält. Überraschung, Konflikte, Unsicherheiten, die sich zu einem späteren Zeitpunkt auflösen, sollen ihren Platz in der Kundenreise finden. Die positiven Höhepunkte sowie das positive Finale sind essenziell und sollten ganz besonders hervorstechen. Wie das Erlebnis endet, entscheidet über die gesamte Meinung zu dem Produkt und dem Unternehmen. Angesichts dessen lohnt es sich, ein spezielles Augenmerk auf das Ende der Reise zu legen.[9]

Die Heldenreise lässt sich etwa gut auf Customer Journey mit einem Ikea-Schrank übertragen. Die Käuferin steht vor der Herausforderung des Zusammenbauens. Es besteht Unsicherheit, ob sie es schaffen wird. Kleine Konflikte und Fragezeichen sind tragbar, solange die Aufgabe lösbar ist. Sind die Hürden dann gemeistert, platzt die neue Schrankbesitzerin regelrecht vor Stolz. Dies wäre nicht der Fall, wenn der fertige Schrank geliefert worden wäre. Auch das Einkaufserlebnis hält bei Ikea einige Hürden bereit. Das Möbelhaus ist nur an wenigen Standorten verfügbar, die gesuchte Abteilung ist nicht auf direktem Wege erreichbar, dort muss ein Code für das gewünschte Produkt notiert werden, der dann in der Lagerhalle an einem PC eingegeben wird. Durch eine Suchfunktion gelangt man zu weiteren Codes, die zu den einzelnen Teilen des Produkts führen. Einfach geht es eindeutig anders! Aber das herausfordernde Spiel macht Spaß!

Die Bindung zum Unternehmen und die Begeisterung für das Produkt entstehen durch die emotionalen Erlebnisse. Die User Journey muss nicht immer genau einer Heldenreise entsprechen, aber sollte eine Bandbreite an emotionalen Erlebnissen abdecken und mit einem positiven Finale enden.

Wo kannst du Spannung erzeugen durch verträgliche Herausforderungen?

_____

_____

_____

_____

_____

Wo kannst du noch mehr außergewöhnliche Erlebnisse erzeugen, die in Erinnerung bleiben?

_____

_____

_____

_____

_____

Und was ist das große Finale bei deinem Produkt? Wie kannst du es besonders inszenieren, sodass du mit deinem Produkt in guter Erinnerung bleibst? Du kannst selbst entscheiden, wo du das Finale verorten möchtest – beim Kauf, bei der Nutzung, bei einem speziellen Service.

Das Experience-Design ist dazu da, die Emotionen entlang der Kundenreise bestmöglich zu orchestrieren und bleibende Erinnerungen zu schaffen. Es ist dazu da, dramatische Handlungen und sensorisch spannende Interaktionen über die ganze Nutzungsreise hinweg zu gestalten. Die nutzende Person integriert das Produkt in das eigene Leben und verbindet sich emotional mit dem Produkt. Die Erinnerungen, die bleiben, werden wichtiger als das Produkt oder die Interaktion selbst. Es geht nicht mehr allein um das Besitzen eines Produktes oder das Abschließen eines Services. Durch die emotionalen Erlebnisse geht es darum, Teil der Bewegung zu sein.[10]

5.3 Überzeuge mit dem perfekten Branding

Branding ist dazu da, den Kern des Unternehmens visuell nach außen zu tragen. Branding verbindet Strategie und Kreativität. Es ist der vom Unternehmen gesteuerte Prozess der Erschaffung der Marke. Es ist ein Prozess, der eigentlich nie komplett abgeschlossen ist. Denn die Marke ist lebendig und ändert sich über die Zeit durch neue Produkte, neue Kundenerfahrungen, neue Marketingstrategien oder einen neuen Führungsstil im Unternehmen. Deshalb sind innovative Unternehmen offen dafür, das Branding gelegentlich gezielt anzupassen. Durch Lebendigkeit und Weiterentwicklung darf die Konsistenz jedoch nicht verloren gehen.

Warum Konsistenz? Das Ziel von Branding ist es, Zugehörigkeit, Identifikation und Vertrauen zu schaffen. Das funktioniert am zuverlässigsten mit einem roten Faden, der sich konsequent durch die komplette Kommunikation zieht. Wenn wir diszipliniert sind im Design, in der Bildsprache und in der Tonalität, vermitteln wir ein klares Bild unserer Überzeugungen und Werte. Das Unternehmen wirkt professionell. Es weiß, was es tut, und deshalb vertrauen Kundinnen und Kunden der Marke. Mit einem guten Branding verhilfst du deiner Kundschaft zu einer klaren Entscheidung für dein Produkt.[11]

Interessant für dich zu wissen: Die Marke entsteht zum einen aus Bereichen, die wir bewusst gestalten, wie dem Logo, den Farben, dem Produktdesign und dem Service. Zum anderen gehört zur Marke auch der Ruf des Unternehmens und das Gefühl, das die Marke in den Menschen auslöst. Diesen Anteil können wir nur bedingt beeinflussen.[12]

Bevor wir in die Erarbeitung deiner Marke eintauchen, lass uns zusammen anschauen, welche Marken du spannend findest!

Analysiere drei deiner Lieblingsmarken!

Marke: Was genau macht diese Marke einzigartig und hebt sie von anderen ab? Welche wiederkehrenden Elemente (etwa Farben, Stil, Botschaften) erkennst du in ihrer Kommunikation? Was kannst du von dieser Marke für den Aufbau deiner eigenen Marke mitnehmen? In den Kreis kannst du das Logo deiner Lieblingsmarke zeichnen. Neben die Sterne schreibst du die Besonderheiten deiner Lieblingsmarke.

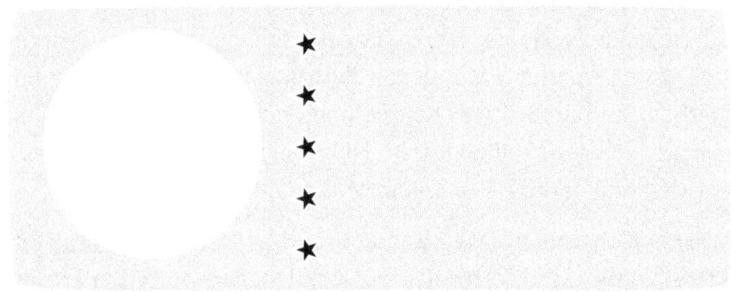

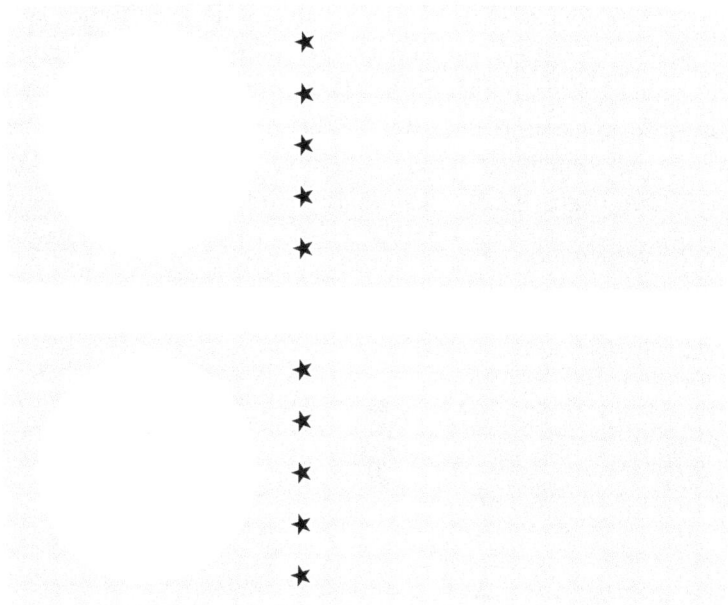

Nun kommen wir zum Erschaffen deiner eigenen Marke. Schritt für Schritt durchlaufen wir die einzelnen Bestandteile, um die erste Fassung deiner Marke zu kreieren. Behalte dabei aber im Hinterkopf: Branding ist ein Prozess, der niemals abgeschlossen ist. Die Marke darf genau wie dein Unternehmen immer weiterwachsen. Bei der Bearbeitung der folgenden Aufgaben scheue dich nicht, immer wieder zurückzublättern zu Kapitel 3, um dir dein »Warum«, deine Vision und deine Werte in Erinnerung zu rufen.

Markenpersönlichkeit

Sobald du ein klares Bild der Persönlichkeit deiner Marke hast, wirst du die weiteren Schritte einfacher angehen können. Wie gelingt das? Stell dir vor, deine Marke wäre eine Person. Wie würde ihr Charakter aussehen? Welche positiven Eigenschaften soll sie verkörpern? Was ist ihre Daseinsberechtigung? Wodurch begeistert sie Menschen? Welche Ecken und Kanten machen deine Marke besonders authentisch und nahbar? Wie eine echte Persönlichkeit darf auch deine Marke menschlich sein, mit all ihren positiven und negativen Facetten.[13] Gestalte nun deine Markenpersönlichkeit! Finde Adjektive, die zu deiner Marke passen und setze sie als Charakterbeschreibung um die Person herum.

Markenname

Ein guter Markenname ist einprägsam, unverwechselbar und leicht auszusprechen. Er sollte deine Markenwerte widerspiegeln und positive Emotionen bei deiner Zielgruppe wecken. Einzigartigkeit ist entscheidend, damit er auffällt und wiedererkannt wird. Zudem sollte er flexibel genug sein, um auch für zukünftige Erweiterungen deines Unternehmens zu passen. Wenn eine Expansion deines Business ins Ausland infrage kommt, achte darauf, dass der Name auch für anderssprachige Menschen kein Zungenbrecher ist oder leicht in die relevanten Sprachen übersetzt werden kann. Erstelle zuerst eine Mindmap. Sammle Begriffe, die zu deinen Produkten, deinen Unternehmenswerten, deiner Zielgruppe passen. Diese Begriffssammlung dient dir als Inspiration für deine Namenssuche.

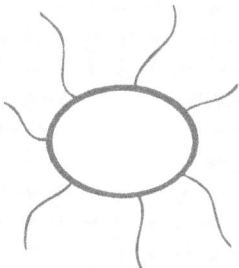

Kreativzeit! Schreibe alle möglichen Markennamen auf, die dir in den Sinn kommen! Scham und Selbstkritik haben im Kreativraum nichts verloren. Jeder scheinbar unsinnige Gedanke hat es verdient, aufgeschrieben zu werden! Vielleicht führt er dich zur genialen Idee! Los geht's!

Markiere deine Lieblingsnamen und überprüfe, ob sie noch als Webseite (URL) sowie auf Instagram, Facebook, X, im Handelsregister und im Markenregister verfügbar sind.

Logo

Das Logo ist die Bezeichnung für das Markenzeichen, welches für viele das zentrale Element der Marke ist. Dieses grafische Element kann ein Symbol, ein Monogramm, eine Wortmarke, ein Emblem oder eine illustrative Grafik sein.[14] Die meisten Unternehmen besitzen heutzutage verschiedene Logoversionen. Oft gibt es ein bis zwei komplexere Logos, die den Markennamen beinhalten. Zusätzlich wird ein Symbol benötigt, das auch in einer Größe von ein paar Millimetern erkannt wird. Denke an die kleinen Symbole, die dein Browser für jeden Reiter auf Webseiten anzeigt. Sie werden Favicons genannt und sind die vereinfachte Form deines Logos. Welche Symbole eignen sich besonders gut als Ergänzung zu den vorhin gesammelten Markennamen? Zeichne einfach wild drauflos. Keine Sorge, es geht hier nicht darum, ästhetischen Ansprüchen zu genügen. Sammle einfach mal Ideen! (Du kannst auch diverse KI-basierte Logo-Creator zur Inspiration nutzen.)

Farbpalette und Bildsprache

Farben und Bilder haben eine große Wirkung auf unsere Psyche.[15] Manche kühle Farben beruhigen, während manche warme

Farben Abenteuerlust wecken. Die Farben, die du für dein Unternehmen wählst, prägen die Identität deiner Marke sehr stark. Sie werden in den Betrachtenden insbesondere unterbewusst Emotionen wecken. Und genau diese Emotionen kannst du durch die Farbwahl gestalten. Im Internet findest du diverse Tabellen, die dir sagen, welche Farbe für welche Emotion steht. Durch das Spiel mit Intensität, Helligkeit und einer einzigartigen Kombination der Farben schaffst du Wiedererkennungswert.

Cornelias Tipp:

Bei der Suche nach den passenden Farben ist ein Moodboard für mich unverzichtbar. Ich gehe auf Pinterest und sammle Inspirationsbilder. Aus den besten Bildern davon, eigenen Fotos und Bildern aus meiner Trendrecherche baue ich mir dann mein Moodboard. Aus dieser Collage ziehe ich zwei bis vier Primärfarben und noch bis zu sechs Sekundärfarben. Das Tool Adobe Color kann dir dabei behilflich sein.

Verbale Kommunikation

Denke dabei an deine Zielgruppe und die Persona, die du in Kapitel 4 definiert hast, sowie an die Persönlichkeit deiner Marke. Stell dir vor, wie ein Gespräch zwischen deiner Marke und der Zielperson abläuft. Der Ton kann je nach Situation oder Anlass unterschiedlich sein, aber die grundlegende Haltung und Tonalität sollten stets konsistent bleiben. Wie sollte deine Marke sprechen, um eine emotionale Verbindung zur Zielperson aufzubauen? Was ist deiner Zielgruppe in der Kommunikation wichtig? Du oder Sie? Einfache, gehobene Sprache oder Fachsprache? Welche Ausdrücke und Redewendungen passen besonders gut zu deiner Marke?

Bevor du medienwirksam mit deinem Produkt und deiner Brand an die Öffentlichkeit gehst, ist es wichtig, dass du auch das Branding testest.

Ein paar Beispielfragen, die du deiner Zielgruppe stellen kannst:

- Welche Assoziationen entstehen bei dir, wenn du den Markennamen hörst?
- Welche Gefühle lösen die Farben in dir aus?
- Welche Botschaft vermittelt dir das Logo?
- In welcher Branche würdest du das Unternehmen mit diesem Logo verorten?
- Spricht dich die Art und Weise der Kommunikation an?

Befrage deine Testpersonen nach einer Woche erneut:

- Kannst du dich an den Markennamen erinnern?
- Hat sich das Logo eingeprägt?

Cornelias Angebot an dich:

Gutes Design kann ein normales Produkt so besonders machen, dass es wie ein Luxusartikel wirkt.[16] Wenn die finanziellen Möglichkeiten da sind, lohnt es sich, eine Person mit Design-Background so früh wie möglich ins Team zu holen, um schon die strategische Arbeit am Produkt und das Testing zu begleiten. Das finale Produktdesign für einen großen Rollout solltest du Profis überlassen. Denn schon kleine störende Elemente können die Zielgruppe vom Kaufen abhalten. Durch gute Gestaltung hingegen entsteht der extra Stups, der zum Kaufen animiert.

Bei der Brand Identity empfehle ich auch, spätestens für die finale Ausarbeitung, professionelle Design-Expertise hinzuzuziehen. KI-Tools können schon einiges abdecken und eine großartige Unterstützung bieten, jedoch fehlen noch oft die individuelle Note und der rote Faden durch den kompletten Außenauftritt.

Bei Bedarf komm gerne direkt auf mich zu und ich helfe dir dabei, dein Produktdesign sowie Branding von A bis Z auszuarbeiten. Mehr dazu auf *wir-gruenden.com*!

5.4 Definiere, wann, wo und wie du deine Idee vermarkten möchtest

Bist du bereit, dein Business mit voller Energie der Welt zu präsentieren? Im Marketing startet man oft mit den vier Ps, um die richtigen Maßnahmen zu definieren und umzusetzen, damit ein Produkt oder eine Dienstleistung erfolgreich auf den Markt gebracht wird. Die vier Ps stehen für Product (Produkt), Price (Preis), Place (Vertriebskanal), Promotion (Werbung) – bekannt als der »Marketing-Mix«. Dieser Mix wurde erweitert zu sieben Ps, indem People (Personen), Process (Prozesse) und Physical Environment (physisches Umfeld) hinzukamen. Inzwischen gibt es auch eine kundenzentrierte Version davon, und zwar die vier Cs: Commodity (Ware), Cost (Kosten), Communication (Kommunikation) und Convenience (Bequemlichkeit), ergänzt zu sieben Cs mit Corporation (Unternehmen), Consumer (Verbraucher*innen) und Circumstances (Umstände).[17]

Lass uns zusammen einen Blick auf die vier Ps für deine Gründungsidee werfen!

Wir starten mit deinem **Produkt**. Durch Prototypen und validiertes Lernen hast du es bereits erfolgreich weiterentwickelt. Jetzt geht es darum, noch tiefer einzutauchen: Wie kannst du dein Produkt gestalten, um deine Zielgruppe bestmöglich anzusprechen? Überlege dir, welche Produktvarianten am attraktivsten sein könnten. Würde ein Abo-Modell für wiederkehrende Einnahmen und treue Kundschaft Sinn stiften? Wie sieht die Verpackung aus – könnte sie der letzte Impuls sein, der deine Kundschaft zum Kauf animiert? Könnte eine Personalisierung des Produkts die Nachfrage steigern?

Jetzt kommen wir zum zweiten Punkt – dem **Preis**. Beginne mit einer Analyse vergleichbarer Produkte oder Dienstleistungen deiner Konkurrenz. Wie positionieren sie sich durch deren Preise? Dann schau dir deine Zielgruppe genauer an. Ist sie preissensibel und reagiert stark auf Preisanpassungen? Oder legt sie mehr Wert auf Qualität und ist bereit, einen höheren Preis zu zahlen? Überlege, ob deine Marke den wahrgenommenen Wert deines Produkts so steigern kann, dass du einen höheren Preis rechtfertigen kannst. Denke auch daran, ob du später Rabatte anbieten möchtest und wie sich diese auf deinen Umsatz auswirken. Ein bedeutender Punkt: Welche Kosten hast du für die Herstellung deines Produkts? Beachte sowohl die variablen Kosten (die bei einer größeren Kundschaft eventuell sinken könnten) als auch die Fixkosten deines Unternehmens, die ebenfalls durch den Verkauf getragen werden müssen. Ziel ist es, einen Preis zu kalkulieren, der dir genügend Gewinn ermöglicht und gleichzeitig für deine Zielgruppe attraktiv bleibt.

Das dritte P steht für **Promotion** und dreht sich um die Kommunikation mit deiner Kundschaft. Überlege dir, wie du dein Produkt am besten bewirbst und wie du einen echten Dialog mit deiner Zielgruppe aufbauen kannst. Welche Kanäle und Methoden eignen sich am besten, um deine Botschaft zu verbreiten? Denke dabei an die Informationshierarchie. Es ist wichtig, dass du die Informationen nach ihrer Bedeutung strukturierst, damit die relevanten Punkte schnell erfasst werden können. Welche Informationen solltest du zuerst präsentieren, um die Aufmerksamkeit deiner Kundschaft zu gewinnen?

Das vierte P steht für **Place** – also den Verkaufsort. Überlege dir, wo du dein Produkt am besten anbieten möchtest. Wo kauft deine Zielgruppe üblicherweise ähnliche Produkte? Geht sie lieber in ein Geschäft vor Ort oder bevorzugt sie Online-Shopping? Denk auch darüber nach, ob du einen besonderen Service anbieten kannst, der den Kaufprozess so einfach und angenehm wie möglich gestaltet. Was könntest du tun, um deine Kundinnen und Kunden besonders zufriedenzustellen?

Wähle einen Kanal

Gerade am Anfang einer Gründung gibt es unendlich viel für dich zu tun. Gefühlt auf allen Seiten. Zu jeder Zeit. Vermutlich hast du noch kein großes Team, an das du Aufgaben delegieren kannst. Du musst dich in viele Bereiche reinarbeiten, die gar nicht so 100-prozentig dein Ding sind. Die Website und Social Media scheinen Fässer ohne Boden zu sein. Aber dein Tag hat nur 24 Stunden. Wo ist die kostbare Zeit nun am besten investiert? Solange dein Produkt oder Service bisher nicht zufriedenstellend für die Zielgruppe ist, muss der Fokus immer da liegen. Leite PR-Maßnahmen erst ein, wenn du das funktionierende Geschäftsmodell gefunden hast. Dann kannst du dir auch sicher sein, dass dein Branding nicht direkt wieder überarbeitet werden muss.[18] Sobald dein Angebot für die Welt steht, empfehlen wir dir Folgendes: Setze auf einen Kanal. Oh ja, nur ein Einziger. Du kommunizierst dein Angebot also nur auf einem Kanal und verkaufst auch nur dort. Nur auf diesem Kanal trittst du mit deiner Zielgruppe in Kontakt. Und das mit all deiner Begeisterung und Liebe für dein Business. Mit Kanal meinen wir nicht nur Social-Media-Kanäle.

Auch die Website ist ein Kanal.[19] Für die Startphase deines Business betreibst du also beispielsweise nur einen Instagram-Kanal und verkaufst über Werbung und Direktnachrichten innerhalb von Instagram. Alternativ konzentrierst du dich auf die Website, schaltest Werbung, um Kundschaft auf deine Website zu locken, aber pflegst keinen weiteren Social-Media-Kanal.

Dieser Fokus auf einen Kanal spart enorme Ressourcen. Und wir wissen, in der Anfangszeit sind diese sehr begrenzt. Vertraue uns, du benötigst keinen perfekten Auftritt auf allen Kanälen, um mit dem Vertrieb starten zu können.[20] Du wählst den Kanal, der für deine Branche passt und auf dem deine Zielgruppe am besten zu erreichen ist. Bist du beispielsweise im Bereich Bildung, Sport oder DIY unterwegs, macht YouTube oder TikTok als Kanal Sinn. Hast du eine junge Zielgruppe, ist es sinnvoll, TikTok zu wählen. Kommt es in deinem Business auf Ästhetik an und du benötigst finanzstärkere Kundinnen, entscheidest du dich am besten zwischen Instagram und Pinterest. In der Techbranche, im Business Coaching und generell im B2B-Bereich ist LinkedIn oft die Plattform des Vertrauens. Falls deine Website deine Nummer eins als Vertriebskanal ist, benötigst du noch Suchmaschinenoptimierung sowie Google Ads oder E-Mail-Marketing, um Traffic zu generieren.

Social Media bietet enorme Chancen, sich zu vernetzen, die Markenbotschaften zu verbreiten und potenzielle Kundinnen und Kunden weltweit zu erreichen. Doch wie bei jedem mächtigen Werkzeug gibt es auch Herausforderungen, die es zu meistern gilt. Die Balance zwischen effektiver Präsenz und einem möglichen Übermaß an Zeit- und Ressourcenaufwand ist für viele Gründerinnen eine Gratwanderung.

In diesem Kapitel widmen wir uns mit unserer Expertin und Gastautorin Ashley den Vor- und Nachteilen von Social Media, damit du sie für dein Business perfekt nutzen kannst.

Ashley Forsson: Die Vor- und Nachteile von Social Media

Ashley Forsson ist Moderatorin, Podcasterin und Unternehmerin mit Herz, die ihre Community als Content Creatorin mit ihrer ehrlichen, offenen und witzigen Art unterhält. Als ehemalige internationale Flugbegleiterin hat sie nicht nur die Welt gesehen, sondern auch die Liebe für neue Kulturen und Menschen entdeckt. Ihre Energie und Empathie machen sie zur idealen Enablerin und Netzwerkerin.

Foto: Anya Zuchold

ashleyforsson.de

In den vergangenen Jahren haben soziale Medien das Geschäftsleben auf den Kopf gestellt – besonders für Gründerinnen, die auf der Suche nach kreativen Wegen sind, ihre Unternehmen zu starten und wachsen zu lassen. Mit über zehn Jahren Erfahrung in diesem aufregenden Dschungel habe ich die wilden Veränderungen und die Auswirkungen von Social Media hautnah erlebt. Welche Vor- und Nachteile Social Media für Gründerinnen hat, nehmen wir hier unter die Lupe und zeigen, wie diese Plattformen sowohl strahlende Chancen als auch knifflige Herausforderungen bieten können. Von der Steigerung der Markenbekanntheit hin zu den heimlichen Tretminen – Social Media ist ein bunter Spielplatz voller Möglichkeiten, die es zu erkunden gilt!

Vorteile von Social Media für Gründerinnen

- Sichtbarkeit ohne Ende! Social Media ist wie ein riesiges Megafon für Gründerinnen, die ihre Marke und Produkte in die Welt hinausschreien wollen! Plattformen wie Instagram, Facebook und LinkedIn können dir helfen, potenzielle Kundinnen und Kunden rund um den Globus zu erreichen.

- Marketing zum Schnäppchenpreis! Im Vergleich zu den alten, teuren Marketingmethoden sind Social-Media-Kampagnen wie ein Ausverkauf im Lieblingsladen! Gründerinnen können ihre Strategien selbst steuern und anpassen, ohne das ganze Sparschwein plündern zu müssen.

- Kundeninteraktion direkt und persönlich! Mit Social Media können Gründerinnen direkt mit ihrer Zielgruppe interagieren. Das sorgt für einen Kundenservice, der blitzschnell auf Feedback reagiert – niemand bleibt auf der Strecke!

- Netzwerke knüpfen wie ein Pro! Social Media ist der perfekte Ort, um sich mit anderen Unternehmerinnen, potenziellen Partner*innen und Investorinnen/Investoren zu vernetzen. Das kann zu guten Geschäftschancen und interessanten Kooperationen führen!

- Trends und Marktforschung im Handumdrehen! Plattformen wie X (ehemals Twitter) und Instagram sind wie eine Glaskugel für aktuelle Trends und Kundenwünsche. Gründerinnen können dies nutzen, um ihre Produkte noch besser auf die Zielgruppe abzustimmen.

Nachteile von Social Media für Gründerinnen

- Zeitfresser de luxe! Die Verwaltung von Social-Media-Konten kann schnell zur Vollzeitbeschäftigung werden. Regelmäßige Beiträge, Follower-Interaktionen und Datenanalyse kosten Zeit und Nerven!

- Kritik, die jede*r sieht! Öffentliche Plattformen bringen auch negative Kommentare mit sich. Gründerinnen müssen lernen, mit Kritik umzugehen, ohne gleich in Tränen auszubrechen – das ist der Preis der Sichtbarkeit!

- Datenschutz, oje! Social Media bringt auch Datenschutzrisiken mit sich. Gründerinnen müssen wie digitaler Personenschutz auf die Daten ihrer Kundinnen und Kunden aufpassen und die Vorschriften im Auge behalten.

- Die ständige Wandel-Welle! Social-Media-Plattformen sind wie ein unberechenbarer Sturm – alles ändert sich ständig! Algorithmen und Trends können blitzschnell wechseln und das hält dich auf Trab.

- Abhängigkeit von den Plattformen! Wer auf Social Media setzt, könnte schnell in die Abhängigkeit geraten. Änderungen in den Nutzungsbedingungen oder technische Pannen können das Geschäft auf den Kopf stellen!

Fazit

Social Media ist ein bunter Jahrmarkt voller Vorteile für Gründerinnen, besonders im Marketing, Kundenkontakt und Networking. Aber Vorsicht: Die Zeitfalle, Datenschutzprobleme und ständige Veränderungen sind die Schattenseiten. Mit einer cleveren Strategie und einem wachen Auge auf die Herausforderungen können Gründerinnen die Social-Media-Welt erobern.

Wie viel Marketing benötigt dein Unternehmen?

Welche Rolle Marketing in deinem Business grundsätzlich spielt und welchen Fokus du darauf legen solltest, hängt davon ab, welcher Wachstumsmotor dein Business antreibt. Laut Eric Ries, dem Silicon-Valley-Unternehmer und Autor, gibt es drei **Wachstumsmotoren**[21]. Welchen Wachstumsmotor dein Business hat, hängt von deinem Geschäftsmodell ab.

- **Zäher Wachstumsmotor**
  Basiert dein Angebot auf einem Abo-Modell? Dann hast du regelmäßige Einnahmen nach einmaliger Akquise. Langfristige Kundenbindung steht hier im Vordergrund. Wenn du es schaffst, keine Kundschaft zu verlieren, erschaffst du ein solides Geschäft. Je mehr Kundinnen und Kunden du an dein Produkt bindest, desto stabiler und nachhaltiger wächst dein Unternehmen. Bei diesem Wachstumsmotor musst du wenig Aufwand in Kundenakquise stecken, um stetig wachsen zu können. Die Marketingmaßnahmen sollten gezielt zur Kundengewinnung dienen. Danach ist das Wichtigste, dass dein Produkt, dein Kundenservice und das gesamte Erlebnis entlang der Customer Journey so gut sind, dass deine Kundinnen und Kunden bleiben.
- **Viraler Wachstumsmotor**
  Dieses Modell basiert auf Netzwerkeffekten, bei denen bestehende Kundinnen und Kunden neue Kundschaft bringen ohne dein Zutun. Wirbt jede Person mindestens zwei neue Personen, entsteht ein exponentielles Wachstum deiner Kundschaft. Ist dein Produkt, während es genutzt wird, für andere Menschen sichtbar oder passiert die Nutzung hinter verschlossenen Türen? Wird deine Zielgruppe dein Produkt stolz anderen präsentieren? Oder ist die Nutzung deines Produktes eher Privatsache? Bei Modeartikeln kann auf virales Wachstum gesetzt werden, bei Intimpflegeprodukten funktioniert das beispielsweise weniger. Ist dein Produkt für den viralen Wachstumsmotor geeignet, ist dein Ziel, den Weg für Empfehlungsmarketing zu ebnen. Ein starkes »Warum«, das Menschen begeistert, und eine ansprechende Brand Identity sind neben deinem Produkt sehr wichtig. Du solltest im Marketing dann auf einen visuellen Social-Media-Kanal setzen. Dort kann deine Kundschaft die Produkte für dich vermarkten und deine Zielgruppe kann mit dir in Kontakt treten. Präsenz und Charakter stärken den viralen Wachstumsmotor.

- **Bezahlter Wachstumsmotor**
  Wenn bei deinem Angebot weder der erste noch der zweite Wachstumsmotor in Frage kommt, musst du Kundschaft durch bezahltes Marketing erreichen. Das bedeutet, du musst Kundenakquisitionskosten in deinen Produktpreis einkalkulieren. Durch die Einnahmen der verkauften Produkte finanzierst du dann die weitere Kundenakquise durch Ads. Du kannst beispielsweise Google Ads schalten oder über einen anderen Kanal bezahlte Werbung einstellen.

Vielleicht denkst du dir: Ich kann auch über Zeitungsartikel, Online-Events oder Messeauftritte Kundinnen und Kunden gewinnen? Ja, durchaus. Das sind einzelne Turbobooster, die dich einmalig ein Stück voranbringen. Es sind aber keine Wachstumsmotoren, die dir stetiges Wachstum sichern. Versuche erst einen Wachstumsmotor zum Laufen zu bringen, bevor du weitere Turbobooster anwendest. Wenn du beides gleichzeitig machst, ist es vermutlich nicht so einfach, herauszufinden, ob das Follower- oder Kundenwachstum auf den Wachstumsmotor oder die andere Maßnahme zurückzuführen ist.

Können zwei Wachstumsmotoren parallel betrieben werden? Ja, grundsätzlich schon. Aber konzentriere dich zu Beginn auf einen. Finde heraus, welcher Wachstumsmotor zu deinem Geschäftsmodell passt, und bringe ihn zum Laufen, indem du kontinuierlich misst, was funktioniert, und danach optimierst. Wenn ein Motor nicht die gewünschten Ergebnisse liefert, sei flexibel und offen für eine neue Strategie.

5.5 Verkaufe, ohne zu verkaufen

Im Vertrieb geht es darum, dein Produkt oder deine Dienstleistung auf den Markt zu bringen und Menschen davon zu überzeugen, es zu kaufen. Dieser Prozess umfasst viele strategische Überlegungen: Wer ist deine Zielgruppe? Über welche Kanäle erreichst du sie am besten? Und welche Ansprache ist für sie am überzeugendsten? Vertrieb ist ein Kernbereich deines Unternehmens, der nicht nur Umsatz generiert, sondern auch die Beziehung zu deinen Kundinnen und Kunden formt. Erfolgreicher Vertrieb erfordert Klarheit, Struktur und eine gute Planung, damit dein Business wachsen kann.

Ursula gab schon im vorherigen Kapitel einen Einblick in die Erstellung von Kundenprofilen. Nun gibt sie dir das nötige Vertriebs-Basiswissen und ganz persönliche Tipps.

Ursula Volpe: Die Grundlagen des Vertriebs

Bevor ich selbst Unternehmerin und Start-up-Investorin wurde, habe ich über zehn Jahre lang erfolgreich komplexe B2B-IT-Lösungen für IBM und Salesforce verkauft. Besonders in meinen fünf Jahren bei Salesforce habe ich gelernt, wie man auch das teuerste Produkt mit dem Fokus auf Mehrwerte verkaufen kann. Durch die Begleitung von über 50 Kundenprojekten habe ich auch praktische Einblicke in Marketing- und Vertriebsstrategien von Unternehmen verschiedenster Größen und Industrien gewinnen können.

Aber was ist eigentlich »Vertrieb«?

Vertrieb hat, zumindest im deutschsprachigen Raum, ein Imageproblem. Viele verbinden damit schmierige Verkäufer*innen, die mit psychologischen Tricks versuchen, einem etwas aufschwatzen, was man nicht benötigt. Es gibt sicherlich einige Beispiele von Firmen, die genau so handeln und die dieses Negativbild geprägt haben.

Die erste praktische Aufgabe dieses Kapitels ist, dein Bild über »den Vertrieb« zu ändern. Du musst Vertrieb positiv sehen und es möglichst gerne machen, denn ohne Vertrieb wird dein Unternehmen nicht überleben können. Ich definiere »Vertrieb« für mich wie folgt: Ich helfe meinen Kundinnen und Kunden dabei, ihre Probleme zu lösen.

Leider höre ich immer wieder den Satz: »Aber ich muss doch erst XY, bevor ich anfangen kann, zu verkaufen.« Das mag stimmen, wenn du ein physisches Produkt herstellen und verkaufen willst. Aber selbst da könntest du zum Beispiel mit einer Pre-Order-Aktion testen, ob dein Produkt zahlende Kundinnen und Kunden findet. Du könntest also dein Produkt, bevor es fertig ist, schon zum Verkauf anbieten. Im Gegenzug für die frühe Vorbestellung bietest du Rabatt, Extrakundenservice oder was auch immer deine Kundschaft als extra Leistung wertschätzen würde. Im Idealfall ist das eine Leistung, die dich nicht viel kostet, aber für deine Zielgruppe einen enormen Mehrwert bietet.

An dieser Stelle erinnere ich mich an ein Abendessen mit Freunden. Es muss im Jahr 2016 gewesen sein: Ein Freund erzählte, er habe 1 000 US-Dollar gezahlt, um auf der Warteliste für das neue Modell 3 von Tesla zu stehen. Erstmalig saß er dann erst 2019 in seinem Tesla Model 3. Aber dieses Beispiel zeigt, dass man auch ohne fertiges Produkt bereits die Nachfrage testen kann. Im Q1 2016 Earnings Call gab Tesla bekannt, dass innerhalb des ersten Monats bereits 325 000 Vorbestellungen eingegangen seien. Wir sprechen also von 325 Millionen US-Dollar Cash. (Kleiner Ausflug in die Buchhaltung: Das ist kein Umsatz, weil Tesla eine Rückerstattung der Anzahlung ermöglichte, sondern daher eine kurzfristige Verbindlichkeit.) Aber neben einer genaueren Einschätzung der Nachfrage konnte Tesla damit sogar die Produktion mitfinanzieren.

Zusammenfassung: Ohne zahlende Kundinnen und Kunden ist dein Unternehmen nur ein teures Hobby. Also fang damit an, deine zahlenden Kundinnen und Kunden zu finden – weil dies das Wichtigste überhaupt für das Überleben deines Unternehmens ist.

B2B, B2C, bitte was?

Es handelt sich dabei um die Bezeichnung von verschiedenen Vertriebswegen. Wer verkauft an wen über welchen Kanal? B2B ist eine von verschiedenen Varianten. Nachfolgend eine Auflistung der geläufigsten Modelle:

»B2B« steht für »Business-to-Business«. Unternehmen verkaufen an andere Unternehmen. Nehmen wir Salesforce als Beispiel: Salesforce bietet Softwarelösungen für andere Unternehmen, damit die Kundschaft von Salesforce wiederum ihre Kundinnen und Kunden besser betreuen kann.

»B2C« bedeutet »Business-to-Consumer«. Hier geht ein Unternehmen eine direkte Geschäftsbeziehung mit den Endverbraucher*innen ein. Restaurants, Supermärkte oder Online-Marktplätze wie Zalando fallen darunter.

»B2B2C«, was »Business-to-Business-to-Consumer« bedeutet, ist ein Trendthema aus dem Bereich des E-Commerce (also dem Verkauf von Waren und Dienstleistungen über das Internet). Der bekannteste Anbieter für dieses Geschäftsmodell ist der Amazon Marketplace. Amazon fungiert dabei als Zwischenhändler zwischen dem eigentlichen Business, das das Produkt herstellt, und den Verbraucher*innen.

»D2C« bedeutet »Direct to Consumer«. Ein Unternehmen, das traditionell einen B2B-Kanal hat, nutzt die Möglichkeiten des Internets und verkauft nun selbst direkt an Endverbraucher*innen. Ein Pionier aus Deutschland ist hierbei Adidas. Dort begann man bereits in den frühen 2000ern, die eigenen Produkte direkt über das Internet an die Verbrauchenden zu verkaufen. Laut Statista hatten 2001 erst 37 Prozent der Deutschen einen Internetzugang.[22] Der Hauptvertriebskanal lief damals noch ausschließlich über den Einzelhandel. Dafür hat Adidas heute über seinen D2C-Kanal Zugang zu direkten Kundendaten und kann KI nutzen, um seine Kundschaft personalisiert anzusprechen und letztlich den Umsatz zu steigern.

Welche Auswirkungen haben die verschiedenen Vertriebskanäle auf dein Unternehmen?

Sie bestimmen deine komplette Marketing- und Vertriebsstrategie. Für einen ersten Überblick dient die folgende Grafik. Wichtiges Vorwort hierbei: Ausnahmen bestätigen die Regel. Zweifellos entscheidet man sich nicht innerhalb von ein paar Tagen für ein Auto oder den Kauf einer Immobilie. Und natürlich kannst du auch ein Produkt für über 10 000 Euro an Privatkunden verkaufen, die dann wahrscheinlich auch eine hohe Rentabilität haben. Die Grafik soll dir aber einen Denkanstoß geben, wenn deine Geschäftsidee verschiedene Vertriebskanäle zulassen sollte.

	B2B	B2C / D2C
Dauer Vertriebszyklus	Monate / Jahre	Minuten / Tage
Rentabilität / Kund*in	hoch	gering
Kaufentscheidungen	professionell	intuitiv
Vertriebsprozess	direkt	automatisiert
Preismodelle	individuell	transparent

Vielleicht ist deine Geschäftsidee für verschiedene Vertriebskanäle geeignet. Eventuell ist auch aufgrund deiner Geschäftsidee klar, welcher Kanal es werden muss. Du kannst auch erst einen Kanal ausprobieren und später ändern oder ergänzen. Wer das beispielsweise gemacht hat, ist equaly. Mein Mann und ich waren auf der Suche nach einer Möglichkeit, unseren Anteil an der unbezahlten Care-Arbeit besser aufzuteilen, weil wir uns beide einig waren, dass ich mehr mache, seit unsere Kinder auf der Welt sind. Und das, obwohl ich inzwischen auch Vollzeit arbeitete. Über einen Pitch-Wettbewerb bin ich auf equaly gestoßen: Über einen Fragebogen und enge Begleitung über Gruppencoachings und regelmäßige Check-ins hat equaly uns geholfen, die unbezahlte Care-Arbeit besser aufzuteilen. Wir sind als D2C-Kunden eingestiegen. Ein Segment, das equaly auch heute noch bedient. Was sie allerdings inzwischen mit aufgenommen haben, ist der B2B-Kanal: Über Arbeitgeber-Kooperationen können Firmen ihre Mitarbeitenden unterstützen. Sie übernehmen die monatlichen Kosten für equaly und können je nach Bedarf eigene Schulungen für angestellte Eltern und andere Ergänzungsleistungen über equaly dazu buchen.

Das Beispiel equaly zeigt, dass sich zwei verschiedene Vertriebskanäle auch gut ergänzen können: Denn wenn D2C Kundinnen und Kunden einmal überzeugt sind, dass equaly ihr Leben erleichtert, dann sind bestimmt einige Kundinnen und Kunden bereit, intern bei ihrem Arbeitgeber Werbung für equaly zu machen. Es hilft bereits, einen Kontakt empfohlen zu bekommen.

Der Nachteil an zwei parallelen Vertriebskanälen ist, dass man unterschiedliche Vertriebsprozesse bedienen muss. Einen D2C-Kunden zu gewinnen, läuft vollkommen anders ab, als B2B-Kundinnen und Kunden zu gewinnen, und auch der After-Sales-Prozess (oft auch Customer Success oder Service genannt) ist hier unterschiedlich.

Produkt-Markt-Fit

Es folgt ein kurzer Ausflug in einen Begriff, der hauptsächlich die Risikokapitalszene prägt: Product Market Fit (oder kurz PMF). Er ist dann erreicht, wenn du genügend Nachfrage in deinem gewählten Markt nach deinem Produkt/deiner Dienstleistung hast. Im Idealfall ist der PMF dann erreicht, wenn du das Gefühl hast, dass du gar nicht hinterherkommst damit, die Nachfrage zu bedienen. Das lässt sehr viel Spielraum für Interpretation. Deshalb folgt noch eine genauere Unterteilung.

Das Wichtigste aber vorneweg: Den PMF zu finden, ist alleinige Aufgabe der Gründer*innen. Dies auszulagern, würde dein gesamtes Geschäft gefährden. Kein Vertriebler mit noch so viel Erfahrung kann und sollte dir das abnehmen. Der Grund ist, dass nur du als Gründerin mit jeder Faser deines Körpers und jeder Sekunde deiner Zeit in deinem Unternehmen steckst. Und das Finden des PMF erfordert genau diese Leidenschaft für dein Unternehmen, wie du es nur selbst als Gründerin haben kannst.

Was sind nun aber genauere Indikatoren für einen PMF? Hier könnte ich eine Menge auflisten, ich halte mich aber kurz und beschränke mich auf drei.

- Umsatzwachstum: Klingt logisch, ist auch so. Umsatzwachstum bedeutet, dass das Unternehmen dabei ist, einen festen Platz im Markt zu erobern, da mehr Kundinnen und Kunden den Mehrwert des Produkts erkennen und nutzen. Wenn dein Umsatz beginnt, kontinuierlich von Monat zu Monat zu wachsen, dann bist du auf dem richtigen Weg zum PMF. Ausnahme: Du bietest ein Saisongeschäft an, dann solltest du in Jahreszyklen denken und deinen Umsatz jedes Jahr kontinuierlich erhöhen.
- Hohe Kundenbindung: Du löst das Problem deiner Kundinnen und Kunden so gut, dass sie entweder wieder bei dir einkaufen oder ihre Verträge verlängern. Im Idealfall ist deine Bestandskundschaft so zufrieden, dass sie dein Produkt auch anderen weiterempfiehlt. Es gibt nur noch wenig bis keine Beschwerden über die grundlegende Funktionalität deines Produktes.
- Hohe Conversion Rate: Die »Conversion Rate« ist das Verhältnis von interessierten Personen zu zahlenden Kundinnen und Kunden. Also: Wie viel Prozent derer, die auf deine Website gehen oder ein Erstgespräch mit dir durchführen, werden letztlich zu zahlender Kundschaft?

Klappt es in einem der drei genannten Punkte bislang nicht so wirklich, wie es sein sollte, dann solltest du dir dein ICP

(Ideal Customer Profile) und die Ansprache dessen noch einmal ansehen.

Praxistipp 1: Wenn du ein Business mit wiederkehrenden Zahlungen aufbaust (also unter anderem einen Service anbietest oder eine Software as a Service, auch SaaS genannt), biete am Anfang eine monatliche Kündigung an. Das klingt erst mal geschäftsschädigend: Warum sollte man nicht von Anfang an auf Langzeitverträge pochen, würden sie doch die finanzielle Stabilität des Unternehmens verbessern? Meine Antwort darauf: Weil du dich möglicherweise in falscher Sicherheit wiegst und du erst nach einem Jahr anstatt nach einem Monat herausfindest, dass Kundinnen und Kunden dein Produkt doch gar nicht benötigen und kündigen. Eine Möglichkeit der monatlichen Kündigung zwingt dich als Gründerin dazu, im ständigen Austausch mit deinen bestehenden Kundinnen und Kunden zu sein. Du wirst schneller verstehen, wer dein ICP ist und was die Person benötigt, um nicht nur Kundin oder Kunde zu werden, sondern auch zu bleiben. Außerdem kannst du dich im Zweifel schneller von den Nutzenden lösen, die nicht deinem aktualisierten ICP entsprechen, aber dich viel Aufwand in der Betreuung kosten.

Praxistipp 2: Investiere in das Training deiner ersten Mitarbeitenden! Stell dir vor, du hast es geschafft: Du hast dein ICP gefunden, den PMF erreicht und spätestens jetzt ist es an der Zeit, die ersten Mitarbeitenden einzustellen. Als junges Unternehmen wirst du es dir leider kaum leisten können, Top-Gehälter zu bezahlen, und damit auch nicht die Top-Fachkräfte im Vertrieb oder Marketing mit langjähriger Berufserfahrung einstellen können. Deshalb hier mein Tipp, wie du damit umgehen kannst: Stelle hoch motivierte Menschen ein, unabhängig davon, wie erfahren sie sind. Investiere in hochqualitative Trainings für sie. Das kann im B2B-Vertrieb ein Training sein, wie man die Kaltakquise richtig angeht. Oder im Marketing, wie man SEO heutzutage richtig nutzt. Essenziell dabei: Gehe nur in Trainings von Personen, die genau das, was du benötigst, selbst schon geschafft haben. Das ist auch ein guter Tipp für dich als Gründerin, wenn du für dich selbst ein Training suchst.

Schaffe dir einen Wettbewerbsvorteil durch hervorragendes Copywriting!

»Wir sind ein innovatives Unternehmen, das zukunftsweisende Lösungen entwickelt, um die Herausforderungen von morgen zu meistern. Unsere Mission ist es, durch technologische Innovation und nachhaltige Strategien Produkte zu liefern, die echten Mehrwert schaffen. Unsere Mitarbeiter*innen sind unser größtes Kapital. Wir fördern eine Kultur der Zusammenarbeit und kontinuierlichen Weiterentwicklung, unterstützen unsere Teams mit Fortbildungsprogrammen und flexiblen Arbeitsmodellen. Wir setzen uns für eine inklusive Unternehmenskultur ein, die Kreativität und Innovation fördert. Gleichzeitig legen wir großen Wert auf ethische Geschäftspraktiken und die nachhaltige Entwicklung unserer Mitarbeiter und der Gesellschaft.«

Vor allem in meiner Zeit bei IBM und Salesforce habe ich auf der Suche nach konkreten Informationen über die Aktivität der jeweiligen Unternehmen zahlreiche Unternehmerwebseiten durchforstet. Leider bin ich oft nicht schlau daraus geworden. Der oben beispielhaft angeführte Text strotzt vor Allgemeinplätzen und es fehlen Details. Er könnte genauso ein Reinigungs- wie auch einem Maschinenbauunternehmen beschreiben. Welche Probleme löst das Unternehmen denn nun genau? Und wie? Welche Transformation haben Kundinnen und Kunden schon mithilfe des Unternehmens erlebt?

Auch in Start-up-Pitches sehe ich das vorwiegend dann, wenn in einer LinkedIn-Kontaktnachricht mit maximal 300 Zeichen der Pitch zusammen gedampft werden muss. Dann wird oft versucht, so viele Schlagworte wie möglich unterzubringen – auf Kosten der Verständlichkeit.

Wie kannst du es besser machen? Indem du dich mit dem Thema Copywriting beschäftigst. Was ist jetzt Copywriting noch einmal genau? Es ist die Kunst des kreativen Textens für Werbezwecke. Meiner Definition nach ist Copywriting auch: Sage mehr mit weniger Worten. Löse die Reaktion bei deinen Kundinnen und Kunden aus, die du gerne hättest. Lass Storytelling miteinfließen. Wenn du weißt, wie du Dinge formulieren solltest, fällt dir auch Verkaufen viel leichter.

Und einfach alles benötigt gutes Copywriting:

- Postings auf Social Media,
- E-Mails an deine potenziellen Kundinnen und Kunden,
- Ansprachen auf Webseiten,
- dein »Elevator Pitch«, mit dem du dich auf Netzwerkveranstaltungen vorstellst,
- Feedbackbögen, mit denen du möglichst viele Kundinnen und Kunden zu einer Rückmeldung bewegen möchtest,
- Präsentationen, mit denen du neue Kundinnen und Kunden oder neue Investorinnen und Investoren gewinnen möchtest

Meine Empfehlung: Es gibt unzählige Copywriter auf LinkedIn. Einer meiner Favoriten im deutschsprachigen Raum ist Stephan Park, der sich selbst auch LinkedIn-Imperator und Quotenchinese nennt. Er gibt regelmäßig hilfreiche Tipps, wie man verständlich schreibt, was man eigentlich tut, und hilft außerdem auch Unternehmen, ihre Websites leichter lesbar zu machen.

Praxistipp 3: Setze dir Umsatzziele! Auch, wenn ich jetzt recht schnell durch verschiedene Vertriebsthemen durchgeführt habe, ist der wohl wichtigste Tipp: Setze dir Umsatzziele. Wie viel Umsatz möchtest du kurzfristig erreichen? Für den Anfang schlage ich vor, du setzt dir ein Jahresziel und teilst das in Quartale und schließlich Monate auf. Je nach Businessidee ergibt es Sinn, Wochenziele zu setzen. Verfolge deine tatsächlich erreichten Umsatzzahlen und vergleiche sie mindestens wöchentlich mit deinen Planzahlen.

Mit konkreten Zahlen vor Augen wirst du fokussierter arbeiten. Aus einem »Ach, aber ich habe doch gefühlt noch genügend Zeit, meine nächste Kundin zu gewinnen« wird so kurzfristig ein »Oh, ich muss diesen Monat noch drei neue Kundinnen und Kunden gewinnen, um meine Umsatzziele zu erreichen«.

#brandchallenge

Bevor du zum nächsten Kapitel übergehst, laden wir dich ein, deine Brand auf ein neues Level zu heben. Durch das Teilen deiner Ideen gewinnst du neue Perspektiven und findest kreative Lösungen.

Aufgabe: Poste auf LinkedIn oder Instagram die Geschichte hinter deiner Brand, die Vision deines Unternehmens und deine ICPs und erstelle Umfragen wie:

1. Teile zwei Markennamen, die für dich infrage kommen, und frage die Community, welcher für sie besser zur Vision und Zielgruppe passt.
2. Teile Logoentwürfe und Farbpaletten auf der Plattform deines Vertrauens und frage, welches Logo einprägsamer ist.

Tagge @wir.gruenden, um die Reichweite deines Beitrags zu steigern. Unser Team teilt inspirierende Beiträge gerne in der Community, um wertvolle Einblicke und Motivation zu verbreiten.

6

6 Rechtliche Grundlagen deiner Gründung

Dieses Kapitel begleitet dich Schritt für Schritt durch den bürokratischen Prozess der Unternehmensgründung: von der Wahl der passenden Rechtsform bis hin zur finalen Anmeldung beim Notariat. Du erfährst die Unterschiede zwischen Rechtsformen wie der GmbH und der UG, die jeweiligen Vor- und Nachteile sowie alle notwendigen rechtlichen Schritte. Ob du als Einzelunternehmerin startest oder eine Kapitalgesellschaft gründest – hier erhältst du wertvolle Tipps und eine verständliche Anleitung, wie du deine Gründung erfolgreich und rechtssicher umsetzt.

6.1 Entscheide für dein Business: von der Rechtsform bis zur digitalen Gründung

Jessicas Erfahrung mit der Gründung einer GmbH

Als ich meine erste GmbH gegründet habe, war es eine echte Herausforderung, den bürokratischen Dschungel hinreichend zu durchblicken. Es war anstrengend, alle Formalitäten zu verstehen und sicherzustellen, dass die wichtigen Passagen auch wirklich zu meiner Situation passen. Offen gestanden habe ich damals nicht alles eingehend genug geprüft. Heute weiß ich: Es ist entscheidend, Berater*innen, Steuerberatung und rechtlichen Beistand an der Seite zu haben, die diese komplexen Fragen klären und dir helfen, fundierte Entscheidungen zu treffen.

Damit es dir leichter fällt, haben wir uns überlegt, dir sofort eine Ansprechpartnerin an die Hand zu geben, die nicht nur Expertin auf dem Gebiet ist, sondern auch ein besonderes Angebot für dich hat.

Ilka Mandernach: Wie die Digitale Gründung unterstützt

Ilka Mandernach ist als Rechtsanwältin für die Kanzlei Lahann, Pikolleck und Partner und die Plattform „Digitale Gründung" tätig. Sie berät Startups und angehende Gründer*innen zu Fragen des Gesellschaftsrechts, AGB- und Vertragsrecht. Sie studierte an der Universität des Saarlandes und absolvierte ihren Master an der "University of Exeter" (UK). Zudem konnte sie vertiefte Erfahrungen im europäischen und internationalen Recht in ihren Stagen bei der Europäischen Kommission sowie bei Amnesty International sammeln.

Foto: Oliver Pikolleck

digitale-gruendung.de

Ein unerlässlicher Schritt der Gründung ist die tatsächliche und rechtliche Gründung des Unternehmens. Im folgenden Text wirst du in die Schritte zur Gründung, die Wahl der Rechtsform und auch die Möglichkeit zur digitalen Gründung eingeweiht.

Wahl der Rechtsform

Welche weiteren Rechtsformen gibt es? Und welche Rechtsform ergibt für dich Sinn? Grundsätzlich gibt es 3 Arten von Unternehmen: das Einzelunternehmen, die Personengesellschaft und die Kapitalgesellschaft.

Wenn du als Gründerin allein durchstarten möchtest, kannst du dies entweder in Form eines Einzelunternehmens oder in Form einer Kapitalgesellschaft, in welcher du alleinige Gesellschafterin bist, tun.

Einzelunternehmen

Ist dein Geschäft also wenig risikobehaftet, kannst du erst einmal mit einem Einzelunternehmen starten. Vorteil hierbei ist, dass du keinen aufwendigen Gründungsprozess und bei einer Geschäftsaufgabe auch keinen Liquidationsprozess durchlaufen musst. Du kannst erst einmal ausprobieren, ob dein Einzelunternehmen erfolgreich wird.

Du bist im rechtlichen Sinne »Kaufmann« und zur Buchführung verpflichtet. Beim Überschreiten gewisser Schwellenwerte bist du auch verpflichtet, dich ins Handelsregister einzutragen (es sei denn, du bist Freiberuflerin). Als Inhaberin bist du auch Steuersubjekt, das heißt grundsätzlich zur Einkommens-, Gewerbe- und Umsatzsteuer verpflichtet.

Für Einzelunternehmen gilt außerdem die Kleinunternehmerregelung des § 19 UStG. Erwirtschaftet dein Unternehmen zunächst eher geringere Umsätze, kannst du erklären, dass du auf die Erhebung der Umsatzsteuer verzichtest.

Du kannst zu einem späteren Zeitpunkt immer noch eine Kapitalgesellschaft gründen und das Einzelunternehmen darin einbringen oder das Einzelunternehmen an die Gesellschaft verkaufen. Beachte, dass dieser Schritt zusätzliche Notar- wie auch Rechtsanwalts- und Steuerberatungskosten verursachen wird. Die Überführung eines Einzelunternehmens in eine später zu gründende Kapitalgesellschaft sollte immer steuerlich sowie rechtlich betreut werden.

Personengesellschaften

Zu den Personengesellschaften zählen unter anderem die GbR (Gesellschaft bürgerlichen Rechts), die OHG (Offene Handelsgesellschaft) und die KG (Kommanditgesellschaft).

Die GbR stellt hierbei die Grundform aller Personengesellschaften dar und entsteht, wenn sich mindestens zwei Gesellschafter*innen dazu verpflichten, die Erreichung eines gemeinsamen Zwecks in der durch den Gesellschaftsvertrag bestimmten Weise zu fördern. Dieser Gesellschaftsvertrag kann auch mündlich geschlossen werden.

Die offene Handelsgesellschaft ist klassischerweise die große Schwester der GbR, da hier ein Handelsgewerbe betrieben wird. Unter »Handelsgewerbe« versteht man jeden Gewerbebetrieb, es sei denn, das Unternehmen erfordert nach Art oder Umfang einen in kaufmännischer Weise eingerichteten Geschäftsbetrieb (§ 1 Abs. 2 HGB). Seit der Reform der Personengesellschaften, die 2024 in Kraft trat, können auch kleingewerbliche und vermögensverwaltende Gesellschaften sowie Freiberuflergesellschaften, sofern das anwendbare Berufsrecht dies zulässt, durch Eintragung ins Handelsregister zur OHG werden (§ 107 Abs. 1 HGB).

Sowohl in der GbR als auch in der OHG haften die Gesellschafter*innen gesamtschuldnerisch mit ihrem Privatvermögen.

Die Kommanditgesellschaft funktioniert ähnlich wie die OHG. Da die Auswahl der KG als Gesellschaftsform für Gründer*innen eher unüblich ist, gehen wir an dieser Stelle nicht näher darauf ein. Wichtig ist aber zu wissen: Die Gründung der OHG und der KG erfordern einen Gesellschaftsvertrag. Zudem ist die Eintragung ins Handelsregister erforderlich.

Kapitalgesellschaften

Nun kommen wir zu den üblicheren Gesellschaftsformen, von denen du wahrscheinlich schon öfter gehört hast: die GmbH und die UG (haftungsbeschränkt).

Vorteile im Gegensatz zu Personengesellschaften sind zum Beispiel, dass du hier als Gesellschafterin nicht als Privatperson mit deinem Privatvermögen haftest, sondern nur mit dem Gesellschaftsvermögen. Das bedeutet, dass dein Privatvermögen geschützt ist und nicht belastet wird. Eine Ausnahme besteht, wenn du als Geschäftsführerin agierst und deine Pflichten in großem Maße verletzt hast (§ 43 GmbHG).

Vor allem sind Kapitalgesellschaften dann von Vorteil, wenn dein Unternehmen stark wachstumsorientiert ist und du planst, später Investorinnen und Investoren mit an Bord zu nehmen. Voraussetzung einer Beteiligung ist in den meisten Fällen das Bestehen einer GmbH. Im Raum Berlin ist es hingegen nicht unüblich, in eine UG (haftungsbeschränkt) zu investieren. Einzelne Business Angels außerhalb von Berlin sind ebenfalls bereit, in eine UG (haftungsbeschränkt) zu investieren.

Ein Nachteil ist, dass eine Kapitalgesellschaft zur Bilanzierung verpflichtet ist, was laufende Kosten mit sich bringt. So musst du für die Gründung Notar- und Registergebühren zahlen. Ist es erforderlich, den Sitz des Unternehmens zu ändern, verursacht auch dies Notarkosten. Als laufende Kosten kommen hier noch Rechts- sowie Steuerberatungskosten hinzu. Auch für die Liquidation, also die Auflösung und Löschung der Gesellschaft, fallen Notar-, Anwalts-, Steuerberatungs- und Registergebühren an.

Eine weitere Gesellschaftsform ist die AG (Aktiengesellschaft). Diese Form lassen wir in diesem Beitrag jedoch außen vor, da sie aufgrund ihres hohen Stammkapitals und den strengen Vorschriften weniger für Gründer*innen geeignet ist.

GmbH und UG (haftungsbeschränkt) im Vergleich

Um dir die Entscheidung zu erleichtern, stellen wir die zwei gängigsten Rechtsformen, die GmbH und die UG (haftungsbeschränkt), gegenüber. Was genau sind die Unterschiede und was sind die Gemeinsamkeiten beider Gesellschaftsformen?

Stammkapital: Eine UG (haftungsbeschränkt) kannst du bereits mit einem Stammkapital von einem Euro gründen. Wobei empfohlen wird, zumindest die Gründungskosten von ca.

1 500 Euro einzuzahlen, damit du diese anschließend vom Stammkapital bezahlen kannst.

Eine GmbH benötigt ein Stammkapital von 25 000 Euro, wobei es bei Gründung nur zur Hälfte, also in Höhe von 12 500 Euro eingezahlt werden muss.

Zu beachten ist hierbei, dass das Stammkapital keine feste Summe ist, die einmal auf das Gesellschaftskonto eingezahlt wird und dann nie wieder genutzt werden darf. Das Stammkapital kann jederzeit für Ausgaben der Gesellschaft genutzt werden. Also zum Beispiel zur Zahlung von Rechtsanwaltskosten, Miete, einem Gehalt für dich als Geschäftsführerin und so weiter.

Ausschüttungen: Hinsichtlich der Gewinnausschüttung gibt es für die GmbH keine Beschränkungen. In der UG (haftungsbeschränkt) bist du jedoch verpflichtet, mindestens 25 Prozent des Gewinns in der Kapitalrücklage zu belassen.

Reputation: Die UG (haftungsbeschränkt) unterliegt im Gegensatz zur GmbH einem schlechteren Ruf, nach dem Motto: Es war nicht ausreichend Geld vorhanden, um eine GmbH zu gründen. Dies kann auf Investorinnen und Investoren und Vertragspartner*innen abschreckend wirken. Eine GmbH vermittelt hingegen den (nicht immer gerechtfertigten) Eindruck von mehr Stabilität und Sicherheit.

Viele Investorinnen und Investoren verlangen sogar die Gründung einer GmbH als Voraussetzung für ihre Beteiligung an der Gesellschaft. Wird das Unternehmen also Exit-orientiert aufgebaut, so macht die Gründung einer GmbH direkt zu Beginn Sinn.

Gemeinsamkeiten: Bis auf die vorstehend genannten Unterschiede sind die GmbH und die UG (haftungsbeschränkt) identisch. Sie unterscheiden sich im Übrigen nur durch das

Stammkapital. Aus rechtlicher und steuerlicher Sicht macht es daher keinen Unterschied, welche der beiden Gesellschaftsformen du wählst.

Schritte zur Gründung einer Kapitalgesellschaft

Planung

Zunächst einmal ist es wichtig, das Geschäftsmodell zu konkretisieren, um dann in einem nächsten Schritt die richtige Rechtsform und auch die richtigen Regelungen im Gesellschaftsvertrag festzulegen.

Insbesondere solltest du folgende Fragen aus rechtlicher Sicht vorab klären:

- Sind wir mehrere Gründer*innen oder gründe ich allein?
- Gibt es eine bestimmte Frist, zu welcher die Gesellschaft gegründet sein muss?
- Baue ich mein Start-up gezielt zum Exit auf oder als profitables Business?
- Welche Rechtsform ist die richtige Wahl für mich/uns?
- Existiert bereits ein Gewerbe (als Einzelunternehmen oder als GbR), welches ich in die zu gründende Kapitalgesellschaft einbringen will oder an die zu gründende Kapitalgesellschaft verkaufen möchte?

Diese Fragen sind notwendig, um besser einschätzen zu können, wie die Gründungsdokumente aussehen sollen. Die individuelle anwaltliche Beratung vorab kann helfen, diese Fragen zu beantworten, um dann in einem nächsten Schritt maßgeschneiderte Gründungsdokumente vorzubereiten.

Vorbereitung der Gründungsdokumente: Zu den Gründungsdokumenten zählt vorwiegend der Gesellschaftsvertrag. Dieser wird später mitsamt der Liste aller Gesellschafter*innen und Gründungsurkunde im Handelsregister veröffentlicht.

Der Gesellschaftsvertrag wird auch als Satzung der Gesellschaft bezeichnet und regelt meistens abweichend oder ergänzend zu gesetzlichen Regelungen gewisse Szenarien, auf deren Ausgang sich Gesellschafter*innen im Voraus schon geeinigt haben sollten. Im Fall eines späteren Streits sollte der Ablauf so geplant werden, dass es zu keinen bösen Überraschungen kommen kann. Auch der Erbfall sollte geregelt sein und in gewissen Fällen macht auch eine Güterstandsklausel Sinn, falls eine oder einer der Gesellschafter*innen verheiratet ist oder plant zu heiraten.

Für Exit-orientierte Unternehmen gibt es bestimmte Regelungen, die schon vorab in der Satzung geklärt werden sollten (vesting, tag along, drag along, Vorkaufsrecht usw.)

Falls du allein gründen möchtest, ist ein individueller Gesellschaftsvertrag nicht unbedingt notwendig. Eine Gründung nach Musterprotokoll ist in den meisten Fällen ausreichend und verringert die Notar- und Anwaltskosten.

Notartermin: Im nächsten Schritt kommt es zum Notartermin. Je nachdem, in welcher Stadt oder Gemeinde du gründen möchtest, ist hier eine gewisse Vorlaufzeit einzuplanen. Während des Notartermins unterzeichnest du als Gesellschafter*in deiner Kapitalgesellschaft die oben genannten Gründungsdokumente, die vom Notar oder der Notarin verlesen wurden (notarielle Beurkundung). Dein Unternehmen ist nun eine GmbH in Gründung. In diesem Stadium ist die Gründung bisher nicht abgeschlossen, jedoch sind die Regelungen der GmbH weitestgehend anwendbar. Möchtest du sichergehen, dass du nicht mehr persönlich haften kannst, solltest du deshalb ab warten, bis die GmbH im Handelsregister eingetragen ist, bevor du Verbindlichkeiten eingehst.

Eröffnung eines Geschäftskontos: Als nächsten Schritt eröffnest du ein Geschäftskonto, um das Stammkapital einzuzahlen. Dies kann durch jede beliebige Bank erfolgen. Auch mit

Online-Banken ist dieser Schritt schnell und unkompliziert möglich. Auf das Geschäftskonto zahlst du jetzt die Stammeinlage in der festgelegten Höhe (zur Hälfte oder voll) ein. Deine Bank stellt dir nach Zahlungseingang einen Einzahlungsbeleg aus, den du an das Notariat weiterleitest.

Eintragung ins Handelsregister: Das Notariat meldet die Eintragung zum Handelsregister an. Die GmbH entsteht und ist voll rechtsfähig.

Transparenzregister: Seit einigen Jahren ist die Eintragung der wirtschaftlich berechtigten Person ins Transparenzregister verpflichtend. Auch hier kann dir ein Rechtsbeistand helfen, um zu bestimmen, ob du wirtschaftlich berechtigt bist oder nicht. Bist du alleinige Gesellschafterin, ist dies einfach: Du bist wirtschaftlich berechtigte Person. Die Anmeldung zum Transparenzregister erfolgt online. Du kannst sie selbst vornehmen oder von einem Anwalt/einer Anwältin erledigen lassen.

Steuerliche Erfassung: Deine Gesellschaft muss jetzt beim zuständigen Finanzamt angemeldet werden. Dazu musst du den Fragebogen zur steuerlichen Erfassung ausfüllen. Solltest du hierbei Schwierigkeiten haben, kannst du dir von einer Steuerberatung helfen lassen. Das Finanzamt wird dir im Anschluss die Steuernummer deiner Gesellschaft mitteilen.

Gewerbeanmeldung: Auch die Anmeldung eines Gewerbes beim zuständigen Gewerbeamt ist verpflichtend. In der Regel kannst du dies auch online auf der Website deines zuständigen Bürgeramtes/Bürgerbüros erledigen. Ein Gewerbe ist jede erlaubte wirtschaftliche selbstständige Tätigkeit, die auf eigene Rechnung, eigene Verantwortung und auf eine gewisse Dauer mit Gewinnerzielungsabsicht betrieben wird. Kein Gewerbe ist die Urproduktion, die freiberufliche Tätigkeit und die Verwaltung bloßen Vermögens.

Geschäftsführeranstellungsvertrag: Willst du dir als Geschäftsführerin der Gesellschaft ein Gehalt auszahlen, muss nun ein Geschäftsführeranstellungsvertrag zwischen dir und der GmbH aufgesetzt werden. Jedoch bist du nicht dazu verpflichtet, dir ein Gehalt auszuzahlen. Solange du dir kein Gehalt auszahlen willst, benötigst du auch keinen Geschäftsführeranstellungsvertrag.

Die digitale Gründung: Inwiefern ist eine Gründung auch digital möglich? Die anwaltliche Beratung im Vorfeld der Gründung kann vollständig digital erfolgen. Seit Einführung des § 2 Abs. 3 GmbHG ist es unter bestimmten Voraussetzungen (technische Gegebenheiten und Gewissheit über Identität) auch möglich, die notarielle Beurkundung des Gesellschaftsvertrags einer Kapitalgesellschaft mittels Videodokumentation durchzuführen.

Mit unserer Plattform *digitale-gruendung.de* haben wir den gesamten Gründungsprozess weitestgehend digitalisiert und vereinfacht.

Dir als Leserin dieses Buches gewähren wir 10 Prozent Rabatt auf die Gründungspakete unserer Plattform. Nutze dafür den Code **wir-gruenden10** auf *digitale-gruendung.de/ jetzt-gruenden*.

Unser Team berät dich außerdem gerne zu Themen wie Gründung, Investitionen, Finanzierung, Datenschutz, Markenrecht, Arbeitsrecht und IT-Recht. Auf unserer Webseite findest du spannende und maßgeschneiderte Pakete zum Thema Gründung, Datenschutz, E-Commerce und günstige Stundenkontingente zur anwaltlichen, steuerlichen Beratung und Markenrecht.

Apropos, wofür benötigst du eigentlich Markenrecht?

6.2 Schütze das geistige Eigentum

Zu geistigem Eigentum zählen immaterielle Güter, die durch ihre Einzigartigkeit als schützenswert gelten. In unserer zunehmend digitalen und vernetzten Welt wird viel nachgeahmt und kopiert. Durch das Schützen des geistigen Eigentums hast du den alleinigen Nutzungsanspruch und kannst damit den Wert und die Exklusivität des geistigen Eigentums bewahren. So sicherst du dir Wettbewerbsvorteile. Gerade wenn es um Patente geht, ist Eile geboten: Wenn du also eine bahnbrechende neue Technologie entwickelst, solltest du dich frühzeitig mit der Eintragung deiner Erfindungen beschäftigen, damit dir niemand zuvorkommt. Für das Gewinnen von Investorinnen und Investoren kann die offizielle Eintragung des geistigen Eigentums hilfreich sein.

Hier sind die gängigen Typen von geistigem Eigentum, die registriert werden können:

Marken werden geschützt durch die Eintragung von Namen, Logo, Slogan oder einem anderen Identifikationszeichen, das Produkte oder Dienstleistungen von anderen unterscheidet. Eine Marke kann beim jeweiligen Markenamt angemeldet werden, zum Beispiel beim Deutschen Patent- und Markenamt (DPMA) in Deutschland oder dem Amt der Europäischen Union für geistiges Eigentum (EUIPO) für EU-weiten Schutz. Der Schutzzeitraum ist theoretisch unbegrenzt, muss aber alle 10 Jahre erneuert werden.

Patente sind technische Erfindungen und Innovationen, die neu, erfinderisch und industriell anwendbar sind. Ein Patent wird beim DPMA oder der europäischen Patentorganisation (EPA) beantragt. Der Schutzzeitraum beträgt 20 Jahre.

Ein **Gebrauchsmuster** ist auch ein Schutzrecht für technische Erfindungen und wird oft als »kleines Patent« bezeichnet. Es bietet einen ähnlichen Schutz wie ein Patent, der Anmeldeprozess gestaltet sich jedoch schneller und kostengünstiger, da kein umfassendes Prüfungsverfahren nötig ist. Der Schutzzeitraum ist mit maximal zehn Jahren kürzer als der eines Patents.

Ein **Geschmacksmuster** schützt ein Design, also das ästhetische Erscheinungsbild eines Produkts, wie Form, Muster oder Farben. Die Anmeldung erfolgt beim DPMA oder bei internationalen Designs über das Haager System. Das Geschmacksmuster kann bis zu 25 Jahre geschützt werden, muss aber alle 5 Jahre verlängert werden.

Das **Urheberrecht** wollen wir an dieser Stelle auch noch kurz erwähnen, es muss jedoch in Deutschland nicht registriert werden. Kunstwerke, literarische Werke, Musik, Filme, Software sind automatisch ab der Erschaffung durch das Urheberrecht geschützt.[1]

Das Eintragen dieser Schutzrechte bietet einen rechtlich verbindlichen Schutz und kann bei Rechtsverletzungen als Grundlage für Schadenersatzansprüche genutzt werden. Wer die richtigen Schritte zum Schutz seines geistigen Eigentums einleitet, kann nachhaltige Wettbewerbsvorteile aufbauen und den Wert seines Unternehmens langfristig steigern.

Hier kann dir ebenfalls die digitale Gründung helfen: *digitalegruendung.de*

6.3 Steuern sind nicht dein Endgegner!

Steuern sind Teil des Spiels. Sie sind ein zentrales Element in unserem Staatssystem, das viele öffentliche Leistungen wie Bildung, Infrastruktur und Sozialleistungen finanziert. Sie sind essenziell für unsere Gesellschaft, da sie soziale Gerechtigkeit fördern. Für dich als Unternehmerin ist es entscheidend, Steuern, Fristen und steuerliche Anforderungen im Blick zu haben, um gesetzeskonform zu handeln und finanzielle Risiken in Form von Strafzahlungen zu minimieren. Wenn du Steuern und laufende Kosten im Griff hast, kannst du dich uneingeschränkt auf das Wachstum deines Unternehmens konzentrieren.

Hier ist eine hilfreiche Anleitung für dich, die dir zeigt, was es alles für die steuerlichen Anforderungen deiner Gründung bedarf.

- Steuerliche Erfassung:
Ilka hat es bereits angesprochen: Es ist wichtig, dass du dein Unternehmen jetzt beim zuständigen Finanzamt anmeldest. Dazu musst du den Fragebogen zur steuerlichen Erfassung ausfüllen. Wenn du dabei Unterstützung benötigst, kannst du dich gerne an eine Steuerberatung wenden. Nach der Anmeldung wird das Finanzamt dir die Steuernummer mitteilen.

- Buchführung:

  – Wenn du als Einzelunternehmerin tätig bist und die geltenden Umsatzgrenzen nicht überschreitest, kannst du die Einnahmen-Überschuss-Rechnung EÜR verwenden. Halte alle Einnahmen und Ausgaben ordentlich fest.

  – Für Kapitalgesellschaften (etwa GmbH, UG) ist die doppelte Buchführung Pflicht. Hierbei solltest du alle Geschäftsvorfälle systematisch dokumentieren.

- Umsatzsteuer und Einkommenssteuer:
Wenn dein Umsatz die Kleinunternehmergrenze überschreitet, bist du verpflichtet, regelmäßig (monatlich oder vierteljährlich) Umsatzsteuervoranmeldungen beim Finanzamt einzureichen. Überlege dir, ob du die Kleinunternehmerregelung nutzen möchtest. Mit dieser Regelung musst du keine Umsatzsteuer auf deinen Rechnungen ausweisen, solange deine Umsätze unter bestimmten Grenzen bleiben. Als Selbstständige musst du zudem deine Einkünfte in deiner Einkommensteuererklärung angeben.

- Wenn du ein Gewerbe anmeldest, kann auch Gewerbesteuer anfallen. Informiere dich bei deinem Finanzamt, ob und in welcher Höhe diese fällig wird.

- Erkundige dich über die Fristen für die Abgabe von Steuererklärungen und Voranmeldungen, um rechtliche Konsequenzen zu vermeiden.

- Ziehe in Betracht, eine*n Steuerberater*in hinzuzuziehen, um sicherzustellen, dass du alle Anforderungen korrekt erfüllst und steuerliche Vorteile nutzt.

- Achte darauf, alle Belege, Rechnungen und Dokumente mindestens zehn Jahre lang aufzubewahren, um sie bei Bedarf vorlegen zu können.

- Nutze Tools und Software für deine Buchhaltung, die dir hilft, deine Finanzen zu verwalten und die Anforderungen der Steuererklärungen zu erfüllen.

Steuersätze für deutsche Gesellschaftsformen:

- Einzelunternehmen:

  - Der Gewinn wird als persönliches Einkommen besteuert. Die Einkommensteuer in Deutschland ist progressiv und liegt zwischen 14 % und 45 %, abhängig von deinem Einkommen.

- Gesellschaft mit beschränkter Haftung (GmbH):

  - Der Gewinn wird mit 15 % besteuert.

  - Zusätzlich fällt auf den Gewinn eine Gewerbesteuer an, deren Satz je nach Gemeinde variiert, aber im Durchschnitt bei etwa 14 % bis 17 % liegt. Die tatsächliche Belastung kann also höher sein, wenn man die Gewerbesteuer einberechnet.

- Unternehmergesellschaft (UG):

  - Wie bei der GmbH beträgt die Körperschaftsteuer 15 %.

  - Auch hier wird die Gewerbesteuer erhoben, die je nach Standort zwischen 14 % und 17 % liegt.

- Aktiengesellschaft (AG):

  - Auch in diesem Fall gilt die Körperschaftsteuer von 15 %.

  - Die Gewerbesteuer wird ebenfalls angewendet, mit denselben Sätzen wie bei der GmbH und UG.

Zusammengefasst können die Steuerbelastungen je nach gewählter Rechtsform und Standort variieren, sodass es sinnvoll ist, sich im Vorfeld genau zu informieren und gegebenenfalls professionelle Beratung in Anspruch zu nehmen, um die steuerlichen Auswirkungen zu verstehen und zu planen. Informiere dich gründlich bei deiner Steuerberatung oder nutze das Angebot von *Digitale Gründung.*

»Ihr Spaßbremsen!«, denkt die ein oder andere jetzt vielleicht. Fair. Steuern sind erst einmal nicht das unterhaltsamste Thema, aber mit diesem Wissen wirst du die steuerlichen Aspekte deiner Gründung im Griff behalten. Wenn du dich regelmäßig über Änderungen in der Gesetzgebung informierst, den Überblick bewahrst und dich an die Fristen hältst, verlieren die Steuern rasant ihren Gruselfaktor.

#bureaucracychallenge

Bürokratische Hürden kennt jeder! Gemeinsam profitiert ihr von kollektiver Intelligenz und unterstützt einander, die Hürden zu meistern.

Erstelle einen Beitrag auf LinkedIn oder Instagram, in dem du über eine rechtliche Hürde sprichst, die du während deiner Gründung überwinden musstest. Sei es die Wahl der richtigen Rechtsform, das Einholen von Genehmigungen oder die Erstellung von Verträgen. Teile mit deinen Followern, wie du diese Herausforderung gemeistert hast und welche Ressourcen oder Strategien dir dabei geholfen haben.

Teile deine 3 Geheimtipps mit deiner Community, die alle kennen sollten. Frage deine Follower, ob sie ähnliche Herausforderungen erlebt haben und wie sie damit umgegangen sind. So förderst du den Austausch und das Lernen in der Community!

Tagge @wir.gruenden in deinem Beitrag, um deine Erfahrungen sichtbar zu machen. Wir freuen uns, deinen Beitrag zu teilen und die Diskussion anzuregen!

Teil III

DU ZÜNDEST DIE RAKETE
UND HEBST AB

7 Dein Weg zur Finanzierung

Herzlichen Glückwunsch! Du hast deine inspirierende Idee entwickelt und die passende Unternehmensform gewählt. Das sind großartige erste Schritte. Nun folgt dein Weg zur Finanzierung! Du beginnst dieses Kapitel mit einem Überblick über die eigenen Finanzen. Im Anschluss werden verschiedene Finanzierungsarten vorgestellt. Je nachdem, in welcher Unternehmensphase du dich befindest und welches Ziel du verfolgst, wirst du erkennen, welche Form der Finanzierung für dich geeignet ist.

Danach widmen wir uns dem Businessplan sowie dem Pitch Deck, die wesentliche Werkzeuge zur Darstellung und Kommunikation der Geschäftsidee sind und potenziellen Investorinnen und Investoren oder Partner*innen Einblick in die Finanzplanung und das Wachstumspotenzial geben.

7.1 Behalte den finanziellen Durchblick

Finanzthemen können einschüchternd über uns thronen, wenn der Durchblick fehlt. Sie wirken oft so komplex und scheinen wie ein unerreichbarer Expertenbereich, zu dem nur ausgewählte Personen Zutritt erhalten. Sie können auch Stressauslöser sein aufgrund von schlechten Erfahrungen aus der Vergangenheit. Die meisten Menschen erfahren außerdem sehr wenig Finanzbildung in ihrem Leben, weshalb Unsicherheiten nur verständlich sind. Was dagegen hilft? Die Auseinandersetzung mit den Themen und dem Wissensaufbau. Keine Sorge, in den Expertenbereich einzutreten, das gelingt dir auch. Verschaffe dir von Anfang an einen Überblick über deine Finanzen. So kannst du, auch wenn es zeitweise eng wird, proaktiv handeln und Lösungen finden, bevor es zu spät ist. Nimm dir also die Zeit, um deine Finanzen sorgfältig zu planen und zu analysieren – das wird dir helfen, nicht nur kurzfristig, sondern auch langfristig auf dem richtigen Kurs zu bleiben. Lass uns mit deinen Einnahmen, Ausgaben und Opportunitätskosten starten.

Erstelle eine Übersicht deiner monatlichen Mindestkosten. Das hilft dir, einen Überblick über deine laufenden Kosten zu bekommen und eine realistische Vorstellung davon zu haben, wie viel Einkommen du benötigst, um finanziell abgesichert zu sein.

Schritt 1: Erstelle eine Liste deiner aktuellen monatlichen Ausgaben.

Wohnen		Kleidung, Gesundheit		
Essen		Hobbys, Freizeit, Kultur		
Mobilität				
Versicherungen		Telefon, Internet, Rundfunk		
Urlaub		Sonstiges		

monatliche Ausgaben in €

Schritt 2: Notiere alle Kosten, die in der Gründungsphase auf dich zukommen. Diese können je nach Geschäftstyp stark variieren. Erstelle eine Liste der Einstiegskosten für die Gründung![1]

Arbeits- und Produktionsmaterialien

Räume: IT + Elektroinstallation,
Innenausstattung, Büromöbel,
Gesundheitsschutz und Sicherheit

Technik und IT-Ausrüstung

Fahrzeuge

Lagerausstattung

Branding: Logo und Markenauftritt

Website: Design + Erstellung + Domainkauf

Werbung + Marketing zum Unternehmensstart

Rechtsberatung zur Gründung für Verträge,
Lizenzen, Genehmigungen

einmalige Unternehmensausgaben in €

Schritt 3: Um langfristig erfolgreich zu sein, musst du die wiederkehrenden Ausgaben im Auge behalten. Erstelle eine Übersicht deiner laufenden geschäftlichen Kosten und Ausgaben für die nächsten 12 Monate.[2]

Grundversorgung: Miete, Telefon, Internet, Strom, Wasser

Versicherungen, Genehmigungen, Lizenzen

Temporäre Fremdarbeiten und Dienstleistende

Marketing und Werbung

Websitehosting, IT-Pflege, Software

Darlehensrückzahlung

Rohstoffe für Produkte

Löhne

Verbrauchsmaterialien

monatliche Unternehmensausgaben in €

Wie viele Monate kämst du zurecht, wenn du ausschließlich von deinen Ersparnissen leben müsstest und keine Einnahmen hättest? Berechne deine aktuelle Cash-Burn-Rate: (Ersparnisse – Einstiegskosten) / monatliche Kosten (monatliche Lebenshaltungskosten + monatliche Unternehmensausgaben) = Anzahl Monate

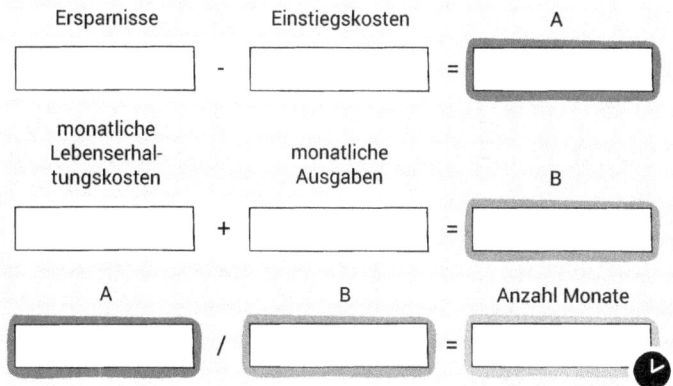

Nun ist es an der Zeit, deinen finanziellen Überblick zu schärfen und dir bewusst zu machen, wie sich deine Umsätze, Gewinne und dein Ertrag nach Steuern entwickeln werden. Du bekommst damit eine klare Vorstellung davon, wie dein Geschäft im aktuellen und im kommenden Jahr aussieht. So kannst du deine Fortschritte verfolgen und auch realistische Ziele setzen.

1. Umsatz in Euro: Trage ein, wie viel du in diesem Jahr und im nächsten Jahr voraussichtlich durch den Verkauf deiner Produkte oder Dienstleistungen einnehmen wirst.

2. Gewinn in Euro: Das ist der Betrag, der übrig bleibt, nachdem du alle Kosten abgezogen hast. Überlege, wie hoch dein Gewinn in diesem sowie im nächsten Jahr sein wird.

	Im aktuellen Jahr erreiche ich:	Im kommenden Jahr erreiche ich:
Umsatz in €		
Kosten in €		
Gewinn in €		

Tipp von Jessica: Fokussiere den »Ertrag nach Steuern«

Bei meinem ersten Schritt vom Angestelltenverhältnis ins Unternehmertum wurde mir schnell klar, dass Finanzen eine ganz andere Dimension von Relevanz bekommen. Plötzlich war ich nicht mehr nur für meine Arbeit verantwortlich, sondern musste auch die Kontrolle über Steuern, Cashflow und langfristige finanzielle Stabilität übernehmen. Und als Investorin sehe ich heute oft, dass genau in diesem Bereich viele Gründer*innen stolpern.

Ein Fehler, den ich immer wieder beobachte, ist, dass kein nachhaltiges Finanzsystem aufgebaut wird. Ein weiterer Punkt ist der Cashflow. Es ist leicht zu denken, dass alles in Ordnung ist, wenn du Aufträge erhältst. Aber wenn das Geld vielleicht erst Wochen später auf deinem Konto landet, kann dich das unter Druck setzen. Meine Empfehlung: Habe deine Finanzen im Blick und lege von Anfang an Rücklagen für Steuern und eine eiserne Reserve für unerwartete Kosten an. So bleibst du flexibel und gerätst nicht in finanzielle Engpässe.

Behalte außerdem im Hinterkopf, dass die Umsatzsteuer kein Geld ist, das du ausgeben kannst – es gehört dem Finanzamt. Denke nicht in Umsatz oder Gewinn, sondern in Ertrag nach Steuern. Das ist mein absolutes Learning nach 4 Jahren mit meiner GmbH. Der Ertrag nach Steuern ist dein tatsächlicher Gewinn nach Abzug von Steuern. Das ist demnach das Geld, das du tatsächlich zur Verfügung hast, sobald das Finanzamt die Steuern eingezogen hat. Die Steuern sind abhängig von deiner gewählten Rechtsform.

Wenn du jetzt erkannt hast, dass du deine Gründung nicht allein finanzieren kannst (was nebenbei bemerkt kein Grund zur Sorge ist!), ist es jetzt an der Zeit, die unterschiedlichen Finanzierungsmöglichkeiten abzuwägen.

7.2 Überprüfe deine Finanzierungsoptionen

Eine Gründung benötigt Kapital. Wie groß der Bedarf ist, hängt von verschiedenen Faktoren ab. Einerseits hat die Art des Unternehmens Einfluss darauf, wie viele Finanzmittel benötigt werden. Start-ups sind im Schnitt deutlich kapitalintensiver als andere Gründungen wie Einzelunternehmen oder Online-Business.

Laut dem KfW Entrepreneurship Monitor 2024 wurden 69 Prozent aller Gründungen im Jahr 2023 allein durch Eigenmittel finanziert. 21 Prozent der Gründenden griffen auf externe Finanzierungsquellen zurück. Und jede zehnte Gründung kam komplett ohne Finanzmittel aus. Bei Gründungen im Allgemeinen liegt der Finanzmitteleinsatz meist bei unter 10 000 Euro, wobei sich ein Trend abzeichnet, dass Gründungen immer kapitalintensiver werden.[3]

Werfen wir den Blick allein auf Start-ups, steigt auch hier der Kapitalbedarf generell an. Was sich deutlich unterscheidet, ist der externe Finanzmitteleinsatz. Fast die Hälfte der Start-ups hat 2023 Fördermittel in Anspruch genommen. 32 Prozent bekamen ein Business Angel Investment, 18,9 Prozent Venture Capital und 13,9 Prozent Kapital von strategischen Investorinnen und Investoren.[4]

Darüber hinaus beeinflusst die Branche den Kapitalbedarf. In kapitalintensiven Branchen wie Biotechnologie, Luft- und Raumfahrt oder Automobilindustrie sind besonders hohe Anfangsinvestitionen in Forschung, Entwicklung, Infrastruktur und Technologie nötig. Es kommt aber nicht nur auf deine Gründungsidee und die Branche an, wie viel Kapital du benötigst. Deine Wachstumsambitionen für dein Business haben ebenfalls Auswirkungen auf den Kapitalbedarf.

Kannst du dein Business aus eigenen Reserven finanzieren? Falls das nicht der Fall ist, bekommst du hier einen Blumenstrauß an Finanzierungsmöglichkeiten aufgezeigt. Wir geben dir unterschiedliche Ideen zur Kapitalbeschaffung mit ihren Vor- und Nachteilen an die Hand.

Es ist nicht immer notwendig, sofort nach Investorinnen und Investoren zu suchen und Anteile abzugeben. Viele Gründer*innen haben Erfolg, indem sie sich auf Bootstrapping oder staatliche Fördermittel konzentrieren. Andere wollen genau das Gegenteil: so früh wie möglich eine Person finden, die zum Unternehmen passt, sich finanziell beteiligt und gleichzeitig strategisch mitarbeitet. Wiederum sind andere sich sicher, dass sie die Finanzmittel zeitnah zurückzahlen können, und setzen deshalb am liebsten auf ein niedrig verzinstes Darlehen aus dem Bekanntenkreis.

Überlege, welche Finanzierungsstrategien am besten zu deiner Gründung passen. Auch eine Kombination ist möglich. Wir können drei Arten unterscheiden:

A: Du erhältst Geld geschenkt.

B: Du beziehst Geld und gibst eine Beteiligung am Unternehmen.

C: Du bekommst Geld geliehen und musst es später zurückzahlen.

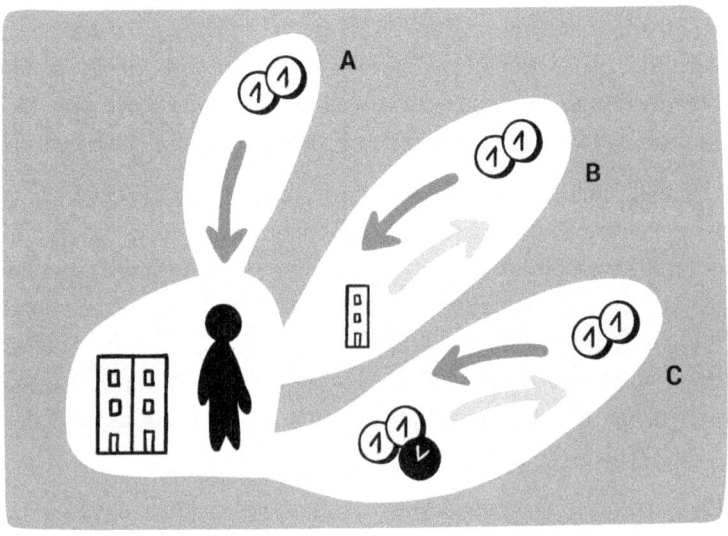

Darlehen von Familie oder Freundinnen und Freunden

Jede Person mit den nötigen finanziellen Reserven kann ein Darlehen gewähren. Familie und Freunde und Freundinnen sind eine häufige erste Anlaufstelle für Gründer*innen. Diese Art der Finanzierung bietet oft günstigere Konditionen, was den Tilgungsplan und Tilgungsdauer betrifft, und kann sogar zinsfrei sein. Es ist jedoch wichtig, die Risiken offen zu kommunizieren, da ein gescheitertes Geschäft auch persönliche Beziehungen belasten kann. Wie heißt es so schön:»Gute Freundschaft, strenge Rechnung!« Stelle sicher, dass alle Bedingungen klar und schriftlich festgehalten sind und dass sich alle Beteiligten aller Risiken bewusst sind. Auch bei Darlehen von Familie oder Freunden und Freundinnen sollte ein Vertrag mit allen relevanten Bedingungen ausgehandelt und unterzeichnet werden.

Bootstrapping

Der Begriff Bootstrapping leitet sich von einer englischen Redewendung ab:»to pull oneself up by one's bootstraps«.[5] Bootstraps sind die Stiefelschlaufen, an denen man sich folglich ohne fremde Hilfe hochziehen kann. Bootstrapping bedeutet demnach, dass du deine Geschäftsidee mit eigenen Mitteln und Möglichkeiten umsetzt. Sind nicht genug Ersparnisse vorhanden, kann die Neugründung mit einer anderen Tätigkeit querfinanziert werden. Bootstrapping ist besonders sinnvoll, wenn du in den Anfängen deines Unternehmens die volle Kontrolle behalten willst. Du triffst Entscheidungen allein, hältst die Ausgaben gering und verschuldest dich nicht. Das kann Freiheit und Flexibilität bringen! Allerdings kann das Wachstum etwas langsamer vonstattengehen und du übernimmst das gesamte Risiko für dein Business. Diese Option eignet sich besonders gut für Unternehmen, die mit geringeren Summen starten können, wie einem Online-Shop oder einer Beratungsdienstleistung.

Crowdfunding, Crowdlending

Beim Crowdfunding stellen viele einzelne Personen kleine Beträge bereit, um dein Projekt zu unterstützen. Crowdfunding ist auch eine spannende Möglichkeit, deine Idee auf der Plattform einer breiten Öffentlichkeit vorzustellen. Durch den Prozess kannst du Menschen begeistern, in deine Vision zu investieren, und gleichzeitig steigerst du die Bekanntheit deines Unternehmens. Viele Plattformen verfolgen ein Belohnungssystem. Die geldgebende Person bekommt als Belohnung für ihr Geld oft direkt ein Produkt des Unternehmens oder bestellt das Produkt vor. Diese Art der Finanzierung ist besonders gut geeignet für B2C- oder D2C-Projekte. Dazu kannst du Plattformen wie Kickstarter, Indiegogo, Startnext oder GoFundMe[6] nutzen. Alternativ gibt es eine andere Form des Crowdfundings, bei der die Geldgebenden eine Beteiligung am Unternehmen erhalten. Das kann beispielsweise über Companisto laufen. Wenn die Crowd hingegen Darlehen gewährt, spricht man von Crowdlending. Plattformen hierfür sind Auxmoney und Funding Circle.

Bankkredit

Bankkredite sind eine bewährte Möglichkeit, um größere Summen zu erhalten. Sie bieten dir Planungssicherheit mit festen Zinsen und Rückzahlungsfristen. Wählst du diese Finanzierungsform, behältst du die Unabhängigkeit bei der Unternehmensführung. Die Herausforderung liegt jedoch darin, dass Banken häufig einen bereits bewährten Businessplan oder andere Sicherheiten verlangen. Diese Art der Finanzierung eignet sich besonders für Unternehmen, die schon vorzeigbare Umsätze haben, über Bürgen verfügen oder einen Wert als Sicherheit einsetzen können. Sieh dir vor Abschluss eines Kreditvertrages auf jeden Fall ausführlich die Details zu den Konditionen und Rückzahlungsmodalitäten an. Eine typische Anlaufstelle für Wachstumskredite ist die KfW Förderbank.

Strategische Investorinnen und Investoren

Dies sind Personen oder Institutionen, die in Unternehmen investieren, um finanzielle Vorteile zu erzielen. Es gibt verschiedene

Gegenleistungen, die Geldgebende erhalten können: Unternehmensanteile und dadurch Rendite beim späteren Verkauf oder Zinsen bei Darlehen und zusätzlich gegebenenfalls Mitspracherecht, Gewinnbeteiligung (Dividende) oder eventbasierte Zahlungen. Normalerweise spricht man von Investorinnen und Investoren, wenn eine Person Unternehmensanteile für Geld bekommt. Es existiert aber auch häufig der Fall, dass Investorinnen und Investoren erst ein Darlehen gewähren und dieses zu einem späteren Zeitpunkt in Anteile umgewandelt wird. Diese Wandeldarlehen sind eine Mischform zwischen Eigen- und Fremdkapital und werden auch als Mezzanine-Kapital bezeichnet. Generell haben Investorinnen und Investoren hohe Erwartungen an Leistung und Wachstum und können großen Einfluss auf die strategischen Entscheidungen des Unternehmens nehmen. Es gibt zahlreiche Plattformen, die eine Übersicht über potenzielle Investorinnen und Investoren bieten, wie The Grow, Companisto oder *deutsche-startups. de*[7]. Es gibt auch einige female Plattformen, auf denen speziell Investorinnen und Gründerinnen zusammenfinden, wie Encourage Ventures und Femme Capital.

Venture Capitalists

Venture Capital bedeutet Risikokapital. Venture Capitalists (VCs) investieren meist große Summen in Start-ups, die stark wachsen, und erhalten dafür eine signifikante Menge an Unternehmensanteilen und nicht selten auch einen Sitz in der Geschäftsführung. Venture Capital ist ideal für Exit-getriebene Unternehmen. Das bedeutet, du möchtest dein Business schnell groß machen und dann verkaufen. Durch den späteren Verkauf des Unternehmens möchte der Kapitalgeber sein Geld vermehren. Der Druck, schnell profitabel zu werden, kann jedoch eine Herausforderung darstellen. Venture-Capital-Funds, die sich auf frauengeführte Unternehmen spezialisiert haben, sind beispielsweise Female Founders Fund und Auxxo Beteiligungen.

Business Angels

Business Angels sind meist wohlhabende Geschäftsleute mit einem persönlichen Interesse an der neuen Businessidee. Sie investieren nicht nur Geld, sondern bringen oft auch ihre Erfahrung und ihr Netzwerk ein. Diese Art der Unterstützung ist besonders wertvoll, wenn du neben Kapital auch eine*n Mentor*in suchst, um dein Unternehmen voranzubringen. Business Angels geben Kapital gegen eine Beteiligung am Unternehmen. Der Renditedruck ist bei Business Angels oft geringer als bei Venture Capitalists, da sie sich selbst in die strategischen Überlegungen einbringen. Das intensive Mitgestalten kann Vor- und Nachteil sein. Wenn du etwa ein innovatives Gesundheitsprodukt entwickelst, könnte ein Business Angel mit Erfahrungen in der Branche der ideale Partner sein. Wenn du dich auf die Suche nach Business Angels machst, wirst du auf Family-Offices und Business-Angel-Clubs stoßen. Dies sind Vermögensverwaltungseinheiten, die im Dienste der wohlhabenden Personen agieren. Oft läuft die Prüfung des Start-ups über sie, bevor ein direkter Kontakt zu der kapitalgebenden Person hergestellt wird.

Einstieg von Co-Gründenden oder Beteiligung von Mitarbeitenden

Mitwirkende können durch verschiedene Modelle eine Beteiligung am Unternehmen erhalten und Kapital einbringen. Diese Modelle schaffen Anreize, das Unternehmen bestmöglich voranzubringen, und ermöglichen die Eigenkapitalerhöhung ohne die Abhängigkeit von externen Investorinnen und Investoren.

Fördermittel, öffentliche Zuschüsse und Gründerwettbewerbe

Findest du staatliche Förderprogramme oder EU-Mittel, die für dein Business akquiriert werden können, ist das eine vielversprechende Möglichkeit, ein Darlehen zu günstigen Konditionen oder gar Kapital ohne jeglichen Rückzahlungszwang zu bekommen. Förderkredite aus öffentlichen Quellen bieten dir also meist bessere Konditionen als klassische Bankkredite. Der Nachteil ist oft der hohe bürokratische Aufwand, der mit der Beantragung einhergeht. Zu beachten sind auch die Vorgaben, wie das Geld verwendet werden muss.

Gründerwettbewerbe sind nicht nur eine Möglichkeit, Geld zu gewinnen, sondern können dir auch helfen, auf dich aufmerksam zu machen. Der Gewinn eines Wettbewerbs kann als Qualitätssiegel dienen und deine Glaubwürdigkeit stärken. Cornelia und Jessica haben hier bereits einige Erfahrungen gesammelt und können sagen: Der Aufwand für die Teilnahme an Wettbewerben ist nicht zu unterschätzen. Es lohnt sich dennoch, wenn du den für dich passenden Wettbewerb wählst. Es gibt diverse Plattformen, die eine Datenbank für Wettbewerbe bereitstellen, wie beispielsweise *fuer-gruender.de*.

Wenn deine Idee an einer Hochschule entstanden ist, könnten Gründerstipendien für dich interessant sein. Sie bieten finanzielle Unterstützung, um dir zu helfen, deine Idee in ein marktfähiges Produkt zu verwandeln, ohne dass du dafür zurückzahlen musst. Das ist eine großartige Möglichkeit für Studierende, die ihre ersten Schritte in die Selbstständigkeit wagen. Ein Beispiel dafür ist das EXIST-Gründerstipendium[8].

Bei der Suche nach passenden Förderprogrammen für dein Startup ist es wichtig, die verfügbaren Optionen genau zu kennen und zu verstehen, welche Programme für dich relevant und zugänglich sind. Es gibt zahlreiche Möglichkeiten, öffentliche Fördermittel zu beantragen, die dir beim Aufbau deines Unternehmens helfen können.

Um die richtigen Informationen zu finden, könntest du folgende Schritte unternehmen:

1. Nimm dir die Zeit, gründlich zu recherchieren, welche Förderprogramme in deiner Region verfügbar sind. Über Plattformen wie *gruenderplattform.de* kannst du eine umfassende

Übersicht über regionale Fördermöglichkeiten erhalten. Diese Webseite bietet gezielte Informationen für Gründer und zeigt, welche Fördermittel in deinem Bundesland zur Verfügung stehen. Viele Förderprogramme haben eigene Webseiten, die detaillierte Informationen zu den Voraussetzungen und Antragsverfahren bieten.

2. Es gibt diverse Organisationen und Institutionen, die dir bei der Beantragung von Fördermitteln helfen können. Dazu gehören Industrie- und Handelskammern (IHK), Handwerkskammern sowie lokale Gründerzentren. Diese Stellen bieten oft kostenlose Beratung an und können dir helfen, die für dich passenden Programme zu finden und die Antragsverfahren zu überblicken.

3. Schließe dich Gründer-Communitys oder Netzwerken an, um von den Erfahrungen anderer Unternehmerinnen und Unternehmer zu lernen. Oftmals haben diese bereits erfolgreich Fördermittel beantragt und können wertvolle Tipps geben.

Jede dieser Finanzierungsformen hat ihre eigenen Vor- und Nachteile. Überlege dir, welche am besten zu deinem Geschäftsmodell passt und welche deinen Bedürfnissen und Zielen am ehesten entspricht!

Nun zu dir: Was wünschst du dir neben Kapital?

- Mentoring
- strategische Mitarbeit
- Netzwerk
- Aufmerksamkeit für das Unternehmen
- Coaching
- starkes Wachstum
- Arbeitskraft

Welche der zuvor angeführten Finanzierungswege passt am besten zu deinem Unternehmen und warum?

_____

_____

_____

_____

_____

Warum denkst du, dass diese Option gut zu dir passt?

_____

_____

_____

_____

_____

Cornelias Erfahrung bei der Investorensuche

Falls du strategische Investorinnen und Investoren, Venture Capitalists oder Business Angels an Bord holen möchtest, ist es ratsam, Unterstützung von einer Person zu suchen, die mit dem Prozess vertraut ist und dich coachen kann. Um unsere Arbeitskraft effektiv aufzuteilen, hatte sich in unserem Startup nur eine Person um die Aufgabe der Finanzmittelbeschaffung gekümmert. Aufgrund des plötzlichen Ausstiegs dieser Person bin ich daraufhin recht unvorbereitet in die Investorengespräche hereingerutscht. Für mich war es, als würde in diesen Treffen eine mir fremde Sprache gesprochen werden. In den ersten Terminen immer wieder nachfragen zu müssen, was welcher Begriff bedeutet, war äußerst peinlich. Gleichzeitig war ich zutiefst beeindruckt, mit welcher scharfen Auffassungsgabe und in welcher Geschwindigkeit Fondsmanager in der Lage sind, die Gründerpersönlichkeiten und die Teamzusammenstellung zu analysieren und sich ein detailreiches Bild vom Unternehmen zu machen. Mit Business Angels und Privatinvestor*innen verliefen die Gespräche entspannter und persönlicher, aber auch diese prüfen dein Unternehmen verständlicherweise eingehend. Aus eigener Erfahrung weiß ich: von Beginn der Suche bis hin zum unterschriebenen Vertrag kann sehr viel Zeit vergehen. Starte deshalb früh mit der Suche und unterschätze nicht den Aufwand, der damit einhergeht. Das Gleiche gilt für die Suche nach passenden Fördermitteln und deren Beantragung.

Jessicas Perspektive als Investorin

Bevor du dich entschließt, ob du Investorengelder in deinem Unternehmen aufnehmen möchtest, durchdenke deine Erwartungen an die Investierenden genau. Diese Entscheidung ist nicht zu unterschätzen, denn sie bedeutet eine enge und potenziell intensive Zusammenarbeit und die Erwartung an einen verantwortungsvollen Umgang mit diesen Geldern. Du gibst möglicherweise Anteile deines Unternehmens ab und gehst Verpflichtungen ein. Deshalb sollte keine übereilte Entscheidung getroffen werden.

In meiner eigenen Reise als Investorin habe ich bereits in Start-ups investiert, die beeindruckende Erfolge erzielt haben, aber ich habe auch Verluste hinnehmen müssen. Und genau das ist die Realität im Start-up-Bereich – Risiken sind allgegenwärtig. Doch ich glaube fest daran, dass mit einem soliden Businessplan, einem kompetenten Team und einer guten zwischenmenschlichen Beziehung zwischen Start-up und Investorinnen und Investoren immer Wege gefunden werden können, um gemeinsam zu wachsen.

Einmal zu scheitern, ist absolut kein Problem – es gehört einfach dazu. Was jedoch nicht passieren sollte, ist, unvorbereitet auf

Suche nach der passenden Finanzierung zu gehen. Vertraue bei der Wahl der Investorinnen und Investoren auf dein Bauchgefühl und denke daran, dass diese Zusammenarbeit später auf Augenhöhe stattfindet. Erzwinge nichts; erinnere dich an den Grundsatz: Was nicht einfach geht, geht einfach nicht. Wenn du keine Investorinnen und Investoren findest, die einsteigen wollen, nimm dir die Begründungen zu Herzen, arbeite daran und anschließend probierst du es einfach erneut!

Und das Beste daran? Betrachte es als spannendes Abenteuer! Die Herausforderung besteht darin, herauszufinden, wie du nicht nur deine Träume verwirklichen kannst, sondern auch ein gesundes, blühendes Unternehmen aufbaust. Lass dich von der Reise mitreißen und entdecke, welche Möglichkeiten sich dir bieten, wenn du deinen Weg mit Leidenschaft und Entschlossenheit verfolgst!

7.3 Erstelle deinen Businessplan

Dein Businessplan ist ein fundamentales Werkzeug zu Beginn deiner Gründung. Er hilft dir zu entscheiden, ob deine Idee finanziell tragfähig ist und ob sie potenzielle Investorinnen und Investoren überzeugen kann. Diesen solltest du auch erstellen, wenn du nicht auf der Suche nach externer Finanzierung bist. Hier definierst du für dich selbst schwarz auf weiß, was du mit deinem Business erreichen möchtest. Darin erklärst du, warum du bestimmte Entscheidungen getroffen hast, und untermauerst deine Argumente mit Daten und Marktforschung. Vergiss nicht, eine solide Finanzplanung einzufügen. Diese sollte auf den Einnahmequellen und Kosten basieren, die du bereits im Canvas skizziert hast – dazu gehören Umsatzprognosen, eine Break-even-Analyse und dein Finanzierungsbedarf.

Mit dem Business Model Canvas hast du bereits in Kapitel 4 eine erste Grundlage für deinen Businessplan geschaffen. Da der Businessplan jedoch sehr umfangreich ist und auch komplexe Fragen beinhaltet, können wir dich im Buch nicht durch alle Aufgaben führen. Wir geben dir aber einen Überblick über die wichtigsten Inhalte und Empfehlungen, auf die du besonders achten solltest.

Für die Erstellung deines Businessplans empfiehlt es sich, ein digitales Tool mit integrierter Rechenfunktion zu nutzen. Wir empfehlen dir die Gründerplattform. Dort wirst du Schritt für Schritt durch den Prozess geführt, erhältst zusätzliche Informationen und kannst dich bei Bedarf an Ansprechpartner*innen der Plattform wenden.

gruenderplattform.de/businessplan

Lege außerdem konkrete Schritte und Zeitrahmen fest, um deine Vision zu verwirklichen. Die Meilensteine deines Unternehmens sind entscheidend, damit du den Fortschritt deiner strategischen Ziele messen und den Erfolg sichern kannst. Definiere die wichtigsten Meilensteine für die kommenden Jahre und ordne ihnen klare Zeitpunkte zu.

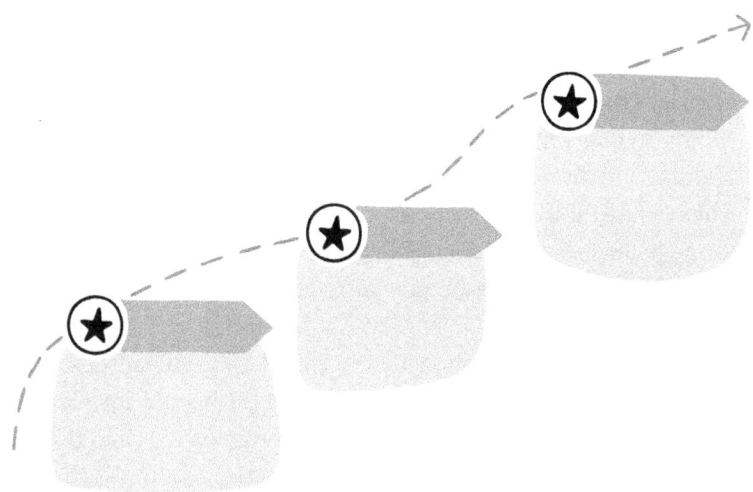

Sobald du ihn erstellt hast, überprüfe folgende Fragen:

- Zeigt dein Businessplan, dass deine Idee wirtschaftlich tragfähig ist?
- Sind deine Annahmen im Businessplan realistisch und gut belegt?
- Bist du weiterhin überzeugt von deiner Idee?
- Kannst du mit dem Businessplan Investorinnen und Investoren überzeugen?

Bevor du deinen Businessplan versendest, ist es wichtig, Feedback von erfahrenen Unternehmerinnen einzuholen. Ihre Rückmeldungen können dir helfen, blinde Flecken zu identifizieren und deinen Plan weiter zu optimieren.

Madeleine Adam: Worauf Investorinnen und Investoren im Businessplan besonders achten

Foto: Manuela Meyer

Madeleine Adam ist als Investment Managerin bei der Saarländischen Wagnisfinanzierungsgesellschaft mbH und Saarländischen Investitionskreditbank AG tätig und hat umfassende Erfahrung im Bereich Venture Capital. Die SWG bietet Start-ups Beteiligungen und Nachrangdarlehen. Madeleine ist spezialisiert auf die Suche, Auswahl und strategische Betreuung von Start-ups im Bereich Innovation, Digitalisierung und DeepTech. Sie verantwortet außerdem Due-Diligence-Prüfungen, Unternehmensbewertungen, das Erstellen von Term Sheets und Beteiligungsverträgen und betreut Restrukturierungs-, Transaktions- und Exit-Szenarien.

sikb.de

Als Investment Managerin bei der SWG/SIKB mit langjähriger Erfahrung in der Begleitung von Start-ups im Venture-Capital-Bereich sehe ich viele Businesspläne. Während einige Ideen sofort begeistern, scheitern andere an grundlegenden Fehlern, die leicht vermeidbar wären. In meinem Beitrag möchte ich euch zeigen, worauf es wirklich ankommt und wie ihr euren Businessplan so gestaltet, dass er das Interesse von Investorinnen und Investoren weckt.

Praxisnahe Tipps und Anleitungen

Ein Businessplan ist mehr als nur ein formales Dokument. Du solltest deinen Businessplan unbedingt selbst anfertigen, da du beim Verfassen schnell bemerken wirst, wo die Schwächen in der Umsetzung deines Vorhabens liegen könnten. Dazu ist ein Businessplan das beste Kontrollinstrument. Er ist ein Fahrplan und das entscheidende Werkzeug, mit dem du Investorinnen und Investoren überzeugst. Hier sind die wesentlichen Elemente, auf die du achten solltest:

1. *Eindeutiges Marktverständnis und Skalierbarkeit*

Warum das wichtig ist: Investorinnen und Investoren suchen nach Start-ups mit großem Marktpotenzial. Zeige transparent auf, welches Problem du für welche Zielgruppe löst und wie groß der Markt insgesamt ist. Am besten gelingt das durch aussagekräftige Daten, Studien oder durch Praxisbeispiele.

Tipp: Stelle sicher, dass deine Marktanalyse nicht zu theoretisch bleibt. Lege dar, wie du mit deinem Produkt oder eurer Dienstleistung im Markt punkten kannst, und weise nach, warum euer Geschäftsmodell skalierbar ist.

2. *Das Team im Fokus*

Warum das wichtig ist: Viele Investorinnen und Investoren sagen: »Wir investieren in Menschen, nicht in Ideen.« Ein starkes Team kann selbst in schwierigen Situationen kreative Lösungen finden. Dein Abschnitt über das Gründerteam sollte deshalb nicht nur die Erfahrung und Fachkompetenz hervorheben, sondern auch die persönliche Motivation, die euch antreibt.

Tipp: Nutze diesen Teil, um die Geschichte hinter eurem Start-up zu erzählen: Wie seid ihr zusammengekommen? Was macht euch aus? Gib den Adressaten das Gefühl, dass sie auf die Menschen hinter dem Plan setzen können.

3. *Finanzplanung und Kapitalbedarf*

Warum das wichtig ist: Dein Businessplan muss eine klare Finanzstrategie beinhalten, die aufzeigt, wie du die Mittel einsetzen wirst und wann du rentabel wirst. Viele Pläne scheitern daran, weil die finanziellen Annahmen entweder zu optimistisch oder unrealistisch sind.

Tipp: Nutze den Finanzteil, um eine detaillierte Aufstellung deiner Einnahmen, Ausgaben und des Kapitalbedarfs zu geben. Mach auch bekannt, wie du dein Wachstum finanziell planst. Ein gut durchdachter Finanzplan, der potenzielle Risiken nicht verschweigt, macht dich glaubwürdig.

Ich weiß, dass das Schreiben eines Businessplans oft wenig Freude bereitet, viel Zeit kostet und manchen überflüssig oder gar veraltet erscheint. Doch glaube mir: Sobald du dir einmal die Mühe gemacht hast, einen Businessplan für dein Unternehmen zu erstellen, wirst du feststellen, dass sich dein gesamtes Geschäftsmodell verbessert. Natürlich ist uns bewusst, dass Businesspläne in der Realität oft nicht zu 100 Prozent eingehalten werden und sich manchmal anfühlen, als würde man in eine Glaskugel blicken – vorwiegend in einem so dynamischen Umfeld wie dem Start-up-Ökosystem, das sich ständig verändert. Genau deshalb sind wir als Investorinnen und Investoren darauf vorbereitet, dass sich die Rahmenbedingungen ändern können. Worum es jedoch wirklich geht, ist, ein schlüssiges Konzept zu entwickeln, das in sich stimmig ist und aufzeigt, dass ihr eure Vision strategisch durchdacht habt.

Ein überzeugender Businessplan muss diese Vision und Strategie deines Unternehmens so darstellen, dass sie sofort greifbar werden. Achte darauf, die Investorinnen und Investoren sowie Partnerschaften zu betrachten und zu zeigen, warum du die richtige Person bist, um dein Unternehmen erfolgreich zu führen. Ein guter Plan ist keine Garantie für ein Investment, aber er ist der erste Schritt, um aus einer Idee Realität werden zu lassen. Wenn du deinen Businessplan erstellst, stelle sicher, dass er von einem erfahrenen Mentor oder einer Mentorin überprüft wird.

Nachdem du nun verstanden hast, worauf Investorinnen und Investoren in einem Businessplan besonders achten, ist es wichtig, den nächsten Schritt zu gehen: den Pitch deiner Gründungsidee.

7.4 Pitche deine Gründungsidee

Zusätzlich zu dem Businessplan wird häufig ein Pitch Deck benötigt. Dies dient als visuelle Kurzfassung deines Unternehmenskonzeptes und sollte die wichtigsten Aspekte auf prägnante und ansprechende Weise präsentieren. Hier sind einige wichtige Elemente, die dein Pitch Deck enthalten sollte.

1. **Let's get it started:** Der Anfang muss »knallen«. Beginne mit einer fesselnden Eröffnung, die dein Publikum anspricht. Stelle dich und dein Unternehmen kurz vor.

2. **Problemstellung:** Erkläre, welches spezifische Problem du mit deiner Geschäftsidee lösen möchtest. Verdeutliche, warum dieses Problem relevant ist und wer davon betroffen ist.

3. **Lösung:** Beschreibe deine Produkt- oder Dienstleistungslösung. Erkläre einleuchtend und überzeugend, wie deine Lösung das identifizierte Problem angeht und welche Vorteile sie bietet.

4. **Marktanalyse:** Gib einen Überblick über deinen Zielmarkt. Zeige Daten und Trends auf, die die Nachfrage nach deiner Lösung untermauern, und identifiziere deine Hauptkonkurrenten.

5. **Businessmodell:** Erkläre, wie du mit deinem Unternehmen Geld verdienen möchtest. Dies kann verschiedene Einnahmequellen, Preisstrategien und Vertriebskanäle umfassen.

6. **Finanzprognosen:** Stelle eine Übersicht über deine finanziellen Erwartungen für die nächsten Jahre vor. Dazu gehören Umsatzprognosen, Ausgaben und potenzielle Gewinne.

7. **Team:** Präsentiere dein Team und hebe die wichtigsten Fähigkeiten und Erfahrungen der Teammitglieder hervor, die für den Erfolg deines Unternehmens entscheidend sind.

8. **Wunsch:** Erkläre, wie viel Kapital du benötigst und wofür du es verwenden möchtest. Dies gibt potenziellen Investorinnen und Investoren ein klares Bild davon, wie sie dich unterstützen können. Vielleicht pitchst du auch aus einem anderen Grund, wie dem Wunsch nach einer Kooperation. Dann kannst du an dieser Stelle deine Vorstellungen dazu formulieren.

9. **Last, but not least:** Fasse die wichtigsten Punkte zusammen und lade dein Publikum ein, Fragen zu stellen oder in einen Dialog zu treten.

Hinweis: Bei Präsentationen ist es entscheidend, die Phasen gezielt für sich zu nutzen, in denen die Aufmerksamkeit des Publikums am höchsten ist. Studien zeigen, dass das Publikum zu Beginn und am Ende einer Präsentation am aufmerksamsten ist. Beginne deine Präsentation mit einer fesselnden Eröffnung. Dies könnte eine interessante Anekdote, eine überraschende Statistik oder eine rhetorische Frage sein, die das Publikum direkt anspricht. Ziel ist es, sofortiges Interesse zu wecken und die Zuhörer emotional zu involvieren. Stelle sicher, dass deine wichtigsten Informationen und Kernbotschaften zu Beginn und am Ende deiner Präsentation deutlich hervorgehoben werden.

Präsentiere deine Businessidee mit deinem Pitch Deck einer anderen Person. Überprüfe dadurch, wo noch Verbesserungspotenzial zu finden ist. Bitte deine Testperson, deine Idee nach der Präsentation zusammenzufassen. Daran merkst du, ob die wichtigsten Punkte verstanden wurden.

Carolin Ackermann: Weniger ist mehr – das perfekte Pitch Deck

Carolin Ackermann ist die Gründerin und CEO von SEAWATER Cubes, einer Deeptech-Start-up-Ausgründung der htw saar, welche Kreislauftechnologie für die klimaangepasste Fischversorgung entwickelt. Die studierte Betriebswirtin mit Schwerpunkt im Marketing setzt sich mit Mut und Durchhaltevermögen für die Transformation der Landwirtschaftsbranche ein und engagiert sich ehrenamtlich für Start-ups und Unternehmertum.

Foto: SEAWATER Cubes GmbH

seawatercubes.de

Ein perfektes Pitch Deck zu erstellen, ist höchst anspruchsvoll. Es muss zugleich reduziert und auf den ersten Blick verständlich sein, andererseits soll es alle relevanten Fakten zu deiner Idee und dem Geschäftsmodell liefern, emotional ansprechen und eine Verbindung schaffen. Wenn du also mehrere Stunden an einer Folie bastelst, die Inhalte von einer Ecke in die andere schiebst und langsam verzweifelst … dann bist du auf dem richtigen Weg! Das perfekte Pitch Deck benötigt Zeit zum Reifen.

In meinem Start-up gab es in den letzten 6 Jahren vier stark unterschiedliche Pitch-Deck-Versionen. Angefangen mit einem recht simplen Pitch Deck, welches im Rahmen eines Gründungs-Bootcamps entstand und sich am klassischen 10-Standardfolien-Konzept orientierte, hin zu einem sehr ausführlichen Deck mit viel Text und Grafik über ein geändertes Foliendesign hin zu unserem jetzigen Deck, das wir für unsere letzte Series-A-Finanzierung nutzten. Die aktuelle Version kommt farbenfroh mit vielen Bildern daher, ist aber sonst stark reduziert. Und ich kann dir nur sagen, dieses »Weniger ist mehr« fühlt sich unglaublich professionell an. Und ein gutes Gefühl ist wichtig für einen selbstbewussten Auftritt! Außerdem schafft Klarheit im Außen auch Klarheit in deinem Inneren. Die Folien sind also ein Spiegelbild des mehr oder weniger vorhandenen Chaos in deinem Kopf.

Erstelle die Folien selbst. Dies geht entweder mit dem guten alten PowerPoint oder Google-Präsentationen. Oder du nutzt Canva, denn da kannst du nicht nur layouten, sondern bekommst auch grafische Inspirationen. Buche dir ein Canva-Abo – das wird dir und deinen Kolleginnen und Kollegen in der Firma auch sonst viel nutzen – und leg los. In was du außerdem investieren solltest, ist ein professionelles Fotoshooting oder eine gute Kamera, wenn du gewillt bist, dich selbst in die Fotografie einzuarbeiten.

Aussagekräftige Bilder sind meiner Meinung nach essenziell für ein gutes Pitch Deck. Du kannst davon generell für dein Marketing gar nicht genug haben. Sie regen nicht nur das Vorstellungsvermögen bei Investorinnen und Investoren an und machen deine Idee greifbar. Sie sind auch emotional und drücken deine Werte aus. Und eigene Bilder sind immer einzigartig und einprägsamer als olle Stockfotos.

Neben der Zeit, die es braucht, um eindrucksvolle Folien zu erstellen, entsteht dein Pitch Deck vor allem durch Erfahrung. Einerseits durch die Erfahrungen und das Feedback, welches du aus dem Vortragen sammelst. Hier gilt eindeutig: the more the merrier. Übe so oft es geht und achte darauf, über welche Folien du stolperst, welche Inhalte inkonsistent oder unnötig sind und vor allem, welche Fragen dir Investorinnen und Investoren stellen, bei denen die Antworten nicht auf den Folien enthalten sind. Andererseits liefern die Pitches von anderen Gründenden viel Inspiration und zeigen dir sowohl, was du dir abschauen kannst, als auch, was du besser vermeiden solltest.

Hab bei der Erstellung deines Pitch Decks auch immer im Hinterkopf, wer die Adressaten sind, vor denen du dich präsentierst. Sind es Business Angels, professionelle VC-Investment-Manager oder Vertreterinnen und Vertreter eines Corporate Investors aus dem Mittelstand? Die Folien müssen auf dein Auditorium zugeschnitten sein. Das betrifft vor allem die inhaltliche Verständlichkeit. Vor dem 70-jährigen Familienunternehmer solltest du nicht mit Berliner-Bubble-Start-up-Slang um dich zu werfen, der versteht dann nur Bahnhof. Benutze Wörter, die im Duden stehen und im besten Fall auch deine Oma noch kapiert. Damit erreichst du sowohl den VC als auch die lokalen Angels. Denn das Einzige, was dich in höherem Maße stresst als der Druck deiner Finanzierungsrunde, ist, mehrere Pitch-Deck-Versionen gleichzeitig zu haben. Wenn du einmal mit Shortform, Longform für das E-Mail-Send-Out beginnst, englische und deutsche Version etc., dann wirst du nicht mehr fertig. Ach ja, und das Pitch Deck ständig komplett zu ändern, macht dich auch wahnsinnig! Also schau, dass du Feedback gebündelt einarbeitest und dazwischen die Optimierungsarbeit pausierst.

In diesem Sinne: Happy pitching!

Nachdem du wertvolle Einblicke von Carolin Ackermann erhalten hast, wie du ein überzeugendes Pitch Deck erstellst, kannst du dir nun auch die Kunst des Elevator Pitches aneignen.

Deine Idee in kürzester Zeit präsentieren

Ein Elevator Pitch ist deine Chance, die Welt in nur 30 Sekunden bis maximal 3 Minuten mit deiner genialen Geschäftsidee zu verzaubern! Stell dir vor, du betrittst einen Fahrstuhl und triffst zufällig eine Person, die dir bei der Umsetzung deiner Vision helfen könnte. Was würdest du sagen, um sofort ihr Interesse zu wecken und sie dazu zu bringen, mehr über deine Idee erfahren zu wollen?

Das Ziel eines Elevator Pitches ist es, in kürzester Zeit prägnant zu vermitteln:

- Worum geht es in deiner Idee?
- Was macht sie einzigartig und besonders?
- Was benötigst du, um sie Wirklichkeit werden zu lassen?

Ein gelungener Pitch wird nicht nur das Interesse deines Gegenübers wecken, sondern auch den Grundstein für ein spannendes weiteres Gespräch legen! Es ist deine Gelegenheit, mit klaren, überzeugenden und leidenschaftlichen Worten zu glänzen. Bereite dich sorgfältig vor und fokussiere dich auf das, was wirklich zählt.

Denke daran: Dein Elevator Pitch ist nicht nur ein Werkzeug, um potenzielle Investorinnen zu gewinnen – er hilft dir auch, deine eigenen Gedanken zu schärfen und die Kernaspekte deines Unternehmens zu klären. Egal, ob du dich mit Banken, Marketingexperten oder anderen Unternehmerinnen unterhältst, deine Fähigkeit, deine Idee in Kürze präzise zu präsentieren, ist von unschätzbarem Wert. Übe immer wieder, deine Idee in dieser begrenzten Zeit lebendig zu machen, denn du weißt nie, wann sich die nächste Möglichkeit bietet, jemanden für deine Leidenschaft zu begeistern!

#financechallenge

Die eigene Business-Idee treffend zu erklären, ist keine
leichte Aufgabe. Indem du deine Herausforderungen und
Erfolge teilst, hast du die Möglichkeit, auf Menschen zu
treffen, die ähnliche Ziele und Werte haben. Das Gefühl,
nicht allein zu sein, kann motivierend wirken und dir helfen, auf deinem Weg zur Finanzierung fokussiert
zu bleiben.

Hier eine Pitch-Übung, die du für LinkedIn oder Instagram nutzen kannst:

Filme dich beim Pitchen und lade das Video auf LinkedIn
oder Instagram hoch. Bitte deine Community um ehrliches
Feedback und Tipps zur Verbesserung. Dies bringt nicht
nur dein Unternehmen voran, sondern ermöglicht auch
anderen, aus deinen Erfahrungen zu lernen.

Falls du auf Kapitalsuche bist, bitte die Community, in deinem Beitrag potenzielle Kapitalgeber*innen zu taggen, die
für dein Vorhaben interessant sein könnten. Dies erhöht
die Sichtbarkeit deines Pitches und könnte dir wertvolle
Kontakte zu möglichen Investorinnen und Investoren bringen.

Tagge @wir.gruenden in deinem Beitrag, um noch mehr
Feedback zu deinem Pitch zu erhalten.

8

8 Netzwerk, Netzwerk, Netzwerk

Netzwerken ist nicht nur ein Schlagwort – es ist der Schlüssel zu deinem unternehmerischen Erfolg! In einer Welt, die immer vernetzter wird, sind starke Beziehungen der Motor für Wachstum und Innovation. Ein gut gepflegtes Netzwerk kann dir nicht nur wertvolle Einblicke und Ressourcen bieten, sondern auch Türen öffnen, die dir allein verschlossen blieben. In diesem Abschnitt dreht sich alles um die entscheidende Frage, wie du ein wertvolles Netzwerk an unterstützenden Personen aufbaust. Die Wahl der richtigen Geschäftspartner*innen und der Aufbau eines Supportsystems sind entscheidend für den Erfolg deines Unternehmens. Du lernst, wie wichtig Vertrauen, gemeinsame Werte und transparente Kommunikation sind, um langfristig erfolgreich zu kooperieren. Gezieltes Netzwerken wird dir Türen öffnen und dein Business nachhaltig voranbringen.

8.1 Überlege dir genau, mit welchen Partner*innen du zusammenarbeiten möchtest

Die Wahl deiner Geschäftspartner*innen spielt eine wichtige Rolle für deinen Erfolg – es geht nicht nur darum, ob die Fähigkeiten und Kompetenzen zusagen, sondern auch, ob die Chemie stimmt. Es lohnt sich, Menschen an der Seite zu haben, mit denen du nicht nur zuverlässig arbeiten kannst, sondern bei denen du dich auch wohlfühlst. Denn nur in einem Umfeld, in dem du dich gut aufgehoben fühlst, kannst du wirklich dein Bestes geben.

Jessicas Wahl für oder gegen Geschäftspartnerschaften

Ich arbeite sehr agil und setze gerne schnell um, ohne lange zu diskutieren. Für mich ist es wichtig, Dinge anzupacken und voranzukommen. Dabei lege ich großen Wert auf offene Kommunikation – ich sage lieber direkt, was Sache ist, anstatt zu beschönigen. Das ist meine Art und Weise, Dinge klar und transparent zu halten. Dies hilft mir, schnell Lösungen zu finden.

Natürlich passt dieser Stil nicht zu jedem und das ist völlig in Ordnung. Manche Menschen bevorzugen eine diplomatischere Art und manchmal kann mein direkter Ansatz abschreckend wirken. Deshalb ist es umso wichtiger, Geschäftspartner*innen zu finden, die deine Arbeitsweise verstehen und schätzen. Nur so könnt ihr gemeinsam auf Augenhöhe agieren und euer volles Potenzial entfalten.

Sei ehrlich zu dir selbst und deinen Partner*innen und finde Menschen, die deinen Weg unterstützen und mit denen du dich gut ergänzt – sowohl in der Persönlichkeit als auch in der Arbeitsweise. Dein Netzwerk sollte ein Ort sein, an dem du wachsen kannst, an dem Ideen fließen und Erfolge gefeiert werden. Es ist an der Zeit, aktiv in dein Netzwerk zu investieren und die richtigen Verbindungen zu schaffen, die dich und dein Unternehmen auf die nächste Stufe heben!

Erinnerst du dich an unsere Geschichte ganz zu Beginn? Wir wurden getäuscht und das hatte schwerwiegende Konsequenzen für alle Beteiligten. Diese Erfahrung hat uns gelehrt: Je früher wir auf unser Bauchgefühl hören und die nötigen Schritte setzen, desto geringer ist der Schaden für alle.

Heute gehen wir anders vor: Wir wählen unsere Geschäftspartner*innen ebenso sorgfältig wie die Teammitglieder. Wir sind wählerisch – und das ist gut so! Vertrauen, Zuverlässigkeit und die gemeinsame Wertebasis sind das Fundament einer erfolgreichen Zusammenarbeit. Wir treffen klare Vereinbarungen, an die sich beide Parteien halten müssen. Bei maßloser Selbstüberschätzung, Lügen oder Ablenkungsmanövern haben wir keine Hemmungen, die Zusammenarbeit zu beenden. Dieses Vorgehen schützt unser Business und ermöglicht uns, die ganze Energie in florierende Zusammenarbeiten stecken zu können.

Unser Tipp an dich: Sei anspruchsvoll! Wenn du nur den Hauch von Unstimmigkeiten spürst, sprich sie offen an. Hör auf dein Gefühl, reagiere direkt und schütze dein Business. Definiere deine Standards und Grenzen einer Zusammenarbeit. Überlege dir schon im Vorhinein, wann und wie du dysfunktionale Zusammenarbeiten beenden möchtest. Denn mit zu viel Ballast kannst du nicht fliegen.

Jessica und Cornelia haben aus dieser Erfahrung gelernt, dass das Vertrauen in Geschäftspartner*innen und die sorgfältige Auswahl von Investitionen entscheidend sind. Es geht nicht nur darum, eine gute Idee zu haben, sondern auch darum, mit den richtigen Menschen zusammenzuarbeiten, die aufrichtig handeln.

Wenn du heute bereits ein mulmiges Gefühl bei einem Geschäft hast, lass es lieber sein. Gute Partnerschaften sind entscheidend für den langfristigen Erfolg deines Unternehmens.

Wie könnten sich in deinem Unternehmen Partnerschaften mit neuen Lieferant*innen, externen Spezialist*innen, Berater*innen oder strategischen Allianzen in den nächsten Jahren entwickeln? Auf wen setzt du? Welche vielversprechenden Partner*innen werden für das Wachstum deines Unternehmens in Zukunft entscheidend sein?

8.2 Finde Support-Programme

Schau dir Inkubatoren und Acceleratoren an

Inkubatoren und Acceleratoren bieten Unterstützung für Start-ups, jedoch mit unterschiedlichen Schwerpunkten und Laufzeiten. Inkubatoren helfen dir vor allem in der Frühphase deines Unternehmens, wenn du noch an deiner Geschäftsidee arbeitest und nicht genau weißt, wie du starten sollst. Sie bieten langfristige Unterstützung durch Infrastruktur, Coaching und Netzwerke. Ein Beispiel ist der SAP.iO Foundry[1], der besonders technologieorientierte Start-ups betreut. Inkubatoren sind ideal, wenn du kreative und unterstützende Umgebungen suchst, um deine Idee zu konkretisieren. Acceleratoren sind für Start-ups gedacht, die bereits eine klarere Vorstellung von ihrem Produkt haben und nun Unterstützung beim Wachstum und Markteintritt benötigen. Sie laufen oft drei bis sechs Monate und bieten intensives Coaching, Netzwerke und manchmal auch eine Anschubfinanzierung. Beispiele sind *www.germanaccelerator.com* oder *www.axelspringerplugandplay.com.*

Nutze Events und auch Frauen-zentrierte Netzwerke

Es gibt zahlreiche Events und Netzwerke, die Gründer*innen und speziell Frauen wertvolle Gelegenheiten bieten, sich zu vernetzen und weiterzuentwickeln. Einige der bekanntesten Events in Deutschland sind das Bits & Pretzels in München, der Digitale Leute Summit in Köln und das TOA-Festival in Berlin. Diese Veranstaltungen bieten Möglichkeiten, Investorinnen und Investoren zu treffen, Wissen zu erweitern und Geschäftskontakte zu knüpfen. In allen größeren Städten gibt es erstklassige Start-up-Events, an denen du teilnehmen kannst.

Für Frauen gibt es speziell fokussierte Netzwerke wie den Verband deutscher Unternehmerinnen (VdU), Global Digital Women (GDW) für Frauen in der Digitalbranche, Business and Professional Women (BPW) für berufstätige Frauen und

Unternehmerinnen oder Women in Tech Germany. Diese Netzwerke bieten Unterstützung, Mentoring und Zugang zu wertvollen Ressourcen in einer unterstützenden Community.

Durch diese Events und Netzwerke kannst du den Ausbau von Partnerschaften, das Finden von Investorinnen und Investoren und den Aufbau deines Business vorantreiben.

Start-up-Hubs und Co-Working-Spaces

Das sind ideale Orte zum Netzwerken! In diesen lebendigen Arbeitsumgebungen treffen sich Unternehmer*innen, Kreative und Experten/Expertinnen aus unterschiedlichsten Fachrichtungen. Durch die regelmäßige Präsenz entsteht Austausch und durch den Austausch werden einander Impulse gegeben, Kontakte und Aufträge vermittelt. Es sind Orte, an denen Events, Workshops, lockere Zusammentreffen stattfinden, die die Menschen zusammenbringen. Der offene Raum und das gemeinschaftliche Miteinander fördern die Kommunikation, sodass spontane Gespräche oder Kollaborationen entstehen können, die für gewöhnlich nicht zustande gekommen wären.

Cornelias Arbeitsort als Netzwerk

Mit der Start-up-Zeit begann bei mir die Remote-Arbeit. Anfangs war das Arbeiten von zuhause aus noch ideal, denn so konnte ich Kind und Arbeit unter einen Hut bekommen. Aber irgendwann benötigte ich den ruhigen Ort außerhalb, an dem es nur meine Arbeit und mich gab. Da in der Kleinstadt Kaufbeuren, in der ich lebe, noch keinen Co-Working-Space nach meinen Vorstellungen existierte, machte ich mich selbst auf die Suche nach Räumlichkeiten in der Innenstadt. Durch Gespräche mit der Stadt erfuhr ich von einer freiwerdenden Ladenfläche, die perfekt passte. Zufälligerweise gab es noch eine Person, die Interesse daran hatte, genau diesen Laden zu einem Co-Working-Space umzugestalten. Wir taten uns zusammen und so entstand zeitnah das Atelier Ludwig. Es ist ein Ort, der heute weit mehr ist als nur ein ruhiger Arbeitsplatz. Der Branchen-Mix der Mietenden ermöglicht Synergieeffekte. Wir sind mittlerweile ein großes Netz mit Expertise in Eventplanung, Filmschnitt, Recruiting, Softwareentwicklung, Blockchain, Stadtplanung und Design. Wir vermitteln einander Jobs, sind gegenseitige Feedbackgeber*innen und stellen Kontakte her. Wir können in diesen Räumlichkeiten Workshops abhalten und Kundinnen und Kunden empfangen. An regelmäßigen offenen Community-Abenden werden gemeinsam Ideen geschmiedet und Events mit der ganzen Stadt geplant. Wir merken, wir können zusammen etwas bewegen. Für mich ist es der perfekte Netzwerk-Ort, da ich es liebe, mit Unternehmen vor Ort zusammenzuarbeiten und die Region zu stärken. Manchmal liegt ein wertvolles Netzwerk schon direkt vor der Nase – es muss nur aktiviert und mobilisiert werden.

8.3 Erkenne den Wert von Netzwerken für dein Business

In der Gründungsphase passiert so viel Unerwartetes, das Fragen aufwirft. Wir sind immer wieder dazu gezwungen, uns ins neue Fahrwasser zu begeben. Dabei profitieren wir enorm von einem Netzwerk, das Verständnis und konkrete Unterstützung bietet. Um ein Netzwerk aufzubauen, kannst du organisierte Veranstaltungen, Vereinigungen oder die sozialen Medien nutzen. Bereichernde Verbindungen entstehen aber auch oft unverhofft im Alltag: auf der Zugfahrt, beim Gassigehen oder am Altglas-Container. Es braucht nur Offenheit, Interesse am Gegenüber und ein gutes Gespür dafür, welche Verbindungen dich groß und welche dich klein machen. Die ersten dürfen wir forcieren und von den zweiten Abstand nehmen. (Weil wir es uns wert sind.)

Jessicas Weg zum Netzwerken

Ich bin sehr aktiv im Netzwerken, weil ich daran glaube, dass es mehr ist als »Schnittchen essen« bei einer Abendveranstaltung. Heute geht es mir darum, vereint Business zu machen, Geld zu verdienen und Mehrwert zu stiften. Das war nicht immer so. Als ich selbst startete, war ich den Netzwerken gegenüber skeptisch. Ich dachte an Veranstaltungen mit belanglosen Gesprächen, bei denen der Mehrwert gegen null tendiert. Dieser Gedanke kam vermutlich daher, dass ich aus einer Großfamilie stamme und im Saarland arbeitete, wo man sich eben kennt. Netzwerke schienen mir überflüssig.

Doch als ich begann, deutschlandweit und international – in den USA und Dubai – zu arbeiten, erkannte ich die Bedeutsamkeit eines gut gepflegten Netzwerks. Besonders in der Gründung, wenn man nicht auf vertraute Strukturen zurückgreifen kann, ist der Aufbau von Verbindungen unabdingbar. Ein Netzwerk ist wie ein Unterstützungssystem, das dich begleitet und dir Türen öffnet.

Trotzdem rate ich dazu, dein Netzwerk mit Bedacht auszuwählen. Deine Zeit ist begrenzt – sowohl für dein Privatleben als auch für dein Business. Es bringt nichts, wertvolle Stunden in Netzwerken zu verschwenden, die keinen Mehrwert bieten. Fokussiere dich auf Netzwerke, die thematisch passen und in denen du auf die richtigen Menschen triffst.

Ich bin unter anderem Teil des Netzwerks Scrum Events, um mich fachlich zum Thema Agilität für die Community zu engagieren. Außerdem bin ich als Vorstand bei dem Netzwerk The Grow tätig, um meinen Unternehmensaufbau zu fördern. Nicole kann noch mehr zu The Grow und der Bedeutung von Netzwerk sagen.

Nicole Wiegand: Netzwerke als Teil der Unternehmensstrategie

Foto: René Schmidt

Nicole Wiegand ist CCO von The Grow, einem europaweiten Business-Netzwerk mit über 900 Unternehmen, und Gründerin und CEO von GROW Future Proof. Mit ihrem unabhängigen GREEN BUSINESS Gütesiegel zeigt sie, dass Nachhaltigkeit nicht nur ökologischen, sondern auch wirtschaftlichen Mehrwert für Unternehmen schafft. Für sie sind starke Netzwerke und vertrauensvolle Partnerschaften und Bildung der eigenen Mitarbeitenden der Schlüssel zu profitablem Unternehmertum. Sie engagiert sich zudem als Keynote Speakerin, als Botschafterin der Stiftung kunter+bunter und ist Mentorin für Gründer*innen und leistungsfähige Unternehmen.

the-grow.de

Als CCO bei dem Business-Netzwerk The Grow und selbst als junge Gründerin der Future Proof Ventures habe ich die Bedeutung von Netzwerken auf eine ganz neue Weise erfahren. Was anfangs vielleicht wie eine optionale Ergänzung zur Unternehmensstrategie erschien, hat sich im Laufe meiner Karriere als unverzichtbarer Bestandteil für den Erfolg herausgestellt – nicht nur für das Unternehmen, sondern auch für mich persönlich. Netzwerkarbeit ermöglicht weit mehr, als nur Kontakte zu knüpfen. Sie ist ein Raum, in dem gegenseitige Unterstützung, Austausch und Wachstum stattfinden. Für mich wurde sie eine Quelle der persönlichen Weiterentwicklung.

Durch den Aufbau und die Pflege eines starken Netzwerks durfte ich selbst auf vielen Ebenen wachsen, sogar ein eigenes Gütesiegel Future Proof GREEN BUSINESS entwickeln. Es ist faszinierend, wie die Zusammenarbeit mit Gleichgesinnten, die den eigenen Weg mit ähnlichen Herausforderungen und Zielen beschreiten, nicht nur neue Perspektiven eröffnet, sondern auch das eigene unternehmerische Handeln formt. Jedes Gespräch, jede neue Verbindung der letzten drei Jahre trägt dazu bei, das eigene Wissen zu erweitern und Fähigkeiten zu stärken. Die Vielfalt der Gedanken, die man in einem vertrauensvollen Netzwerk erfährt, bringt nicht nur das Unternehmen voran, sondern bereichert auch die persönliche Entwicklung auf unvergleichliche Weise.

Die Verbindung zu Jessica ist ein Beispiel für den unschätzbaren Wert von Netzwerken. Durch die Zusammenarbeit erhielt ich wertvolle Einblicke in internationale Geschäftsstrategien und Inspiration für meine eigene Weiterentwicklung, insbesondere im Bereich Mut und Agilität. Jessicas Ansatz, Chancen aktiv zu ergreifen und gleichzeitig flexibel auf Veränderungen zu reagieren, hat mir gezeigt, wie wichtig es ist, in einem dynamischen Umfeld proaktiv zu handeln.

Diese Beziehung verdeutlicht, dass Netzwerke weit über geschäftlichen Nutzen hinausgehen. Sie fördern persönliches Wachstum und helfen, sich selbst konstant zu hinterfragen. Ihr Rat und ihre Perspektiven haben mir ermöglicht, mit mehr Selbstvertrauen neue Wege zu gehen. Netzwerke wie diese sind daher nicht nur strategische Werkzeuge, sondern auch wertvolle Begleiter auf dem Weg zum langfristigen Erfolg im Beruf und Leben.

Einzelne Personen in deinem Netzwerk können zu Vorbildern werden. Du erkennst durch sie, wo du hinmöchtest oder welche Strategien bei ihnen von Erfolg gekrönt waren. Diese kannst du dir von deinen Rolemodels abschauen. Sie geben dir Orientierung und stärken dein Selbstvertrauen. Was sie geschafft haben, kannst du auch schaffen! Sie bieten dir eine greifbare Perspektive und machen Mut.

Unserer Gastautorin Petra wurde die Bedeutung von Rolemodels bewusst, als sie selbst zum Vorbild wurde, da sie neue Wege einschlug, mit denen sie andere inspirierte und motivierte. Mehr zu ihrem spannenden Berufsweg und all den Netzwerken, die sie selbst aufgebaut hat, erfahrt ihr von ihr selbst.

Dr. Petra Arends-Paltzer: 50+ Goes Digital

Die Anwältin & Bankerin Dr. Petra Arends-Paltzer hat sich mit 50 neu erfunden und digital fit gemacht. Sie ist Gründerin der Swiss Legal Tech Conference, des Davos Digital Forums, Co-Autorin des Buches »Legal Tech: Die digitale Transformation in der Anwaltskanzlei«, Gründerin von Rolemodel Rebels, einem Think Tank für Frauen, der sich den Themen der Digitalisierung widmet und mittlerweile mehr als 4000 Frauen aus 40+ Ländern zählt. Sie ist zudem Autorin des Buches »50+ Goes Digital«.

rolemodelrebels.com

Nachdem ich mit 50 Jahren unfreiwillig meine Stelle verloren hatte, stand ich vor einer bitteren Realität, die mir bis dahin fremd war. Trotz meiner umfassenden Ausbildung als Anwältin, Bankerin und Projektmanagerin, die sich über mehr als 25 Jahre Berufserfahrung erstreckte, war die Suche nach einer neuen Anstellung ein demütigender und frustrierender Prozess. Die Bewerbungen, die ich verschickte, schienen in einem schwarzen Loch zu verschwinden und die wenigen Rückmeldungen, die ich erhielt, waren oft ernüchternd. Als Frau über 50 schien es nahezu unmöglich zu sein, eine neue Position zu finden. Die gesellschaftlichen Vorurteile und die Unsichtbarkeit, die mit dem Alter einhergehen, waren überwältigend. Irgendwann war der Punkt erreicht, an dem die Demütigung zu groß wurde, und ich begann, über einen eigenen Neustart nachzudenken – in Form einer Selbstständigkeit.

Schon seit Jahren hatten mich digitale Themen fasziniert. Die Möglichkeiten, die sich durch die Digitalisierung eröffneten, schienen grenzenlos. Durch meine Zeit in Asien hatte ich früh konkrete Einsatzgebiete kennengelernt und gesehen, wie Technologie das Leben und Arbeiten revolutionieren kann. Spannende Digital-Konferenzen in den USA zeigten mir, was im Bereich der Digitalisierung alles möglich ist. Diese Veranstaltungen waren ein richtig guter »wake-up-call«. Sie zeigten nicht nur die neuesten technologischen Entwicklungen, sondern auch, wie diese in verschiedenen Branchen angewendet werden können. Als ausgebildete Anwältin erkannte ich schnell das Potenzial, das die Digitalisierung für juristische Berufe bietet. Im Zuge dessen habe ich u. a. die *Swiss Legal Technology Conference* (eine Legal-Tech-Plattform) und das *Davos Digital Forum* zur digitalen Weiterentwicklung von Städten und Gemeinden gegründet, welches Experten und Expertinnen aus der ganzen Welt zusammenbringt. Gemeinsam mit dem bekannten Rechtsanwalt Christian Solmecke habe ich das Buch *Legal Tech: Die digitale Transformation in der Anwaltskanzlei* geschrieben. Während der Pandemie nahm ich an internationalen Hackathons teil, darunter der *European Union vs. Virus Hackathon* sowie nationale Schweizer und deutsche Hackathons. Diese Veranstaltungen waren nicht nur eine Gelegenheit, mein Wissen zu erweitern, sondern auch, um wertvolle Netzwerke zu knüpfen. Ich war entweder als Mentorin oder Jurymitglied tätig und konnte so meine Erfahrungen und mein Wissen weitergeben. Im Zuge der Hackathons kamen immer wieder junge Menschen auf mich zu und baten um Rat und Unterstützung. Dabei stellte ich fest, dass ich selbst nie ein Vorbild, ein Rolemodel, hatte. Das hat mich inspiriert, die Plattform Rolemodel Rebels, www.rolemodelrebels.com, zu gründen – eine exklusive Community für Frauen, die sich mit digitalen Geschäftsmodellen und Emerging Technologies beschäftigt. Wir stellen inspirierende Rolemodels aus aller Welt vor und veranstalten Live-Webinare zu den o. g. Themen. Heute zählt unsere Community fast 5000 Frauen aus über 40 Ländern.

Immer wieder haben mich dann Frauen über 50 angesprochen und gefragt, wer hinter all diesen Initiativen stecke. Als ich erzählte, dass ich das alles allein ins Leben gerufen habe und entsprechend alle Tools beherrsche, war ihre Reaktion eindeutig:»Kannst du nicht etwas (auf Deutsch) machen, damit wir auch lernen, wie Digitalisierung funktioniert und wie wir das für uns nutzen können?« So entstand die Idee für Rebel50+, eine deutschsprachige Unterseite von Rolemodel Rebels, in der Frauen in kleinen Gruppen »digital fit« gemacht werden mit Kursen rund um alle denkbaren Themen der Digitalisierung. Diese Kurse sind speziell darauf ausgerichtet, Frauen über 50 die notwendigen digitalen Fähigkeiten zu vermitteln, um in der modernen Welt erfolgreich zu sein.

Und aus all diesen Aktivitäten entstand dann das Buch *50+ Goes Digital: Tipps, Tricks, Tools und Know-how für Frauen über 50*. Es gibt inzwischen eine deutsche Ausgabe, eine amerikanische und bald auch eine spanische Version. Dieses Buch wurde speziell für Frauen über 50 konzipiert, die sich erstmals oder nach einer Pause mit digitalen Themen auseinandersetzen und diese Fähigkeiten jetzt erlernen möchten. Es vermittelt grundlegende digitale Kompetenzen, um den Übergang in die moderne Arbeitswelt oder den Start in die Selbstständigkeit zu erleichtern. Es bietet zahlreiche nützliche Tipps einschließlich kostenloser Online-Ratgeber und Empfehlungen zu populären Webseiten. Auch erfährst du, wie du deinen digitalen Nachlass schützt, dein Online-Leben mit Passwortmanagern organisierst und digital fit wirst. Ebenso werden spannende Apps vorgestellt, die helfen, digital fit zu werden. Dieses Buch behandelt auch Themen wie Blockchain-Technologie und den sogenannten »Gender Data Gap«, da sie von großer Bedeutung für die Digitalisierung und die Einbindung von Frauen in künftige digitale Anwendungen sind. Das Buch ist nicht für »Techies«, es ist so geschrieben, dass jede Frau es verstehen und davon profitieren kann.

Mein Ziel ist es, Frauen zu ermutigen, sich auch jenseits der 50 mit digitalen Themen auseinanderzusetzen und die vielen Chancen zu erkennen. Ich kann nur jede Frau ermutigen, digital fit zu werden und zu bleiben, denn damit eröffnen sich ganz neue Wege! Die Reise mag herausfordernd sein, aber die Ergebnisse sind es wert. Es ist nie zu spät, sich neu zu erfinden und die digitale Welt zu erobern. Und mein Fazit: »Starte deine ›Life-Long Learning-Reise‹ – it is never too late!«

8.3 Baue deinen Inner Circle auf

Gemeinsames Lernen und Einarbeiten in ganz neue Themen funktionieren am besten in kleineren Netzwerken, in denen jede Frage gestellt und jedes Problem zusammen gelöst werden kann. Nichts gibt so viel Energie und entfaltet so viel Kraft wie Frauen, die sich gegenseitig hochhalten und unterstützen. Da kann richtiges Empowerment stattfinden. In geschützten Räumen, in denen Geschlechterklischees, Stigmata und Diskriminierung keinen Zutritt haben, entstehen ganz neue Möglichkeiten. Hast du bereits ein Frauennetzwerk?

Petra Huber: Frauennetzwerke und gegenseitige Unterstützung

Foto: Sandra Felke

Netzwerken und das Fördern von Frauen sind Petra Hubers Kernkompetenzen. Sie ist Gründerin des Ladies Club Stuttgart und Vorständin der The Grow Plattform Baden-Württemberg sowie des Women Circles. Sie organisiert Veranstaltungen, Treffen, Lesungen und Charity-Events. Nach vielen Jahren in einem Ingenieurbüro als technische Betriebswirtin und mit einem Zusatzstudium in der Energiewirtschaft hat sie sich neu orientiert. In diesem Kontext rief sie ein Netzwerk speziell für Frauen ins Leben, das mittlerweile in Stuttgart große Bekanntheit erlangt hat.

ladiesclubstuttgart.de

Beim Netzwerken mit Frauen ist es wichtig, eine empathische und respektvolle Atmosphäre zu schaffen, in der sich jede Person wohlfühlt. Frauen legen großen Wert auf Authentizität und schätzen ehrliche Gespräche, die auf Vertrauen basieren. Sie sind oft an tiefen, bedeutungsvollen Verbindungen interessiert, die über oberflächliche Kontakte hinausgehen. Ein offenes Ohr für ihre Erfahrungen und Herausforderungen kann einen großen Unterschied machen. Frauen suchen meist nach Mentoring und Unterstützung, was eine wertvolle Grundlage für Netzwerke bildet. Die Förderung von Vielfalt und Inklusion ist für sie essenziell, da sie sich in einem respektvollen Umfeld am besten entfalten können.

Ein gemeinsames Interesse an Themen wie Gleichstellung und beruflicher Entwicklung kann den Austausch bereichern. Frauen schätzen es, wenn ihre Meinungen gehört und respektiert werden, was zu einem Gefühl der Zugehörigkeit beiträgt. Sie sind oft bereit, ihre Erfahrungen zu teilen, wenn dies auf Wertschätzung stößt. Frauen legen Wert auf eine kooperative Herangehensweise und bevorzugen oft Teamarbeit gegenüber Konkurrenzdenken.

Ein respektvoller Umgangston sowie ein offenes Feedback sind entscheidend, um eine positive Atmosphäre zu fördern. Frauen sind häufig emotional intelligent und erkennen subtile soziale Signale, was die Kommunikation erheblich beeinflussen kann. Sie schätzen es, wenn man sich Zeit nimmt, um Beziehungen zu pflegen, und sind oft bereit, in diese Beziehungen zu investieren. Ein aktives Follow-up nach ersten Begegnungen zeigt, dass man an einer langfristigen Verbindung interessiert ist.

Es ist von großer Bedeutung, dass man das Netzwerk nicht nur als Quelle des Wissens und der Inspiration betrachtet, sondern auch aktiv dazu beiträgt, indem man Ideen und

Erfahrungen teilt, um gemeinsam eine positive und bereichernde Atmosphäre zu schaffen.

Die Frage lautet: Was kann ich dem Frauennetzwerk beisteuern? Und nicht: Was bringt das Netzwerk mir? Was macht ein Frauennetzwerk besonders? Wenn wir uns allgemeine Netzwerke und Frauennetzwerke ansehen, gibt es einige spannende Unterschiede, die die Art und Weise beeinflussen, wie Menschen miteinander interagieren. Allgemeine Netzwerke sind oft ein bunter Mix aus verschiedenen Leuten, unterschiedlichen Geschlechtern und diversen Hintergründen. In diesen Netzwerken kann die Kommunikation manchmal etwas direkter und zielgerichteter sein, was für Frauen nicht immer angenehm ist. Sie fühlen sich vielleicht nicht so richtig gehört oder haben das Gefühl, dass ihre Perspektiven nicht ausreichend gewürdigt werden.

Im Gegensatz dazu sind Frauennetzwerke oft viel kooperativer und empathischer. Hier wird viel Wert auf den Austausch von Erfahrungen gelegt und die persönliche Ebene steht im Mittelpunkt. Es ist ein Raum, in dem man offen über Herausforderungen sprechen kann, die speziell Frauen betreffen – wie die Balance zwischen Karriere und Familie oder das Gefühl, in einer männlich dominierten Welt bestehen zu müssen.

Ein weiterer großer Unterschied ist das Thema Mentoring. In Frauennetzwerken wird oft aktiv darauf geachtet, jüngeren oder weniger erfahrenen Frauen zu helfen. Hier gibt es eine echte Unterstützung und Ermutigung, was vielen Frauen hilft, ihr Selbstvertrauen zu stärken und ihre Fähigkeiten weiterzuentwickeln. In allgemeinen Netzwerken kann Mentoring manchmal eher zufällig sein und nicht so strukturiert, was bedeutet, dass Frauen möglicherweise weniger Unterstützung finden.

Die Motivation, Teil eines Frauennetzwerks zu sein, unterscheidet sich von gemischten Netzwerken. Viele Frauen suchen einen Ort, an dem sie sich gegenseitig unterstützen und ermutigen können. In einem Frauennetzwerk fühlen sie sich sicherer, ihre Herausforderungen zu teilen und um Hilfe zu bitten, weil sie wissen, dass die anderen ähnliche Erfahrungen gemacht haben. Diese Art von Solidarität schafft ein starkes Gemeinschaftsgefühl, das in allgemeinen Netzwerken manchmal fehlt.

Außerdem haben Frauennetzwerke oft eine klare Mission. Sie setzen sich nicht nur für den individuellen Erfolg ein, sondern auch für gesellschaftliche Veränderungen, die die Lage aller Frauen in der Arbeitswelt verbessern. Das heißt, die Mitglieder sind nicht nur darauf aus, ihre eigenen Karriereziele zu erreichen, sondern möchten auch etwas Größeres bewegen und für Gleichstellung und Vielfalt kämpfen.

Wie können sich Frauen gegenseitig noch besser unterstützen?

Frauen sollten Neid und Missgunst hinter sich lassen und stattdessen einander unterstützen. Gegenseitige Unterstützung und Achtung sind der Schlüssel zu einem starken Netzwerk.

Lasst uns Mentoring-Partnerschaften fördern, sodass erfahrene Frauen aktiv jüngeren Kolleginnen unter die Arme greifen können, indem sie ihre Erfahrungen teilen und wertvolle Tipps geben. So entsteht ein Netzwerk, das auf Vertrauen und Respekt basiert – und das ist echt Gold wert!

Es ist an der Zeit, Plattformen zu schaffen, auf der Frauen ihre Erfolge feiern können. Sie sollten ermutigt werden, stolz auf das zu sein, was sie erreicht haben, ohne Angst vor Neid zu haben. Wenn sie ihre Geschichten über Herausforderungen und Erfolge teilen, kann das unglaublich inspirierend wirken und andere Frauen motivieren. Wenn Frauen sich über die Errungenschaften anderer freuen, wird eine positive, verbindende Stimmung geschaffen.

Gemeinsame Projekte und Initiativen stärken das Gemeinschaftsgefühl. Diese gemeinsamen Erfolge stärken nicht nur das Selbstbewusstsein, sondern zeigen auch, dass Teamarbeit der Schlüssel zum Erfolg ist. Begegnungen mit großartigen, inspirierenden und beeindruckenden Frauen haben mich dazu motiviert, einen Club nur für Frauen zu gründen – den *Ladies Club Stuttgart*.

Am 19. Februar 2020 war es so weit: Wir feierten den Start des Ladies Club im Restaurant Ritzi in Stuttgart. Unser Club verbindet Frauen vorrangig auf freundschaftlicher Basis. Gegenseitige Unterstützung und Motivation sowie Kooperation bei gemeinsamen Anliegen sind die Hauptmerkmale unseres Clubs. Wir wollen Freundinnen gewinnen, miteinander wachsen, Spaß haben, Spenden für gute Zwecke sammeln und uns beruflich fördern. Unsere Werte sind Empathie, Solidarität, Freundschaft und Gemeinsamkeit.

Falls du im Raum Stuttgart lebst, melde dich bei Petra und schließe dich ihrem Ladies Club an!

Ein Frauennetzwerk funktioniert besonders gut, wenn wir uns gegenseitig fördern und keine Angst davor haben, ehrlich miteinander umzugehen. Wenn wir mutig genug sind, Tabuthemen anzusprechen und uns von übermäßigem Anpassungsdruck befreien, wenn wir die Angst vor Konflikten überwinden und Kritik nicht mit unserem Selbstwert verknüpfen. Es funktioniert, wenn wir uns in Bezug auf Liebe und Anerkennung satt fühlen und uns gegenseitig Vertrauen schenken. Wenn wir füreinander laut werden, wenn es Ungerechtigkeiten gibt, und aufhören, andere Frauen abzuwerten, um uns selbst besser zu fühlen, kann daraus ein tiefes und wertvolles Netzwerk entstehen.

Am Ende kommt es darauf an, dass es persönlich matcht. Und wenn das in den vorhandenen Frauennetzwerken in deiner Region nicht der Fall ist, zögere nicht, deinen eigenen Woman Circle zu starten! Du hast die Wahl und entscheidest, was am besten zu dir passt.

Saina Cortez: Du kannst dir dein eigenes Netzwerk bauen

Foto: Ulla Schreiber

Während ihres Studiums der Germanistik, Anglistik und Markt- und Werbepsychologie an der LMU München gründete Saina Cortez (geb. Bayatpour) ihr erstes Unternehmen. Ganz ohne Kredite, nur mit einem geringen angesparten Startkapital. In den Folgejahren wurde die Agentur zu einer weltweit tätigen Firma mit Millionen Umsatz. Auf diese folgten viele weitere Firmen. 2013 entstand die Business Women's Society, ihr zweites großes Steckenpferd, mit der sie Businessfrauen auf ihrem Weg zum Erfolg unterstützt. Sie ist außerdem Unidozentin, Autorin, Kolumnistin und Speakerin.

saina.world

Mein Weg begann eher holprig, mit sehr vielen Selbstzweifeln und Ängsten. Mein erstes Unternehmen habe ich Anfang 27 gegründet. Zu dem Zeitpunkt habe ich nach Austausch mit Gleichgesinnten gesucht und wollte mich vernetzen. Doch zu dem Zeitpunkt gab es kaum Frauennetzwerke, was heute Gott sei Dank anders ist. Ich suchte vergeblich und lang und fand mich dann ein, zwei Male bei irgendwelchen spießigen Frauentreffen, bei denen ich mich nicht wohlfühlte. Da ich nichts fand, wo ich mich zugehörig fühlte, entschied ich, selbst Events für Frauen zu veranstalten, damit sie sich austauschen, vernetzen und gegenseitig unterstützen und motivieren können. Aus dieser simplen Idee und der Not heraus entstand mein Frauennetzwerk, das es inzwischen seit über 13 Jahren gibt. Sheciety (www.sheciety.club) unterstützt Frauen dabei, ihren Erfolg auf das nächste Level zu heben.

Mit unseren drei Säulen Business, Persönlichkeitsentwicklung und Gesundheit wollen wir Frauen eine 360-Grad-Unterstützung bieten, in ihrem Leben unterstützen und ihnen zeigen, wie sie ein Leben gestalten, das sie wirklich lieben. Hierzu bieten wir deutschlandweit große Festivals, Kongresse, Events, Seminare, Retreats und Mitgliedschaften an. Wir haben zahlreiche prominente Markenbotschafter*innen und Partnerfirmen. Warum erzähle ich dir das? Weil es wichtig ist, ein starkes Netzwerk, quasi ein Supportsystem zu haben, denn wir alle kommen einmal ins Straucheln. Wir suchen nach Unterstützung, Motivation oder einfach nur nach einem wertvollen Gespräch.

Mein Tipp an alle Frauen ist: Solltest du dich in Frauennetzwerken nicht dazugehörig fühlen, mache deine eigenen auf oder suche so lange, bis du wirklich das Gefühl hast, gesehen, gehört und verstanden zu werden. Wir neigen oft dazu, uns gerade in jungen Jahren anzupassen. Das ist bedingt gut, aber manchmal verlieren wir vor lauter Anpassung uns selbst. Ich spreche hier aus Erfahrung, daher ist es mir so wichtig, allen Frauen den Impuls mitzugeben, wirklich zu prüfen, was zu einem passt, und sich nicht gezwungenermaßen anzupassen. Such Netzwerke, die deine gleichen Werte und Visionen teilen. Findest du keine, dann veranstalte einfach selbst ein Treffen und frage Frauen, ob sie kommen möchten.

Egal, ob du nach allgemeiner Unterstützung oder nach spezialisierten Verbindungen suchst, in dieser Welt der Möglichkeiten findest du das Netzwerk, das dich am besten voranbringt!

Gestalte dein Umfeld so, wie du es brauchst

Ungeachtet des Geschlechts – umgebe dich mit Menschen, die sich gemeinsam mit dir auf den Weg nach oben machen wollen. Baue dir ein Netzwerk auf – am besten ein großes, lockeres und ein kleines, enges. So hast du die vielen verstreuten Kontakte, mit denen du bei Bedarf in Austausch treten kannst, und einen inneren Kreis, mit dem du dich regelmäßig triffst. Dieses tiefe Kennenlernen und Vertrauen ermöglichen gegenseitige Unterstützung auf einem ganz anderen Level. Umgib dich im inneren Kreis mit Menschen, die ähnliche Ziele verfolgen. Das steigert das Unterstützungspotenzial enorm! Es ist sinnvoll, dass die anderen Personen im Kreis auch Unternehmerinnen sind, muss aber nicht zwingend sein. Ihr solltet auf jeden Fall von der Expertise und Erfahrung der anderen profitieren können. Wo sind deine größten Lernfelder? Lade eine Person in deinen Kreis ein, die genau diese Kompetenzen hat! Du solltest dir zusätzlich die Frage stellen, ob du dir wünschst, dass dein Inner Circle aus Personen aus der Region besteht, mit denen du dich kurzfristig in Person treffen kannst. Wenn ja, berücksichtige das bei der Suche nach passenden Personen.

Wer könnte in deinen persönlichen Inner Circle passen? Wer gibt dir bereits oder könnte dir Energie, Inspiration, Wärme, Challenge und Push geben? Wir glauben, dass du von jeder Kategorie mindestens eine Person in deinem engen Umfeld haben solltest. Vielleicht kannst du sie zu deinem Inner Circle zusammenschließen. Finde zu jeder Kategorie mindestens eine Person, die du in deinem Circle haben willst, und notiere ihre Namen in die untenstehenden Felder!

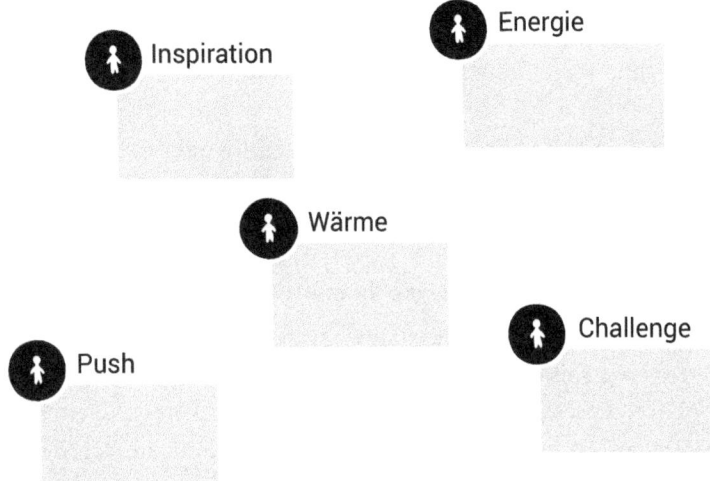

Schau gerne auf unserer Plattform *wir-gruenden.com* vorbei, denn dort bieten wir dir Materialien und Methoden, die dich bei der Organisation und Moderation von Netzwerktreffen unterstützen.

#networkchallenge

Hey Netzwerk-Profi! Bevor du ins nächste Kapitel übergehst, haben wir noch eine Aufgabe für dich:

Verfasse einen Post auf LinkedIn oder Instagram, in dem du über eine wertvolle Verbindung oder einen unterstützenden Circle sprichst, der dir während deiner Gründung hilft oder bis heute dein Business voranbringt. Präsentiere deine wertvollsten Business-Partner*innen, erzähle, wie diese Beziehungen entstanden sind und welchen Einfluss sie auf deinen Weg hatten. Welche positiven Veränderungen haben sich dadurch für dich ergeben?

Frage deine Follower, welche Erfahrungen sie mit Netzwerken gemacht haben und ob sie ähnliche Begegnungen hatten. Damit machst du anderen Mut, Verbindungen zu knüpfen, und inspirierst sie dazu, ihre eigenen Netzwerke aktiv zu gestalten.

Tagge @wir.gruenden in deinem Beitrag, um die Reichweite zu erhöhen. Wir werden deinen Beitrag gerne teilen!

9 Team work makes dream work

Ein passendes Team für deine Gründung zusammenzustellen, ist eine aufregende Reise. Du hast bereits den ersten Schritt gemacht, indem du entschieden hast, ob du allein gründen möchtest oder ob du Partner*innen an deiner Seite haben willst. Doch jetzt wird es richtig spannend: Es geht darum, die richtigen Menschen zu finden, die deine Vision teilen und gemeinsam mit dir etwas Großartiges aufbauen wollen.

Stell dir vor, du bist auf der Suche nach Gleichgesinnten, die nicht nur die nötigen Fähigkeiten mitbringen, sondern auch das Feuer und die Leidenschaft für deine Idee. Wir werden dir zeigen, welche Eigenschaften und Talente in deinem Team wichtig sind, um ein kreatives und ausgewogenes Arbeitsumfeld zu schaffen. Mit praktischen Tipps zur Rekrutierung der richtigen Teammitglieder geben wir dir das Handwerkszeug, um eine starke Mannschaft aufzubauen.

Mach dich bereit, in die Welt der Teamdynamik einzutauchen! Denn ein großartiges Team kann deine Ideen zum Leben erwecken, auch unter widrigen Umständen. Lass uns starten und herausfinden, wie du die perfekten Mitstreiter*innen findest, um deine Gründungsidee zum Fliegen zu bringen!

9.1 Entscheide, wer ins Team passt

Wir gehen gemeinsam die Zusammenstellung deines erweiterten Teams an. Ein starkes Team gehört zum Herzstück jeder erfolgreichen Gründung. Lass uns herausfinden, welche Personen am besten zu deiner Vision passen.

Schritt 1: Bedarfsermittlung

Zuerst solltest du überlegen, wie viele Mitarbeiter*innen du benötigst und welche Funktionen sie übernehmen sollen. Mögliche Positionen könnten sein: Geschäftsleitung, Marketing, Vertrieb, Entwicklung und viele mehr. Um dir einen klaren Überblick zu verschaffen, fülle einfach die folgende Tabelle aus:

	Funktion	Kompetenzen
👤		
👤		
👤		
👤		

Das sind die fachlichen Fähigkeiten, die du suchst. Aber nicht vergessen: Es ist ebenso wichtig, dass die Chemie stimmt! Es bringt nichts, die besten Fachleute an Bord zu holen, wenn sie menschlich nicht zusammenpassen. Vertraue auf dein Bauchgefühl – das ist oft ein guter Kompass.

Schritt 2: Nutze hilfreiche Tools

Um noch gezielter zu wählen, kannst du auf spezielle Tools zurückgreifen. Die INSIGHTS MDI®-Methode ist ein hervorragendes Beispiel. Sie hilft dir dabei, die Stärken und Verhaltensmuster deiner Bewerber*innen oder Teammitglieder zu erkennen.

Jede Person hat ihren eigenen Arbeitsstil, Kommunikationsvorlieben und Motivationsfaktoren. Mit einem Insights-Profil kannst du als Führungskraft erkennen, wie du Aufgaben am besten entsprechend den individuellen Stärken verteilen kannst. So können unter anderem analytische Teammitglieder für datengetriebene Aufgaben eingesetzt werden, während kreative Köpfe ideal für innovative Prozesse sind.

Die INSIGHTS MDI®-Methode greift auf das DISG®-Modell zurück. Das DISG®-Modell ist ein weiteres nützliches Werkzeug, um die einzigartigen Eigenschaften und Stärken deiner Teammitglieder zu nutzen. Es kategorisiert Persönlichkeiten in vier Typen: dominant, initiativ, stetig und gewissenhaft.[1]

Mit diesem Wissen kannst du nicht nur die richtigen Talente auswählen, sondern auch ein harmonisches und produktives Arbeitsumfeld schaffen. Lass uns gemeinsam daran arbeiten, dein Team so zu gestalten, dass es deine Vision lebendig werden lässt!

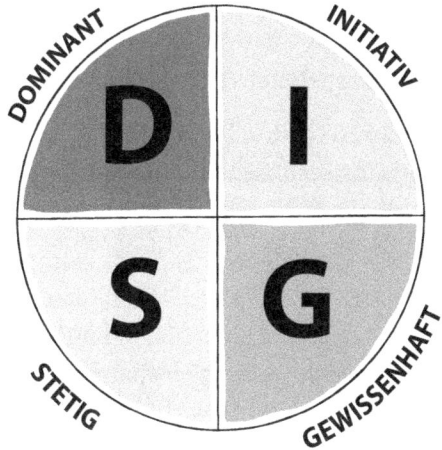

Das Modell in Kurzform und wie du es in deinem Team nutzen kannst:

Das DISG®-Modell kategorisiert Persönlichkeiten in vier Typen, die jeweils spezifische Stärken und Eigenschaften mitbringen:

Dominante Persönlichkeit (rot): Diese Menschen bringen klar strukturierte Entscheidungen und Durchsetzungsfähigkeit ins Team. Sie sind zielorientiert und handeln entschlossen.

Beispiel: Claudia, eine dominante Persönlichkeit, könnte die Rolle der Teamleiterin übernehmen. Sie ist dafür verantwortlich, strategische Entscheidungen zu treffen und das Team auf die gemeinsamen Ziele auszurichten. Claudia hat keine Angst davor, schwierige Gespräche zu führen und klare Anweisungen zu geben, was dem Team hilft, fokussiert zu bleiben.

Initiative Persönlichkeit (gelb): Teammitglieder mit dieser Eigenschaft fördern Kreativität und den sozialen Zusammenhalt. Sie bringen frische Ideen ein und schaffen eine positive Atmosphäre.

Beispiel: Tom, der initiative Typ, könnte für das Networking und die Kommunikation mit externen Partnerfirmen verantwortlich sein. Er ist dafür bekannt, neue Kontakte zu knüpfen und das Team zu motivieren. Toms kreative Ansätze in Marketingkampagnen sorgen dafür, dass das Team innovativ bleibt und die Sichtbarkeit des Unternehmens erhöht wird.

Stetige Persönlichkeit (grün): Diese Personen sorgen für Stabilität und Harmonie im Team. Sie sind oft gute Zuhörer*innen und schaffen ein unterstützendes Umfeld.

Beispiel: Tanja, die stetige Persönlichkeit, könnte die Rolle der Konfliktmoderatorin übernehmen. Sie hilft dabei, Missverständnisse im Team zu klären, und sorgt für ein harmonisches Arbeitsklima. Tanja ist eine wichtige Ansprechpartnerin, wenn es darum geht, die Teammitglieder zusammenzuführen und ein Gefühl der Zugehörigkeit zu schaffen.

Gewissenhafte Persönlichkeit (blau): Personen dieses Typs achten auf Genauigkeit und Detailarbeit. Sie sind analytisch und arbeiten gerne strukturiert.

Beispiel: Hannes, als gewissenhafter Typ, könnte für die Qualitätskontrolle und das Projektmanagement zuständig sein. Er sorgt dafür, dass alle Details in den Projekten berücksichtigt werden und die Arbeit den hohen Standards entspricht. Hannes' Fähigkeit, Dinge gründlich zu analysieren, hilft dem Team, fundierte Entscheidungen zu treffen.

Mit diesem Wissen kannst du die Aufgabenverteilung im Team optimal gestalten und sicherstellen, dass die individuellen Stärken gezielt eingesetzt werden. Wichtig ist, dass du flexibel bleibst und lernst, die unterschiedlichen Kommunikationsstile und Bedürfnisse zu erkennen. Wenn du als Führungskraft verstehst, wie jede*r im Team »tickt«, kannst du die Motivation hochhalten und das volle Potenzial deines Teams ausschöpfen. So schaffst du ein Arbeitsumfeld, in dem sich jede*r wohlfühlt und ihr/sein Bestes geben kann.

Möchtest du mehr darüber erfahren, wie diese Analysen dir helfen können, das optimale Team für deine Vision zusammenzustellen? Wir laden dich ein, dich bei uns zu melden. Gemeinsam können wir die INSIGHTS MDI®-Analysen durchführen und die besten Persönlichkeiten für dein Team finden. Sobald du dein Team zusammengestellt hast, überlege, welche Methoden und Tools ihr für eure Zusammenarbeit einsetzen möchtet. Schau vorbei auf *wir-gruenden.com* und lass uns gemeinsam an deinem Erfolg arbeiten!

9.2 Erstelle eine passende Recruiting-Strategie

Den richtigen Start für dein Unternehmen zu schaffen, bedeutet auch, dein Team sorgfältig auszuwählen. Stell dir vor, wie die zukünftigen Mitarbeiter*innen deine Werte teilen und gemeinsam mit dir die Vision verwirklichen. Damit das funktioniert, hier ein paar ganz persönliche Tipps, wie du den Aufbau deines Teams angehen kannst:

Deine Recruiting-Strategie gestalten

Es ist dein Unternehmen – daher sollte auch der Recruiting-Prozess zu dir und deinen Zielen passen. Überlege, welche Fähigkeiten und Persönlichkeiten du wirklich brauchst. Nutze dein Netzwerk, frage in Branchenforen und bei Partner*innen nach Empfehlungen oder setze auf Jobportale und Social Media (nicht nur LinkedIn!). Oft entstehen die besten Empfehlungen über Menschen, die du schon kennst und denen du vertraust. Erstelle eine Liste der benötigten Kompetenzen und persönlichen Eigenschaften, die ideal zum Unternehmen passen. Durch den Fachkräftemangel muss immer mehr aktiv nach den richtigen Besetzungen gesucht werden, im Gegensatz zu Ausschreibungen, die früher die gängige Methode waren.

Ehrlich und transparent kommunizieren

Gerade bei kleinen Unternehmen ist Ehrlichkeit ein großer Pluspunkt. Stell in deinen Stellenausschreibungen deutlich heraus, was du von deinen zukünftigen Mitarbeiter*innen erwartest – und was sie von dir erwarten dürfen. Nenne möglichst genaue Informationen zur Rolle, den Aufgaben und auch zur Vergütung. Transparenz baut Vertrauen auf und zeigt, dass du ein fairer Arbeitgeber bist, der klare, ehrliche Kommunikation schätzt. Als junges Unternehmen kannst du wahrscheinlich nicht mit hohen Gehältern oder »fancy benefits« punkten. Überzeuge stattdessen durch dein »Warum«, so weckst du die intrinsische Motivation der Interessent*innen.

Kultureller Fit vor allem

Du suchst nicht nur Talent, sondern auch Menschen, die dein Unternehmen mit Herz und Überzeugung voranbringen. Überlege, welche Werte und Einstellungen dir wichtig sind, und beziehe diese Aspekte in den Auswahlprozess ein. Frage in Interviews nach Erfahrungen, die zeigen, wie gut die Kandidaten und Kandidatinnen zu deinen Werten passen. Beispielhafte Fragen könnten sein:

- »Was bedeutet für dich Teamarbeit und wie bringst du dich in ein Team ein?«
- »Erzähl mir von einer Situation, in der du eine Herausforderung gemeistert hast, die außerhalb deiner Komfortzone lag.«
- »Wie gehst du mit Feedback um? Kannst du ein Beispiel geben, bei dem dir Feedback geholfen hat, dich zu verbessern?«
- »Welche Werte sind dir in einem Unternehmen besonders wichtig und warum?«

Diese Fragen zeigen, wie die Kandidaten und Kandidatinnen an Herausforderungen herangehen, ob sie offen für Wachstum sind und wie sie die Unternehmenskultur bereichern können.

Employer Branding aufbauen

Dein Unternehmen ist einzigartig – zeig das auch! Sorge dafür, dass dein Online-Auftritt deine Kultur und Werte widerspiegelt. Schaffe eine Atmosphäre, in der dein Team stolz ist, Teil deines Unternehmens zu sein, und motiviere sie, das in sozialen Medien zu teilen. So baust du ein authentisches Bild deiner Marke als Arbeitgeber auf, das potenzielle Talente anzieht und bestehende Mitarbeiter*innen motiviert.

Strukturierter Interviewprozess

Ein klarer und strukturierter Interviewprozess hilft dir, die besten Entscheidungen zu treffen. Hier ist ein beispielhafter Ablauf.

1. **Vorauswahl:** Sichte alle Bewerbungen oder Profile und filtere Kandidaten und Kandidatinnen, die grundlegend die Anforderungen erfüllen.

2. **Telefonscreening:** Führe ein erstes kurzes Telefongespräch, um grundlegende Informationen zu prüfen und herauszufinden, ob der kulturelle Fit grundsätzlich passt. Hier kannst du Fragen stellen wie:»Was hat dich an dieser Position gereizt?« Oder:»Wie würdest du deine bisherigen Erfahrungen zusammenfassen?«

3. **Erstes Interview (virtuell oder persönlich):** Dieses Interview fokussiert sich auf die Qualifikationen und die Persönlichkeit. Es hilft dir, herauszufinden, ob die Fähigkeiten der Kandidaten und Kandidatinnen wirklich den Anforderungen entsprechen. Wenn dein erstes Interview nicht persönlich war, empfehlen wir dir, dies beim zweiten Interview nachzuholen. Physisch zusammen bringt noch einmal so viel mehr Erkenntnisse über die Körpersprache und zeigt, ob ihr euch»riechen« könnt.

4. **Zweitinterview:** Hier kannst du weitere Teammitglieder einbeziehen und eine praktische Aufgabe stellen, zum Beispiel die Entwicklung eines Marketingplans oder einer kleinen Strategie, passend zur Rolle. Diese Aufgaben zeigen dir, wie Kandidaten und Kandidatinnen mit tatsächlichen Herausforderungen umgehen.

5. **Abschlussgespräch:** Wenn der Kandidat/die Kandidatin alle bisherigen Runden erfolgreich bestanden hat, kannst du ein abschließendes Gespräch führen, um letzte Fragen zu klären und die Erwartungen für beide Seiten festzuhalten.

   Nach jedem Gespräch lohnt es sich, Notizen zu machen und die Eindrücke wirken zu lassen. Das hilft dir, langfristig fundierte Entscheidungen zu treffen.

6. **Wachsen und Lernen:** Es kann gut sein, dass du deine Strategie im Laufe der Zeit den Gegebenheiten anpasst. Jede Erfahrung, ob positiv oder herausfordernd, bringt dir wertvolle Einblicke, wie du deinen Prozess verfeinern kannst. Ein erfolgreicher Recruiting-Prozess entwickelt sich ständig weiter. Bleib offen dafür, neue Methoden auszuprobieren und deine Prozesse weiter zu automatisieren.

9.3 Bringe dein Team auf Hochtouren

Wir zeigen dir, wie du die Zusammenarbeit innerhalb deines Teams fördern kannst. Du erfährst, welche Werkzeuge helfen, die Kommunikation zu verbessern und die Teamdynamik zu stärken. Wir bieten dir Strategien zur Konfliktlösung und zur Motivation deiner Teammitglieder.

Im Team gibt es grundlegende Entscheidungen, die getroffen werden müssen, um effektiv zusammenzuarbeiten. Vertrauen ist die Basis jeder Zusammenarbeit: Jeder muss sich auf den anderen verlassen können. Eine wichtige Frage ist, wo und wie das Team arbeitet. Soll es ein Büro geben, Homeoffice oder eine flexible

Mischung aus beidem? Es gilt zu klären, ob die Arbeitszeiten sich überschneiden, oder ob unterschiedliche Zeitzonen eine Rolle spielen. Flexibilität kann große Vorteile bieten, erfordert jedoch klare Absprachen, um den Arbeitsablauf und die Kommunikation nicht zu beeinträchtigen.

Psychologische Sicherheit und Vertrauen

Wenn du ein Team aufstellst, ist es wesentlich, auf die psychologische Sicherheit im Team zu achten. Teams, die zusammenarbeiten, erzielen oft bessere Ergebnisse als Einzelkämpfer*innen, aber hierfür müssen bestimmte Voraussetzungen erfüllt sein. Laut einer Google-Studie (»Project Aristoteles«[2]) gehören Zuverlässigkeit, eine fest umrissene Struktur, die Bedeutsamkeit der Arbeit und vor allem das Gefühl der psychologischen Sicherheit zu den Schlüsselfaktoren für den Erfolg eines Teams.

Psychologische Sicherheit bedeutet, dass sich alle Mitglieder eines Teams frei fühlen, ihre Ideen zu äußern, Risiken einzugehen und Fehler einzugestehen, ohne Angst vor negativen Konsequenzen zu haben. Dieses Gefühl der Sicherheit fördert nicht nur die Zusammenarbeit, sondern auch die Kreativität und das Engagement im Team. Nur wenn alle sich gehört und respektiert fühlen, kann das Team erfolgreich und innovativ arbeiten.

Verlässlichkeit und Vertrauen haben Einfluss auf die psychologische Sicherheit. Alle müssen sich aufeinander verlassen können, was durch präzise Aufgabenverteilung und ein transparentes Projektmanagement unterstützt wird. Wenn jede*r die eigene Rolle kennt und versteht, wie er oder sie zum Erfolg des Teams beitragen kann, wird die Zusammenarbeit produktiver. Vertrauen ist die Basis für eine offene Kommunikation und ein starkes Miteinander. Vertrauen entsteht in Teams auch durch Klarheit, Disziplin und Konsequenz.[3] Setze eindeutige Regeln für die Zusammenarbeit, um Missverständnisse zu vermeiden, Erwartungen offen zu teilen, und achte darauf, dass dein Team in einer Atmosphäre arbeiten kann, in der es sich sicher fühlt, Risiken einzugehen und sich weiterzuentwickeln.

Die persönliche Bedeutsamkeit der Arbeit ist von großer Bedeutung. Wenn deine Teammitglieder das Gefühl haben, dass ihre Arbeit einen Sinn hat und sie persönlich erfüllt, werden sie motivierter und engagierter sein.

Methoden und Tools

Verschiedene Methoden bringen jeweils ihre eigenen Vorteile mit und unterstützen euch als Team dabei, eure Ziele effizient zu erreichen. Methoden wie Scrum, Design Thinking, Lean Startup oder Kanban können die Zusammenarbeit erheblich verbessern. Es ist wichtig, dass die gewählte Methode gut zu euch passt und deinem Team dabei hilft, effektiv zu arbeiten. Im Folgenden möchten wir kurz auf Kanban eingehen, da wir es für eine der »einfachsten Methoden« halten, um eure täglichen Aufgaben zu strukturieren.

Wie du Kanban im Team ausprobieren kannst

Kanban verwendet ein einfaches Board, das in verschiedene Spalten unterteilt ist, wie »To do«, »In Bearbeitung« und »Erledigt«. Jede Aufgabe wird auf eine Karte geschrieben und je nach Fortschritt in die entsprechende Spalte verschoben. Der Fokus von Kanban liegt auf einem kontinuierlichen Arbeitsfluss. Du hast stets einen klaren Überblick darüber, welche Aufgaben anstehen, woran gerade gearbeitet wird und welche bereits abgeschlossen sind. Dies erleichtert die Priorisierung von Aufgaben und das frühzeitige Erkennen von Problemen.

Machen wir es konkret am Beispiel einer Gründung fest. Dein Ziel ist es etwa, einen Online-Shop für nachhaltige Mode zu gründen. Du hast viele Aufgaben und weißt kaum, wo dir der Kopf steht. Da du jetzt zusätzlich ein kleines Team hast, das auch an Aufgaben arbeiten soll, kannst du deine eigene Aufgabenliste nicht mehr fortführen. Ihr benötigt ein Hilfsmittel, das euch allen eine Übersicht und Transparenz gibt.

Ein einfacher Weg ist es, über Microsoft Planner, Trello oder Notion ein einfaches Board, das in die folgenden Spalten unterteilt ist, zu erstellen.

- To do: Diese Spalte enthält später alle Aufgaben, die bisher nicht begonnen wurden.
- In Bearbeitung: In dieser Spalte erscheinen alle Aufgaben, die du derzeit bearbeitest.
- Erledigt: Hier landen alle abgeschlossenen Aufgaben.

Anschließend kannst du deine Aufgabenliste direkt im Tool erfassen und zunächst einmal in »To do« parken. Schreibe jede Aufgabe auf eine Karte. Die Aufträge sollten idealerweise so formuliert sein, dass sie in einer Arbeitszeit von zwei Wochen erledigt werden können. Beispiele könnten sein:

- Marktanalyse durchführen
- Lieferanten recherchieren
- Website-Design erstellen
- Marketingstrategie entwickeln
- rechtliche Anforderungen klären (zum Beispiel Gewerbeanmeldung)

Sobald du mit einer Aufgabe beginnst, verschiebe die Karte in die Spalte »In Bearbeitung«. Wenn die Angelegenheit abgeschlossen ist, verschiebe die Karte in die Spalte »Erledigt«. Das Board hilft dir, den Fortschritt sichtbar zu machen und Prioritäten zu setzen. Sobald du erkennst, dass in der Spalte »To do«

viele Aufgaben vorhanden sind, kannst du entscheiden, welche davon du zuerst angehen möchtest.

In der agilen Arbeitsweise machen wir »Daily Meetings«, die nicht länger als 15 Minuten dauern. Hier besprechen wir im Team in aller Kürze, was die aktuellen Aufgaben sind, ob jemand im Team Unterstützung braucht oder es sogar Blocker gibt. Daher ein Tipp: Trefft euch täglich virtuell oder physisch ganz kurz, um den Status des Boards zu überprüfen, Aufgaben zu priorisieren und eventuell neue Aufgaben hinzuzufügen. Das fördert die Transparenz und die Zusammenarbeit im Team.

Kanban ist eine einfache Methode, die besonders gut für den Anfang geeignet ist, weil sie leicht verständlich ist und keine komplizierten Planungen oder speziellen Rollen benötigt. Mit Kanban kann dein Team auf Anhieb mit einer klaren Aufgabenstruktur arbeiten, ohne viel Aufwand für die Einführung. Du kannst jederzeit damit beginnen und das System anpassen, wenn sich die Bedürfnisse ändern.

Vorteile von Kanban:

- Du siehst auf einen Blick, welche Angelegenheiten erledigt sind und welche noch anstehen.
- Du kannst jederzeit neue Aufgaben hinzufügen und entscheiden, welche wichtig sind.
- Durch die einfache Struktur kannst du Aufträge schneller abarbeiten und abschließen.
- Alle im Team sind über den Fortschritt informiert, was die Zusammenarbeit verbessert.

Tools, die du dafür verwenden kannst, sind Notion, Trello, Microsoft, Jira und Meistertask.

- Microsoft Teams mit Planner: Hier kannst du Aufgaben erstellen, sie anderen zuweisen und den Fortschritt verfolgen. Das

Planner-Board zeigt die Aufgaben in Listen oder Karten. Du kannst sie ohne Weiteres zwischen verschiedenen Status verschieben, wie »To do«, »In Bearbeitung« und »Erledigt«. So bleibt dein Team in Kontakt und verwaltet die Aufgaben effizient, was die Produktivität steigert.

- Notion: Dieses Tool vereint Notizen, Datenbanken und Aufgabenverwaltung. Du kannst Seiten erstellen, um Informationen zu organisieren, und es lässt sich flexibel anpassen. Notion ist ideal für Teams, die verschiedene Aspekte ihrer Zusammenarbeit integrieren wollen, egal ob einfache To-do-Listen oder komplexere Projekte.

- Trello: Trello nutzt das Kanban-Prinzip. Du erstellst Aufgaben als Karten und organisierst sie in Listen. Karten können verschoben werden, um den Fortschritt zu zeigen. Du kannst Fälligkeitsdaten hinzufügen, Checklisten erstellen und Kommentare einfügen. Trello ist besonders geeignet für Teams, die eine einfache und benutzerfreundliche Oberfläche zum Verfolgen und Organisieren ihrer Projekte suchen.

Jessicas Tipp: Probiere dich aus und suche dir Unterstützung

Probiere unterschiedliche Methoden und Tools aus und entscheide, was am besten zu deinem Team passt. Gerade am Anfang hilft es, Arbeitsweisen zu testen und immer wieder anzupassen. Ich tue das tagtäglich in meinen Projekten. Für meine Kundinnen und Kunden – große Konzerne und Mittelständler, die ich bei deren IT-Transformationsprozessen begleite – komme ich meist dann ins Spiel, wenn etwas ins Stocken geraten ist. Der anfängliche Enthusiasmus ist der Ernüchterung gewichen. Jede*r kocht das eigene Süppchen. Keine*r glaubt mehr ans große Ganze. Es fehlt am »Why«, also an der Ausrichtung auf ein gemeinsames Ziel. Und auch am »How«, folglich an Wegen und Methoden, dieses Ziel zu erreichen. Als Scrum Master und Agile Coach ist es meine Aufgabe, dass die Teams wieder an Fahrt aufnehmen, ihre vorhandenen Ressourcen zu heben und die eigenen Fähigkeiten bestmöglich einzusetzen.

Ich unterstütze euch gerne mit Workshops oder begleite euch über einen längeren Zeitraum, sodass ihr für euch die richtige Struktur im Team findet. Bei Interesse schau gerne auf *wir-gruenden.com!*

Ich arbeite sehr eng mit Alisa zusammen. Wir sind unter anderem Teil des Netzwerks Scrum Events. Hier sorgen wir insbesondere dafür, dass sich mehr Frauen in die agile Welt trauen. Alisa ist seit vielen Jahren Trainerin für Scrum und daher Expertin für Arbeit im Team. Sie wird dir nun ein paar Tipps zum Thema Teamarbeit geben.

Alisa Stolze: Hilfe! Teamarbeit!

Foto: Anya Zuchold

Alisa Stolze coacht und trainiert Teams und Führungskräfte dabei, selbstorganisierende Teamstrukturen und Organisationsstrukturen mit besserem Flow und minimaler Bürokratie aufzubauen. Als Scrum Coach und Trainerin arbeitet sie international in agilen Trainings und Transformations-projekten. Als gelernte Bühnenschaffende liegt ihre heimliche Leidenschaft bei ihrem Podcast »Zusammen mehr Elefant«, in dem sie zusammen mit Lean-Expertin Nadja Böhlmann unter anderem ganzheitliche Organisationsentwicklung diskutiert.

linkedin.com/in/alisastolze

»Together Everyone Achieves More« oder »Toll, ein anderer macht's«: Viele entwickeln schon in der Schulzeit eine ausgeprägte »Teamwork-Allergie«. Diese bezog sich oft auf die Zusammenarbeit an Referaten, die möglicherweise nicht besonders interessant waren. Doch heute habt ihr euch in eurem

Team zusammengefunden, um eine gemeinsame Vision zu verwirklichen! Ihr brennt für das, was ihr zusammen schaffen wollt, und könnt es kaum erwarten, loszulegen! Euer Gründungsteam bringt verschiedene Fachkenntnisse und Persönlichkeitstypen mit, was eine ideale Grundlage für euren Erfolg schafft. Da kann doch nichts mehr schiefgehen, oder?

Das kleine bisschen Komplexität

In meiner Arbeit mit Führungskräften und Teams stelle ich immer wieder fest: Doch, es kann noch etwas schiefgehen. Das liegt oft nicht an einer schlechten Teamzusammensetzung oder an den einzelnen Teammitgliedern, sondern an unseren unrealistisch hohen Erwartungen und der mangelnden Klarheit in der Zusammenarbeit. Mit Gedanken wie »Dieses Mal muss es funktionieren!« oder »In meinem jetzigen Job sind alle einfach unmotiviert, aber in unserem Gründungsteam spüren wir den gleichen Enthusiasmus, das wird ganz anders!« starten wir oft voller Begeisterung in unser Herzensprojekt. Was wir oft übersehen, ist, dass Teamarbeit in einem komplexen System stattfindet, das von vielen unterschiedlichen Faktoren und Unbekannten beeinflusst wird. Morgenmuffel können eure positive Haltung trüben oder von manchen Teammitgliedern hättet ihr euch wirklich mehr Leistung erwartet. Missratene Absprachen können zudem das Vertrauen im Team belasten. Die positive Nachricht: Ihr seid nicht allein und das muss nicht so bleiben! Mit Transparenz und regelmäßigen Feedbackschleifen könnt ihr die Herausforderungen meistern.

Transparenz über das gemeinsame Ziel – Booster für Zusammenarbeit

Es fängt bereits mit der Basis an, dem »Warum« und eurer Vision: Habt ihr alle dasselbe Verständnis? Oft führen wir begeisterte Gespräche und bekommen den Eindruck, dass wir unser Gegenüber verstanden haben. Nur, um uns dann schon bald bei dem Gedanken zu ertappen:»Das kann doch nicht wahr sein, das hatten wir doch ganz anders abgesprochen.«

Im agilen Arbeiten nutzen wir gerne und oft Visualisierungen für das Darstellen von Zielen. Ein Bild sagt mehr als tausend Worte. Nutzt schnelle Handskizzen und Post-its mit Stichworten und bringt diese gemeinsam in den für euch passenden Zusammenhang. Tools für die Visualisierung können einfache Flipcharts und physische Whiteboards sein oder Online Whiteboards wie Miro, Mural oder Concept Board. Der Vorteil der digitalen Tools ist, dass sie sich auch wunderbar mit den Visualisierungshilfen für die gemeinsame tägliche Arbeit verknüpfen lassen. Transparenz hilft euch, schneller auf ein gemeinsames Verständnis zu kommen.

Wenn ihr während der Zusammenarbeit gelegentlich ins Zweifeln geratet und euch fragt:»Wollen wir das wirklich umsetzen?« oder»Gehört das zu unserem Business?«, könnt ihr jederzeit auf eure Visualisierung zurückgreifen, um mehr Klarheit zu gewinnen. Die Anpassung eurer Visualisierung ist nicht nur erlaubt, sondern wichtig, wenn ihr erkennt, dass eine Kursänderung notwendig ist. Flexibilität ist ein Schlüssel zum Erfolg, denn sie ermöglicht es euch, auf Veränderungen im Markt oder in eurem Team zu reagieren und eure Ziele weiterhin deutlich im Blick zu behalten.

Transparenz in den Teamabsprachen

Genauso verhält es sich mit euren Teamwerten und Teamvereinbarungen, der Basis für gegenseitiges Vertrauen. Vertrauen ist in der Teamarbeit unerlässlich, aber woher nehmen, wenn meine Mit-Gründer*innen nicht zu meinem engeren Familien- oder Freundeskreis gehören und wir vielleicht alle unterschiedlich ticken? Am besten startet ihr mit einem vereinbarten Vertrauensvorschuss, einer »Designed Alliance«[4], mit der ihr eure Werte im Team transparent macht.

Diana Larsen, die im Kontext agilen Arbeitens mit unglaublich vielen diversen Teams zusammengearbeitet hat, schlägt vor, den gemeinsam identifizierten Werten noch konkrete Absprachen hinzuzufügen.

Wenn ich in meinen Teams frage, was ihnen in der Zusammenarbeit wichtig ist, antworten sie häufig mit »gegenseitiger Respekt«. Aber was bedeutet »Respekt« konkret? Woran erkennen wir, dass wir einen respektvollen Umgang im Team pflegen? Eine gut umzusetzende Absprache erspart euch da manchen Frust mit vermeintlich »respektlosem« Verhalten und öffnet den Raum für Gespräche.

Ich selbst bin auch viel in Schulen mit eduScrum unterwegs. In Teams von Schüler*innen heißen solche Teamvereinbarungen »Definition of Fun«. Entscheidend ist, dass alle ein gemeinsames Verständnis entwickeln, wie sie mit Freude zusammenarbeiten und lernen können. Transparenz ist das A und O!

Teamvereinbarungen, »Designed Alliances« und »Definitions of Fun« können von Werten und Regeln über bevorzugte Kommunikationskanäle, beste Tageszeiten, Fun Facts, rote Tücher und Arbeitsbereiche bis hin zur Teammission reichen.

Es gibt kein richtig oder falsch bei der Anzahl der Absprachen, die ihr als Team benötigt. Es liegt an euch, zu entdecken, wie viele Vereinbarungen sinnvoll sind und wann zu viele Regeln euch eher einschränken. Achtet darauf, was euch guttut! Und vor allem: Lasst euch nicht entmutigen, wenn ihr nicht sofort die perfekten Absprachen findet. Euer Team ist ein komplexes System, das sich ständig weiterentwickelt und auf seine Umgebung reagiert. Teamregeln dürfen sich verändern – sie können wachsen oder auch wieder reduziert werden. Nehmt euch im Team regelmäßig Zeit, darüber zu reflektieren.

Transparenz in der gemeinsamen Arbeit

Wie oft müssen wir uns absprechen? Wer macht gerade was? Hat sich jemand schon um diese Anfrage gekümmert? Vielleicht haben wir den Luxus, dass wir als Team eng beisammensitzen, oder können uns als kleines Team und dank unserer Kommunikationskanäle gut für Rückfragen erreichen. In Tools wie »Slack« findet meist jedes Gesprächsbedürfnis seinen geordneten Platz dadurch, dass jedes Thema einen eigenen Chat-Raum erhält. Whiteboard-Tools sind verknüpfbar sowie zum Teil schon integriert.

Visuelle Transparenz in der Organisation der täglichen Arbeit erleichtert den Flow im Team. Die oft gewählten Klassiker sind Boards mit Spalten wie »Zu tun«, »In Arbeit« und »Erledigt« oder weiteren Kategorien wie »Wird gerade überprüft« oder »Blockiert«. Die Grundlage ist einfach: Ihr visualisiert mithilfe von Tickets analog oder digital den Fluss der Arbeit. So wisst ihr auf einen Blick, wie es um den Arbeitsfortschritt steht, wo es hakt und wo ihr aushelfen müsst. Diese Boards können physisch erstellt werden mit Post-its an an der Wand/ auf dem Whiteboard oder spezielle digitale Tools können eingesetzt werden.

Iterationen und Feedbackschleifen

Je größer das Team, desto häufiger müssen wir uns absprechen und synchronisieren, um zu wissen, was derzeit zu tun ist und wie wir zum gemeinsamen Ziel beitragen können. Für eine leichtgewichtige Abstimmung im Team kann man sich wunderbar beim Rahmenwerk »Scrum« Inspiration holen. Scrum, wie auch »Lean Startup«, nutzt regelmäßige

Iterationen, um frühzeitig Feedback von potenziellen Kundinnen und Kunden einzuholen. Denn, egal, wie großartig wir unsere Ideen finden, dass Kundinnen und Kunden bereit sind, dafür Geld auszugeben, ist bloße Vermutung. Es dauert, bis tatsächlich der erste Groschen in der Kasse klingelt. Deshalb macht es bei neuen Produkten und unbekannten Märkten Sinn, sich immer wieder Zwischenfeedback zu holen, um sicherzustellen, dass wir nicht am Markt vorbeiarbeiten.

Dafür wird ein Rhythmus vereinbart, an dessen Anfang wir für die nächste Iteration planen, um am Ende ein Feedback deiner Kundinnen und Kunden einholen zu können. Das kann euch schon am Anfang eurer Zusammenarbeit eine Menge Risiko ersparen!

Ein solcher Rhythmus ist auch super, um Arbeit im Team zu strukturieren und ganz natürlich die Klarheit und Disziplin zu unterstützen. Setzt immer wieder ein neues Ziel, das in einem festgesetzten Zeitrahmen erreicht werden soll. »Bis in zwei Wochen wollen wir einen ersten Dummy für unser Produkt haben.« So kann das ganze Team wunderbar fokussiert arbeiten und konzentriert sich aufs Wesentliche. Scrum-Teams sprechen sich zusätzlich einmal pro Tag kurz ab, um gut synchronisiert zu sein.

Iterationen für die Verbesserung der Zusammenarbeit – ein Wundermittel!

Feedbackschleifen zu eurer Arbeit sind unglaublich hilfreich, wenn ihr bisher nicht wisst, ob ihr eure Kundinnen und Kunden perfekt verstanden habt. So könnt ihr vermeiden, dass Zeit unnötig investiert wird. Moment mal, wie ist das eigentlich mit unseren Teammitgliedern? Können wir dieses Prinzip auch aufs Team umlegen? Trefft euch doch auch regelmäßig, um über eure Zusammenarbeit zu sprechen!
Scrum-Teams machen das sogar am Ende jeder Iteration.

Durch verbesserte Absprachen könnt ihr wunderbar auf den einmal vereinbarten Vertrauensvorschuss aufbauen und euch immer besser kennenlernen. Am Anfang scheint euch das vielleicht ein wenig merkwürdig, aber der Mensch ist ein Gewohnheitstier. Wenn ihr euch erst daran gewöhnt habt, über eure Teamdynamik zu sprechen, dann fällt es euch immer leichter und das Vertrauen wächst. Außerdem ist es immer gut, eine Zeit zu haben, in der es erlaubt und ausdrücklich gewünscht ist, über Zwischenmenschliches und auch Verbesserungswünsche für die Arbeitsweise zu sprechen, falls euch das sonst eher schwerfällt.

Wenn ihr inspirierende Formate benötigt, um solche Gespräche zu starten und gut zu moderieren, könnt ihr bei »Liberating Structures« oder »Retr-o-mat« nachschauen.

Teamphasen kennen – bleibt das jetzt so?

Ein anfänglicher Vertrauensvorschuss kann mithilfe von transparenten Absprachen und regelmäßigen Gesprächen zur Nachschärfung wachsen. Zusätzlich ist es ratsam, sich gemeinsam ein Modell zur Teamentwicklung anzusehen. Ein Klassiker ist hier unter anderem die Teamuhr von Tuckman[5].

Wichtig hierbei ist, sich klarzumachen, dass ihr als Gruppe auch schwierige Phasen durchlaufen könnt, ohne dass ihr befürchten müsst, dass »das hier alles nichts wird«. Natürlich wollen alle, dass die Teamarbeit gut von der Hand geht, genauer gesagt, dass die Zusammenarbeit nicht zum Killer eures gemeinsamen Ziels wird. Aber Konflikte oder zähe Phasen gehören auch dazu und können sogar zusammenschweißen.

Seid hier auch geduldig mit euch und holt euch im Zweifelsfall eine neutrale Person von außerhalb, um Gespräche in schwierigen Phasen zu unterstützen.

Denk daran, dass ein erfolgreiches Team auf einer klaren, gemeinsamen Vision fußt. Wenn du dir selbst, deinem »Warum« und deiner Idee treu bleibst, wirst du ein Team aufbauen können, das diese Werte teilt und gemeinschaftlich mit dir an der Umsetzung arbeitet.

#teamchallenge

Bevor du im nächsten Kapitel deinen Blick auf dich als Führungskraft lenkst, haben wir noch eine Aufgabe für dich: Verfasse einen Post auf LinkedIn oder Instagram, in dem du über deine Erfahrungen bei der Suche nach deinem Team für deine Gründungsidee sprichst. Welche Herausforderungen hast du dabei erlebt? Wie hast du die richtigen Personen gefunden und was hat dir geholfen, ein starkes Team aufzubauen?

1. Wenn du noch nach einer Teamerweiterung suchst, nutze dein Netzwerk! Erkläre, welche Person mit welchem Persönlichkeitstyp du suchst, und frage nach, wen deine Follower kennen, die perfekt zu deinem Unternehmen passen.
2. Frage deine Follower alternativ, welche Tipps sie für die Teamfindung haben und welche Erfahrungen sie gemacht haben. Damit machst du anderen Frauen Mut, die ebenfalls auf der Suche nach den richtigen Mitstreiter*innen sind.

Tagge @wir.gruenden in deinem Beitrag, um die Reichweite zu erhöhen. Wir werden deinen Beitrag teilen!

10 Du als inspirierende Leaderin

Nun widmen wir uns deiner Rolle als Führungskraft und Leaderin. Die Fähigkeit, wirklich zu führen, geht über die bloße Übernahme einer Führungsposition hinaus. Du lernst, welche Verantwortung du als Führungskraft trägst und wie du dein Team inspirieren und anleiten kannst, um gemeinsam die gesetzten Ziele zu erreichen. Wir ermutigen dich, über deine eigenen Führungsqualitäten nachzudenken und sie weiterzuentwickeln. Willst du deinen authentischen Führungsweg finden? Nicht jeder führt auf die gleiche Weise und es gibt keinen universellen Stil, der für alle passt. Wichtig ist, dass du deinen eigenen Stil entwickelst, der zu deinen Werten, deiner Persönlichkeit und deinem Team passt. Positionierst du dich zusätzlich als Meinungsführerin und arbeitest an deiner Brand, hat dies erhebliche Vorteile für dein Unternehmen.

10.1 Du trägst Verantwortung als Führungskraft und das macht Spaß!

Führung und Management sind beide essenziell für den Erfolg deines Unternehmens, aber sie erfordern unterschiedliche Ansätze und Fähigkeiten. Management konzentriert sich auf die Arbeit *im* Unternehmen – die effiziente Verwaltung von Ressourcen, Prozessen und Zeit. Es geht darum, sicherzustellen, dass das Tagesgeschäft reibungslos ab läuft, und Probleme pragmatisch zu lösen. Diese Arbeit kann anspruchsvoll sein, erfordert oft schnelle Entscheidungen und das Einhalten von Plänen und Budgets. Dennoch ist es ein systematischer Prozess, der durch gut durchdachte Strukturen und effiziente Abläufe leichter bewältigt werden kann.

Führung hingegen ist die Arbeit *am* Unternehmen – sie ist der entscheidende Faktor, der langfristigen Erfolg und Wachstum ermöglicht. Führung bedeutet nicht, einfach Befehle zu erteilen, sondern eine Vision zu entwickeln, die das Unternehmen vorantreibt. Führung bedeutet, Vertrauen aufzubauen und die Menschen mitzunehmen, anstatt sie zu kontrollieren. Kommunikation, Partizipation und das Einfühlungsvermögen, auf individuelle Bedürfnisse einzugehen, spielen eine zentrale Rolle. Führung erfordert Mut, voranzugehen, selbst wenn Hindernisse auftreten, und die Fähigkeit, das große Ganze im Blick zu behalten, während gleichzeitig auf die Bedürfnisse des Teams geachtet wird.

Du bist eine gute Führungskraft, wenn du dir deiner Verantwortungen bewusst bist und danach handelst. Welche Verantwortung hast du als Unternehmerin?

Du bist verantwortlich für die Wirtschaftlichkeit deines Unternehmens

Für viele Unternehmerinnen steht Gewinnmaximierung nicht an erster Stelle[1], doch Profitabilität ist entscheidend für den langfristigen Erfolg. Um dein Unternehmen am Leben zu halten, braucht es strategische Planung, kluge Personalentscheidungen, ständige Marktanpassung und eine effiziente Ressourcennutzung. Wenn du Investorinnen und Investoren ins Boot holst, gehst du auch ihnen gegenüber finanzielle Verpflichtungen ein. Bedenke: Je höher der Gewinn, desto mehr kann dein Unternehmen wachsen – aber auch die Risiken steigen. Einen großen ökonomischen Schaden, durch den dann auch der Einsatz von viel wertvoller Zeit, Talent und Engagement in den Sand gesetzt wird, musst du bestmöglich verhindern.[2]

Du lieferst deinen Beitrag zur Nachhaltigkeit

Nachhaltigkeit ist für den Schutz unserer Erde unabdingbar und betrifft die gesamte Lieferkette, die Abfälle und den digitalen Footprint. Noch nie zuvor hatten Menschen diese Leistungsfähigkeit in der Produktion von neuen Produkten. Jede irrwitzige Idee scheint heute durch ausreichend Ressourcen realisierbar. Doch die Ressourcen verantwortungsvoll und nachhaltig einzusetzen, ist die Kunst.[3] Viele Unternehmen nutzen außerdem die Möglichkeit der CO_2-Kompensation, um ihren Footprint zu reduzieren. Biete auch du nachhaltige Produkte an oder stelle zumindest zusätzlich nachhaltige Produktversionen zur Auswahl. Wenn du diese nachhaltigen Produkt-Optionen als Standardprodukte einstellst, animierst du deine Kundinnen und Kunden dazu, eine umweltfreundliche Wahl zu treffen. Wir Menschen neigen bekanntlich dazu, Standardeinstellungen zu akzeptieren, weil sie uns Sicherheit geben. Nutze dieses Wissen verantwortungsvoll. Zudem solltest du Ausbeutung vermeiden, auf Ressourcenschonung in der ganzen Lieferkette achten und regionale Produkte bevorzugen[4].

Du trägst soziale Verantwortung

Beginne mit fairen Arbeitsbedingungen und Löhnen, schaffe einen Raum frei von Diskriminierung, in dem Vielfalt geschätzt wird. Teams, die verschiedene Perspektiven und Fähigkeiten einbringen, sind kreativer und erfolgreicher. Setze auf Transparenz und ethisches Handeln – das überzeugt auch Kundinnen und Kunden, Investorinnen und Investoren und Geschäftspartner*innen. Fördere Dialoge über gesellschaftliche Grenzen hinweg, um Spaltung entgegenzuwirken und ein friedvolles und unterstützendes Umfeld zu schaffen. Maßnahmen im Bereich Corporate Social Responsibility (CSR) kannst du auch extern umsetzen, aber es ist wirkungsvoller, soziale Verantwortung innerhalb des Unternehmens zu leben.

Du bist verantwortlich für Rechtskonformität und Qualität

Auch, wenn das Thema unsexy ist: Als Gründerin ist es unverzichtbar, dich mit geltenden Gesetzen und Vorschriften auseinanderzusetzen. Gerade am Anfang scheint es ein undurchdringbarer Dschungel zu sein: Bürokratie, Amtsgänge und Vorschriften, die intransparent sind und wertvolle Zeit kosten. Optimalerweise holst du dir bei Bedarf Hilfe von denjenigen, die wissen, was zu tun ist. Unterstützendes Wissen bieten unter anderem die IHK (Industrie- und Handelskammer), Verbände deiner Branche, die Steuer- oder Rechtsberatung. Beispiele für zu beachtendes Recht sind Datenschutz, Arbeitsrecht, Umweltschutz, Urheberrecht und Steuerrecht. Auch die Sicherung der Qualität liegt in deiner Verantwortung. Weist dein Produkt oder deine Dienstleistung Mängel oder Fehler auf, geht Vertrauen der Kundinnen und Kunden verloren und die Reputation leidet. Je nach Produkt können Fehler auch zur Gefahr werden. Sicherheit zu gewährleisten bedeutet beispielsweise auch, alle notwendigen Informationen zur Nutzung des Produkts bereitzustellen und über potenzielle Risiken aufzuklären. Je etablierter das Unternehmen und je höher die aufgerufenen Preise, desto weniger verzeiht die Kundschaft Mängel. Sobald die Testphase abgeschlossen ist, lohnt es sich, das Unternehmen in all diesen Bereichen solide aufzustellen.

Du bist verantwortlich für die Ausrichtung deines Unternehmens

Ironischerweise kann Erfolg, insbesondere schnelles Wachstum, eines der größten Risiken für ein Unternehmen darstellen. Während des Wachstums verlieren viele Gründer*innen das ursprüngliche »Warum« aus den Augen, das sie anfangs angetrieben habt. Sie sehnen sich oft nach den frühen Tagen zurück, in denen alles klein und leidenschaftlich begann und alle ein klares Ziel vor Augen hatten. Jedoch inkludiert das Wachstum neue Herausforderungen: Man muss Verantwortung abgeben und Entscheidungen werden nicht mehr von der Visionärin allein getroffen. Dadurch kann die zentrale Vision verloren gehen.[5] Deine Aufgabe als Führungskraft ist es, trotzdem das gesamte Team zusammenzuhalten und immer wieder die Ziele deutlich zu formulieren, sodass jede*r Mitarbeitende die Richtung kennt. Dein innerer Kompass spielt dabei eine zentrale Rolle, da er dich in kritischen Entscheidungsprozessen leiten wird. Hörst du auf deine inneren Impulse, hilft es dir, schwierige Situationen zu meistern. Fühlt sich der Weg für dich richtig an? Dann brauchst du nur noch die passenden Argumente und kannst dein Team überzeugen. Ein starker Fokus auf Selbstreflexion und das Lernen aus vergangenen Fehlern wird dir helfen, eine herausragende Führungskraft zu werden.

Du bist verantwortlich dafür, dein Team zu motivieren

Gute Führungspersönlichkeiten führen durch Inspiration statt Manipulation. Ihre charismatische und optimistische Art bewegt die Menschen. Sie erzeugen ein Gefühl der Zugehörigkeit und schaffen einen sicheren Rahmen, in dem Risiken willkommen sind und Fehler als Teil des Lernprozesses angesehen werden. Sie wissen, dass oft nicht der erste Versuch der beste ist, sondern vielleicht der zweite oder dritte. Sie manipulieren nicht durch Druck, Angstmacherei oder spezielle Lockmittel, sondern motivieren positiv durch Inspiration. Diese Art von Führung baut auf Vertrauen, das sich auf gemeinsame Werte stützt. Die Mitarbeitenden haben Vertrauen in ihre Führungskräfte, weil sie wissen, dass es ihnen um etwas Größeres geht als Ego oder Geld.[6]

Du bist verantwortlich dafür, das Beste aus deinem Team herauszuholen

Als Gründerin und Führungskraft hast du die Aufgabe, das Potenzial deines Teams zu entfalten. Dazu gehört, die Stärken und Fähigkeiten jedes Einzelnen zu erkennen und zu fördern. Klare Kommunikation ist unerlässlich: Formuliere deine Erwartungen präzise und höre aktiv zu, um Missverständnisse zu vermeiden. Empathie spielt eine entscheidende Rolle, da sie dir hilft, ein Arbeitsumfeld zu schaffen, in dem sich jede Person gehört und verstanden fühlt. Dadurch förderst du nicht nur Kreativität, sondern auch eine Kultur der Offenheit und des Vertrauens, die für den Erfolg unerlässlich ist.

Dr. Christiane Gierke: Niemand gewinnt allein – Führung und Teaming

Dr. Christiane Gierke ist Unternehmerin, Autorin und Expertin für Persönlichkeitsmarketing® und Enabling Marketing. Sie unterstützt mit der von ihr gegründeten und geführten TEXT-UR Agentur mittelständische, meist international aufgestellte Unternehmen in den Bereichen Markenpositionierung und -führung, Kommunikations- und Marketingstrategien, Medien- und Buchproduktionen. Sie ist ehrenamtlich im Natur-, Klima- und Tierschutz engagiert und gründet zurzeit ein weiteres Unternehmen mit mehreren Partner*innen.

Foto: ellepouchetphotography

text-ur.de

Du bist Führungspersönlichkeit Nummer 1

Du hast eine Gründungsidee, ein Produkt- oder Dienstleistungsportfolio für den Start entwickelt, eine umfassende Markt- und Kundenbedarfsanalyse gemacht, kannst das Zahlenwerk deines Businessplans noch nach einer Partynacht vor- und rückwärts ausspielen und erfreust sogar die Mitreisenden in der Bahn mit deinem perfekten Elevator Pitch. Du bist fit in Sachen Betriebswirtschaft und hast bereits einen Weg durch das Behördendickicht geschlagen – dann hast du ja fast schon alles zusammen, damit dein Start-up gedeihen wird und eine Wachstumsgeschichte hinlegen kann. Was die meisten Gründerinnen aber nicht auf dem Schirm haben: die entscheidende Bedeutung von erstens Führung und zweitens Teaming.

Auch wenn du Einzelgründerin bist und »den Laden« – die Praxis, das Café, die Agentur – allein stemmen willst, brauchst du Mitarbeiter*innen oder wirst Subunternehmer*innen beschäftigen. Plötzlich bist du: eine Chefin. Du als Gründerin steigst bei dir selbst immer auf Führungsebene ein! Nur, dass die allerwenigsten Gründerinnen eine Führungsausbildung durchlaufen haben. Der häufigste Fehler ist der Gedanke: »Ach, das kommt von allein, Hauptsache, ich kann überhaupt starten. Ich wachse da schon rein!«

Management vs. Führung

Der Punkt ist, du musst dir von Anfang an über deine Führungsrolle und Führungsverantwortung im Klaren sein. Als Gründerin hängt an dir zuerst (noch) beides: Management und Führung. Management – sei es agil oder klassisch – ist wichtig: beispielsweise Leistungskennzahlen vorgeben und kontrollieren, Prozesse optimieren, Mailings verbessern, Reklamationsmanagement sauber aufsetzen. Management ist nie einfach, aber (im besten Fall) effektiv und effizient.

Führung aber ist entscheidend. Beispielsweise: die entscheidenden Strategien bezüglich Finanzierungsmodellen, Marktzutritt, Produktentwicklung, Nutzen- und Erfolgsversprechen (ehemals: USP), Kundenausrichtung, (Vertriebs-)Partnergewinnung, KI-Einsatz, Zukunftsorientierung aufstellen und nach innen wie außen verstehbar kommunizieren. Außerdem: Mitarbeitende für (gemeinsame) unternehmerische Ziele begeistern – und auch dafür einstehen. Selbst wenn der Sturm einmal von vorne bläst oder alle im bisherig Gewohnten weiterwursteln wollen, weil es ja bequemer ist, ist es deine Aufgabe, zu führen. Führung ist – mit wachsender Unternehmensgröße – weniger Arbeit IM, aber mehr Arbeit AM Unternehmen. Führung ist nie bequem, aber sie ist (im besten Fall) visionär. Sie gestaltet. Die Zukunft deines Unternehmens.[7]

Die eigene Führungs-Toolbox muss gefüllt werden

Die Erfahrung zeigt: Niemand wächst da so rein. Tipp: Es ist für jede Gründerin nützlich, die eigenen Führungskompetenzen zu analysieren und zielgerichtet auszubauen, sich von Anfang an weiterzubilden in Sachen Führung. Das beginnt mit der Selbstführung, denn nur, wer sich selbst gut führen kann und die entsprechenden Kompetenzen bei sich

entwickelt, ist im Stande, andere überzeugend zu führen.
Kurz: Die eigene Führungs-Toolbox muss gefüllt werden,
denn schnell stellt sich heraus: Jede*r Mitarbeitende will auf
die je eigene, zu ihm oder ihr passende Art geführt werden.
»One size fits all« funktioniert nicht einmal in der Mode und
noch viel weniger im kompetenten Umgang mit Menschen.

Individuell passend führen: Persönlichkeits- und Kompetenzdiagnostik

Jede*r Mitarbeitende bringt eben nicht nur Fähigkeiten und
Hard Skills für den Job in deinem Unternehmen mit, sondern
auch eine individuelle Persönlichkeitsstruktur sowie ein eigenes Set an inneren Werten und Motivatoren, die ihn oder sie
antreiben. Als Gründerin in der Chefin-Rolle ist es deine
Aufgabe, dich darauf einzustellen und in adäquater Weise
führen, fordern und fördern zu können. Tipp: Eine gute Unterstützung können dabei Persönlichkeits- und Kompetenzdiagnostiktools bieten, weil sie das Verständnis füreinander
erhöhen und bessere Führungskommunikation ermöglichen[8].
Recht bekannt sind Modelle, die die unterschiedlichen Persönlichkeitstypen etwa augenfällig in Farbwerte übersetzen:
Da gibt es, zugespitzt, etwa die »selbstbewussten roten Ma-
cher«, die »inspirierenden gelben Kreativen«, die »sozial ori-
entierten grünen Vermittler« oder die »zahlenorientierten
blauen Strukturierten« – und selbstverständlich viele
Mischformen.[9]

Der Vorteil: Wenn ich mich als Gründerin (und Chefin) gut
in meiner Persönlichkeitsstruktur kenne und gelernt habe,
mein Gegenüber entsprechend einzuschätzen, kann ich
ihm wertschätzend entgegenkommen und »in seiner Welt«
argumentieren. Denn Führungsübel Nummer 1 ist missver-
ständliche Kommunikation, die auf unterschiedlichen Werte-
systemen basiert. Verstehen aber produziert Verständnis und
eine gute »gemeinsame Welle«.

Teaming: ausgewogener Skill- und Persönlichkeiten-Mix

Praktisch ist dieses Wissen auch für deine entscheidende Aufgabe der Zusammenstellung von Teams. Natürlich wirst du darauf achten, dass in der Summe in deinem Team alle Fähigkeiten vorhanden sind, die für die Arbeit, die gemeinsame Zielerreichung notwendig sind. Als ebenso wichtig aber hat sich erwiesen, dass Teams auch auf der persönlichen Ebene funktionieren. Und das geht einfacher und reibungsloser mit einem ausgewogenen Mix an Persönlichkeiten und Kompetenzen.

Gründerteams: Persönlichkeitstypen austarieren

Das gilt gleichermaßen für die (häufige) Gründung zu zweit: Da muss die Passung der Werte und Persönlichkeiten ganz weit oben stehen! Ohne Weiteres kann es in der Regel passieren, dass im Laufe der Jahre eine Partnerin »untergebuttert«, nicht mehr auf Augenhöhe wahrgenommen wird – umso mehr, wenn es sich zudem um ein privates Paar handelt. Tipp: Hier kann es nützlich sein, sich mit Persönlichkeitsdiagnostik, Werte- und Motivationsmodellen oder auch den bekannten »Big Five«-Faktorenmodell (auch als OCEAN-Modell bekannt: Openness, Conscientiousness, Extraversion, Agreeableness, Neuroticism) auseinanderzusetzen.[10]

Noch wichtiger ist dies bei Gründung mit mehreren Partner*innen oder Gesellschafter*innen: Lauter produktverliebte (blaue) Tüftler mit tollen Ingenieur- oder Programmier-Ideen werden sich fabelhaft verstehen, aber bekommen die PS nicht auf die Straße. Ein Gründerteam aus macht- und statusorientierten »Rot-Gelben« wird sich mittelfristig Rangordnungskämpfe liefern und harmoniebedürftige »grüne« Persönlichkeiten gehen notwendigen Konflikten vielleicht so lange aus dem Weg, bis sie herausgemobbt werden. Entscheidend ist dabei nicht nur die richtige Mischung der Kompetenz- und

Persönlichkeitstypen, sondern auch, dass sich von Anfang an alle Gründer*innen über diese bewusst sind und sie als gleichwertig definieren und akzeptieren. Der Klassiker: Die extrovertierte »gelbe« Persönlichkeit beansprucht Vertrieb und Kundenkontakt für sich, empfindet sich dann nach kurzer Zeit schon als »the money maker« im Team und erwartet damit eine Sonderbehandlung. Es wäre jedoch eventuell von Vorteil gewesen, direkt zu überlegen, ob die verbindlich-fröhliche »grüne« Persönlichkeit nicht die bessere Vertriebsleitung darstellt und auch ausgleichend im Gründungsteam auftritt.

Entscheidend ist zudem die klare Zuordnung von Kompetenzen und Verantwortlichkeiten von Beginn an – jeder Person in diesem Team muss klar sein, welche fachliche Expertise und persönliche Kompetenz jede mitbringt, was ihr unverzichtbarer Beitrag ist, welche Erwartungen an sie gestellt werden und welcher inhaltliche Verantwortungsbereich ihr zugeordnet ist. In der Praxis hat sich erwiesen, dass darüber hinaus eine eigene Profilierung hilfreich sein kann: Was ist ihr Herzensthema, wofür steht sie, wofür will sie bekannt sein. Ein gutes Team muss elastisch genug sein, diesem Thema – in meinem Falle zum Beispiel Persönlichkeitsmarketing[®11] – Platz einzuräumen, damit alle im Team sich sowohl als Gemeinschaft als auch als individuelle Persönlichkeiten wohlfühlen und den Spaß behalten. Denn nur der Spaß an und die Sinnerfüllung[12] in der neu gegründeten Unternehmung bringen uns auf Dauer voran.

Christiane geht unter anderem auf diese Kompetenzdiagnostiktools ein, die wir dir im vorangegangenen Kapitel 9 vorgestellt haben. Nutze dein neu erlangtes Wissen über die Persönlichkeitsprofile, um Aufgaben effizient zu verteilen und die Zusammenarbeit zu optimieren. Denk darüber nach, wie die verschiedenen Typen gemeinsam arbeiten können, um maximale Effizienz zu erreichen. Du kannst diese Erkenntnisse auch direkt beim Recruiting einsetzen.

Jessicas Tipp: Gute Kommunikation rettet »schlechte Tage«

Ich glaube nicht, dass du für das erfolgreiche Führen deines Teams 60 Stunden pro Woche arbeiten musst und das Leben der Firma unterordnen solltest. Wichtig ist, dass dein Business zu deinem Leben passt – nicht umgekehrt. Du musst weder die nächste gefeierte »Powerfrau« werden noch dein persönliches Leben opfern, um als kompetente Unternehmerin zu gelten. Dein Erfolg basiert auf deinem individuellen Weg, deinen Prioritäten und deinen eigenen Zielen. Wenn die Führung kurzzeitig herausfordernd wird und du an dir selbst zweifelst, hast du vielleicht das Gefühl, als ob jede*r im Team in eine andere Richtung will. Obwohl alle gute Projekte durchführen möchten, kann es zu Turbulenzen kommen. Jede*r bringt unterschiedliche Fähigkeiten und Perspektiven mit. Warum also nicht diese Vielfalt nutzen, um etwas Großartiges zu schaffen? Mein Ziel ist es, das Beste aus unserem Miteinander herauszuholen. Dabei ist es von Bedeutung, dass ich mich deutlich ausdrücke und sicherstelle, dass alle richtig verstehen, was ich meine. Wenn mir in der Kommunikation etwas unklar ist, frage ich nach.

Das klingt einfach, kann aber manchmal sehr herausfordernd sein. Wenn es in deinem Team rumort, nimm dir Zeit für eine offene Kommunikation! Wenn du Menschen begeistern möchtest, sei ein Meister der Sprache. Ein einziges Wort kann Begeisterung wecken oder jemanden vor den Kopf stoßen. Deshalb ist es wichtig, Empathie und Feingefühl und Strategie in der Kommunikation zu nutzen.

Zusätzlich zu den inhaltlichen Feedbackschleifen ist es entscheidend, auch im zwischenmenschlichen Miteinander Feedback zur Gewohnheit zu machen. Sowohl positives als auch konstruktives Feedback können dabei helfen, Missverständnisse zu klären und die Zusammenarbeit zu stärken. Eine einfache Übung, wie das WWW-Feedback (Was war gut? Was könnte besser sein? Was war herausfordernd?), kann euch helfen, eure Kommunikation zu verbessern.

Missverständnisse entstehen schnell, vor allem, wenn Teams nicht dieselbe Muttersprache sprechen. Wenn Feedback Teil eurer täglichen Routine wird, könnt ihr schneller vorankommen und Hürden überwinden. Denkt daran: Empathie und Verständnis sind der Schlüssel zu einer effektiven Teamarbeit und erfolgreichen Führung!

Reflexionsaufgaben: Deine Rolle als Führungskraft

Bist du gerne in der Rolle als Führungskraft? Warum oder warum nicht? Was reizt dich daran, ein Team zu führen, und welche Bedenken hast du möglicherweise?

Was reizt dich daran, ein Team zu führen?

Welche Bedenken hast du?

Was empfindest du als positive und negative Eigenschaften einer
Führungskraft?

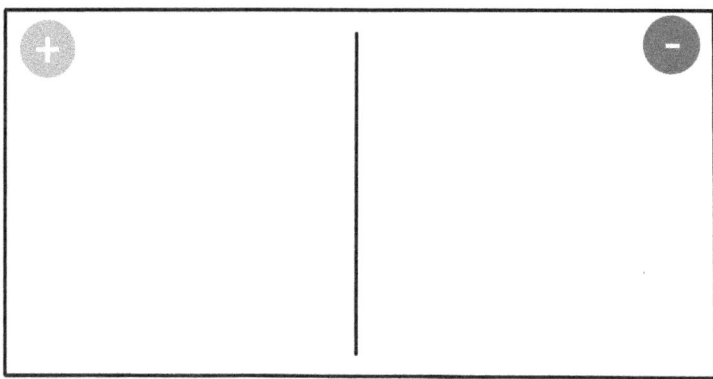

Wer ist für dich eine bedeutende Führungspersönlichkeit?

Warum inspiriert dich diese Person? Welche Eigenschaften oder
Handlungen machen sie zu einem großen Vorbild?

Was sind die drei wichtigsten Dinge, die du lernen müsstest, um eine noch bessere Führungskraft zu werden?

★

★

★

Manchmal hilft es schlichtweg, eine ganz andere Perspektive zu einzunehmen. Lass dich jetzt von Vera inspirieren. Sie wählt einen unkonventionellen Weg, um Menschen zu helfen, Führungsqualitäten zu erlangen.

Vera Peters: Die Safari-Strategie und was wir von der Wildnis lernen können

Vera Peters ist Dipl. Ingenieurin für Luft- und Raumfahrttechnik, Wirtschaftsingenieurin und Master Mediatorin mit mehr als 25 Jahren Führungs- und Großprojekterfahrung bei der Deutschen Lufthansa AG, selbstständige Organisations- und Managementberaterin, Dozentin für interkulturelle Kompetenz, Autorin und Kolumnistin. Sie verbindet mit ihrer LIFE Safari® das Abenteuer und die Weisheit der Wildnis mit handfestem Business-Know-how. Mit ihrem Consulting-Unternehmen »Business Art« hat sie bereits über 1.600 Unternehmer und Führungskräfte begleitet. Zudem ist sie Gründerin des gemeinnützigen Vereins »Business4Needs&Dreams e.V.«.

businessart.de

Stelle dir vor, du wachst in der atemberaubenden Steppe Tansanias auf, während die ersten Sonnenstrahlen durch dein Zelt scheinen und den Tag sanft einläuten. Die wilde Natur umgibt dich, Zebras grasen in der Ferne und der Geruch der Erde erfüllt die Luft. Wir sind startklar, um jene kostbaren Momente zu erleben, die die Steppe in den frühen Morgenstunden zu bieten hat. Eine farbintensive und kontrastreiche Landschaft in einem Farbgemisch aus Rot und Ocker rahmen grasende Zebraherden in fast greifbarer Nähe ein. Wir hören Gnus schnauben und Vögel zirpen, während uns der Geruch nach taufrischer Erde, Tieren und Pflanzen aller Art um die Nase weht. Demütig schauen wir uns um: Natur in schönster Vollendung. Und wir sind da – mittendrin.

Am Vorabend sind wir, die Abenteurer*innen der LIFE Safari, erst mit der Dämmerung an unserem kleinen Camp eingetroffen, haben im Dunkeln mit Stirnlampen am Lagerfeuer gekocht und uns nach bewegenden Geschichten zufrieden in die Schlafplätze zurückgezogen. Wieder einmal war der Tag ereignisreich anders verlaufen als vorbereitet, denn hier wird uns deutlich: Das Leben und die Natur planen nicht.

Starke Regenfälle haben am Vortag innerhalb kürzester Zeit die Straßen unbefahrbar gemacht und unsere Fahrzeuge im tiefen Schlamm eingegraben – mitten in der Wildnis Afrikas, kein ungefährlicher Aufenthaltsort. Doch wir hatten Glück. Zusammen mit einer Gruppe von Einheimischen konnten wir mit vereinten Kräften einen Weg aus dem »Schlamassel« finden. Ein großartiger Moment! Dieses Gefühl von »Gemeinsam sind wir stark« ist überall auf der Welt gleichermaßen überwältigend. Und dann fühlen wir auch unsere Sehnsucht nach Freiheit, nach Abenteuern und Freude, die gehört und gelebt werden will. In der Welt der Erwachsenen, der Unternehmer*innen und Manager*innen ist dafür im Alltag allerdings meist nicht mehr viel Platz.

Unser Leben in Deutschland hingegen ist von morgens bis abends durchstrukturiert. Wir können mit Außerplanmäßigem oder Ungewissem schwer umgehen. Doch auch in unserer Welt gibt es Gefahren und unerwartete Ereignisse, die zu Belastungsproben werden. Auch die westliche Welt ist von Unsicherheiten geprägt.

Gerade in diesen Zeiten sind starke Führungspersönlichkeiten gefragt, die mutig vorangehen, Situationen realistisch bewerten, rasch entscheiden und danach handeln.

Wir brauchen Menschen, die sich selbst und den Fähigkeiten anderer vertrauen, die fähig sind, echte Verbindungen zu schaffen, andere zu fördern und der gemeinsamen Arbeit Bedeutung zu verleihen.

Nur wer selbst von seinen eigenen Wegen und Zielen inspiriert ist, kann auch andere dafür gewinnen, ihn zu begleiten oder seinem Beispiel zu folgen.

Dann können der Entdeckergeist und Abenteuerdrang, der seit unserer Kindheit in uns schlummert, endlich wieder an die Oberfläche treten.

Leading by Emotional Learning Experience (nachhaltiges Lernen)

Mit meinen Safari-Teilnehmer*innen gehe ich mit meiner Lieblingsfrage durch die Welt:»Was kann ich von dir lernen?« – von Menschen, fremden Kulturen, aber auch von der Natur und besonders von der Tierwelt Afrikas.

Zusammen mit den Massai, den Bushmen San oder anderen ethnischen Gruppen studieren wir das Verhalten der Tiere. Wir verinnerlichen, wie Vertrauen, Selbstverantwortung, Begeisterung oder agiles Arbeiten von der Safari in unser»echtes Leben« und unseren Alltag transferiert werden kann. Wir benötigen emotionales Lernen, um neue Impulse und Erkenntnisse dauerhaft und in Rekordzeit für die Ewigkeit abrufen zu können.

Mit allen Sinnen erfahren wir dort: Nur einem empathischen Elefanten folgt die Herde. Ein Gepard, der sich zwar erstklassig fokussieren und mit Höchstgeschwindigkeit loslegen kann, benötigt ein glasklares Timing, da er ansonsten kläglich verliert. Und was, denkst du, können wir von Wüstenelefanten lernen, die drei Tage ohne Wasser auskommen?

So funktioniert der emotionale Lernprozess, für den es keinen Stift und Block benötigt.

Auf unseren LIFE-Safaris sind wir unterwegs zwischen Löwen, Erdmännchen und Glaubenssätzen. Wir haben ein Ziel, aber der Weg kann neu, ungeplant und abenteuerlich wie das Leben sein. Welche Hindernisse stehen im Weg? Wer kann uns Unterstützung geben?

Wer heutzutage ein Unternehmen führt, sollte vorausschauend denken und mental stark sein. Ängste und Sorgen dürfen ihren Platz haben, aber keinen Nährboden erhalten. Die Zukunft benötigt Pioniere und Pionierinnen und Abenteurer*innen in unserer Gesellschaft und in der Wirtschaft.

Als Ingenieurin für Luft- und Raumfahrttechnik profitiere ich täglich davon, die Dinge dieser Welt sowohl aus der großen Spacelab-Perspektive zu betrachten als auch bei Bedarf heranzuziehen und im Detail zu analysieren. Die Veränderung der eigenen Sichtweise ist beim Thema Führung unabdingbar.

Reisen und Tapetenwechsel helfen dabei, Kontraste deutlich zu machen und die eigene Lebenssituation immer wieder auch aus der Satelliten-Perspektive zu betrachten.

Leading by Ubuntu (Ich bin Mensch, weil es andere Menschen gibt)

Das Wort *Ubuntu* aus den Sprachen Zulu und Xhosa bedeutet weit mehr als nur ein »Wir«. Es steht für eine Haltung und Lebensphilosophie, die darauf abzielt, eine Gemeinschaft auf der Basis von Sinn, Verständnis und gemeinsamen Werten voranzubringen. Der Fokus liegt dabei auf dem großen Ganzen und zugleich wird das Bewusstsein jedes Einzelnen gestärkt, sich als Teil dieses Ganzen zu sehen. Genau diese

Ubuntu-Mentalität sollten wir auch in unser Geschäftsleben
übertragen, indem wir Mitarbeitende einbeziehen, ihnen
Sinn geben und jeden individuell fördern. Erfolgreiche Führungskräfte wirken als Sinngeber*innen und Wertebot-
schafter*innen und werden so zu Vorbildern für die Führungskräfte von morgen.

Ubuntu bedeutet für mich sogar noch mehr. Ubuntu ist auch
als knallharter Wirtschaftsfaktor zu verstehen, der auf Kooperation, Kollaboration und strategisches Netzwerken weltweit,
kulturübergreifend und auf Diversität setzt. Über drei Jahr-
zehnte durfte ich vom afrikanischen Kontinent lernen – als
Unternehmerin, Führungskraft, Projektleiterin, Consultant,
als Mutter, Ehefrau und Tochter.

Wenn Menschen sich auf tiefer Ebene begegnen und bleibende Eindrücke hinterlassen, können unzählige Potenziale und
wertvolle, bedeutende Projekte vereint werden. Es ist mein
Herzenswunsch, Menschen dabei zu unterstützen, ihre Exis-
tenz zu sichern, aus eigener Kraft die Opferrolle hinter sich
zu lassen, mit Freude zu leben und ihre persönlichen Helden-
geschichten zu feiern.

Nach diesem kurzen gedanklichen Abstecher in die Ferne geht es
nun weiter mit dir. Es geht um dich als Unternehmerin, als Führungskraft und wie du deine Personal Brand aufbauen und stärken kannst.

10.2 Zeige dich und strahle als Führungskraft

Etabliere dich als Thought Leaderin! Das bedeutet, dass du dich
als Expertin und Meinungsführerin in der eigenen Branche oder
Nische positionierst. Du gibst der Öffentlichkeit Impulse, teilst
Einblicke in dein Geschäft und deine innovativen Ansätze. Das

kannst du durch Beiträge in Fachmagazinen, Vorträge oder Social-Media-Plattformen tun. So stärkst du deine Glaubwürdigkeit und überzeugst mit deiner Kompetenz. Signalisiere, dass du fähig bist, den Markt mitzugestalten. Zeige, dass du eine Vorreiterin in deiner Branche bist.

Du als Gründerin bist der Dreh- und Angelpunkt deines Unternehmens. Das Vertrauen der Zielgruppe in deine Person ist elementar, damit dein Produkt oder dein Service gekauft werden. Bietest du einen Service an, ist deine Person noch relevanter als bei physischen Produkten.

Positionierst du dich regelmäßig und bewusst in der Öffentlichkeit zu den wichtigsten Themen rund um deine Gründungsidee, rückst du dich und dein Unternehmen in die Aufmerksamkeit deiner Zielgruppe.

Personal Branding

Eine Personal Brand kreierst du, wenn du dich selbst als Marke aufbaust. Du gestaltest deine Außenwahrnehmung selbst, indem du Bilder und Beiträge teilst und für deinen Auftritt einen eigenen Stil entwickelst. Es geht darum, einen kuratierten Einblick in die individuellen Werte, Überzeugungen, deine besonderen Fähigkeiten, Erfahrungen, in deine eigene einzigartige Welt zu geben. Du überlegst dir, wofür du stehst und wofür du wahrgenommen werden möchtest, und teilst das öffentlich.

Menschen bauen eine viel engere Verbindung zu anderen Menschen als zu Unternehmen auf.[13] Hast du viele Follower, profitiert dein Business davon. Denn die Menschen, die du auf der persönlichen Ebene überzeugt hast, wollen dann genau deine Kundinnen und Kunden sein, weil die Werte und Überzeugungen resonieren. Im Business-Kontext sind Social-Media-Plattformen wie LinkedIn oder Instagram kaum wegzudenken. Du kannst aber grundsätzlich jeden Kanal für Personal Branding nutzen. Persönliche Beiträge begeistern oft am meisten, aber du musst keinesfalls dein Privatleben teilen. Das Ziel ist, als unverwechselbare Persönlichkeit in Erinnerung zu bleiben. Du kannst dich dadurch von der Konkurrenz abheben und deine Kundschaft emotional binden.

Thought Leadership und Personal Branding helfen dir dabei, dein Profil als Gründerin zu schärfen, und verstärken auch den Wiedererkennungswert deines Unternehmens. So ziehst du auch potenzielle Investorinnen und Investoren und Partner*innen an, die von dir und deiner Vision überzeugt sind.

Bleibe immer du selbst

Wie Oscar Wilde sagte: »*Be yourself; everyone else is already taken.*«

Während du dich verstärkt in der Öffentlichkeit positionierst, versuche nicht, jemand zu sein, der du nicht bist. Du musst nichts vorspielen. Freunde dich mit dem Unperfektsein an und steh dazu. Du darfst Fehler machen und sie offen zeigen. Geht in deinem Business mal was schief: Gratulation! Du hast ein Lernfeld entdeckt, in dem Weiterentwicklung möglich ist! Du kannst die Menschen an all dem teilhaben lassen. Viel zu oft wird uns in den sozialen Medien vorgegaukelt, dass bei ihnen alles perfekt läuft. Teile also nicht nur deine Erfolgserlebnisse. Genau dadurch entsteht Nähe zur lesenden Person. Warte nicht auf die Wunschversion von dir selbst, um loszugehen. Jede Person und jede Gründungsgeschichte sind individuell und einzigartig. Du darfst dich authentisch zeigen. Du fragst dich vielleicht: Was bedeutet Authentizität? Laut Duden ist die Definition »echt; den Tatsachen entsprechend und daher glaubwürdig«. Authentische Menschen sind sich ihrer selbst bewusst und strahlen das aus. Sie zeigen wenig Unsicherheiten in Bezug auf andere Menschen. Sie betreten einen Raum und verstellen sich nicht. Die Menschen in ihrer Umgebung spüren das und fühlen sich dadurch wohl. Sie haben im Umkehrschluss das Gefühl, auch sie selbst sein zu dürfen. Authentisch zu handeln, hat also auch positive Auswirkungen auf dein Umfeld. Als Führungskraft stärkst du so die Vertrauensbasis zu deinem Team.

Falls dir authentisches Handeln manchmal schwerfällt, übe es mit kleinen Schritten. Trau dich, in alltäglichen Situationen du selbst zu sein. Starte in einem Umfeld, das dir wohlgesonnen ist. Sag, was du wirklich denkst, auch wenn es unangenehm ist, und sag dir selbst: »Entweder sie akzeptieren mich so, wie ich bin, oder eben nicht.« Das mag die Menschen in deinem Umfeld zunächst verwirren, weil es von deinem regulären Verhalten abweicht. Vielleicht stößt du auf Unverständnis und Ablehnung. Aber am Ende gibt es dir Kraft, wenn du dir treu bleibst, und stärkt dich langfristig. Authentisch sein bedeutet auch, zu handeln statt zu schweigen, wenn du be merkst, dass eine Situation nicht richtig ist. Authentisch zu sein bedeutet auch, deinen eigenen Bedürfnissen Raum zu geben. Authentizität heißt, deine Gefühle und Wünsche klar zu äußern. Authentisch sein kann meinen, den Weg des geringsten Widerstands zu verlassen. Gleichzeitig lohnt es sich, für deine Überzeugungen einzustehen. Authentizität bringt Freude und Erfüllung, weil du privat und beruflich das tust, was dir selbst entspricht.

Comparison will kill you

Vergleiche dich nicht mit anderen Gründer*innen. Jeder Mensch hat seine eigene Geschichte, und was bei anderen funktioniert, muss nicht für dich passen. Was bei anderen perfekt aussieht, ist es in der Realität meistens nicht. Auch eine 20-jährige Unternehmerin, die als Ausnahmetalent schon 3 erfolgreiche Unternehmen aufgebaut hat, kann mit 25 wieder alles verloren haben, inklusive der mentalen Gesundheit. Da, wo du aktuell stehst, bist du richtig. Denke daran, dass du einzigartig bist – und das ist eine deiner größten Stärken. Niemand kann besser du sein als du selbst. Treffe Entscheidungen für dich und deine Gründung, die für dich richtig sind.

»I don't give a damn what other people think. If they don't like what I wear, it's their problem, not mine. Let them solve it.«
Iris Apfel

Dein Personal Branding funktioniert am besten, wenn du authentisch bleibst und deine wahre Persönlichkeit zeigst. Hier sind sieben Prinzipien, die dir dabei helfen, dein authentisches Selbst in deinem Branding zu betonen:

1. Selbstdarstellung: Zeige dich so, wie du wirklich bist. Die Menschen möchten die echte Person hinter dem Business kennenlernen. Wenn du unter anderem eine kreative Ader hast, nutze sie in deiner Präsentation – ob auf Social Media, deiner Website oder in Gesprächen. Wenn du als Gründerin bei einem Pitch nervös bist, ist es okay, das zuzugeben – Ehrlichkeit schafft Vertrauen.

2. Konsistenz: Ein starkes Personal Branding erfordert Konsistenz – in deiner Botschaft, deiner visuellen Präsenz und deinem Verhalten. Sei präzise und wiedererkennbar. Wenn du dich als Expertin für ein Thema positionierst, solltest du regelmäßig darüber sprechen und dein Wissen teilen.

3. Verwundbarkeit: Zeige auch deine verletzlichen Seiten. Perfektion ist unrealistisch und Menschen schätzen es, wenn du offen über Herausforderungen sprichst. Das schafft eine tiefere Verbindung. Jessica und Conny können mit dir über die Schwierigkeiten sprechen, mit denen sie als Gründerin konfrontiert waren, wie sie Fehler gemacht und was sie daraus gelernt haben. Diese Ehrlichkeit kann inspirierend wirken.

4. Tone of Voice: Deine Tonalität sollte deine Persönlichkeit und Werte widerspiegeln. Bist du eher locker und humorvoll oder professionell und direkt? Achte darauf, dass der Ton deiner Kommunikation – ob schriftlich oder mündlich – immer zu dir passt. Du kannst beispielsweise mit Conny an deinem Design und Branding arbeiten, um deine Persönlichkeit und ihren Arbeitsstil zu unterstreichen.

5. Kultureller Hintergrund: Dein kultureller Hintergrund kann eine wichtige Rolle in deinem Personal Branding spielen. Er beeinflusst deine Perspektiven und wie du die Welt siehst. Integriere das in dein Branding, um authentisch zu bleiben und dich von anderen abzuheben.

6. Stetige Weiterentwicklung: Personal Branding ist kein einmaliges Projekt. Es entwickelt sich mit dir weiter. Erlaube dir, neue Wege zu gehen und deine Marke immer wieder anzupassen, während du persönlich und beruflich wächst. Ein Coach wie Jessica kann dir dabei helfen.

Nachdem du nun die sechs Prinzipien kennengelernt hast, die dir helfen, dein authentisches Selbst in deinem Personal Branding zu betonen, erzählt Tanja Kammler von dem Gegenwind, den sie erfuhr, als sie ihr Personal Branding startete, und warum es sich dennoch lohnt. Sie teilt ihre persönlichen Erfahrungen und Einsichten darüber, wie entscheidend es ist, sich trotz aller Ratschläge und Zweifel treu zu bleiben.

Tanja Kammler: Menschen kaufen von Menschen

Tanja Kammler ist Gründerin und Geschäftsführerin der the brand. Boutique GmbH und verwandelt mit ihrem 8-köpfigen Team einzigartige Persönlichkeiten in herausragende Markenerlebnisse. Der Fokus der Premium-Agentur liegt auf der visuellen Gestaltung von Marken. Gleichzeitig hat Tanja als Mentorin bereits über 100 kreative Selbstständige bei ihrem eigenen Erfolgsweg und in eine erfüllende Karriere begleitet.

thebrandboutique.at

Hand aufs Herz: Hätte ich 2022, beim Sprung in die Selbstständigkeit, auf das gehört, was mir von meinem Umfeld gesagt und geraten wurde, wäre ich nicht da, wo ich heute bin.
Besonders am Anfang, innerhalb der ersten Schritte in die
Sichtbarkeit als Personal Brand, gab es Gerede. »*Hast du
schon gesehen, was sie jetzt wieder macht?*« Gespräche oder
Aussagen wie: »*Jetzt wird sie also Influencerin …*« Meine
plötzliche Präsenz in den sozialen Medien wurde als Selbstin-
szenierung abgestempelt. Und weißt du was? Es war mir egal.

Denn je lauter die Stimmen und das Gerede im Außen wurden, desto stärker wurde auch mein Wille. Auffallen tut nur,
wer etwas anders macht. Und wer jeden versucht anzusprechen, spricht letztlich niemanden so wirklich an. Die Lösung
zu mehr Sichtbarkeit, mehr Vertrauen und mehr Reichweite
für die eigenen Themen und Anliegen beginnt meistens bei
dir und deiner Marke. Der Wettbewerb ist selten zu groß,
sondern du als Marke zu klein.

Was tun wir also, um größer zu werden? Und uns vom Wettbewerb zu unterscheiden? Wir setzen auf die Superpower
DU. Denn selbst wenn es deine Dienstleistung und dein Produkt wie Sand am Meer gibt, gibt es dich ganz sicher nur einmal. In der kreativen Dienstleistung zählt nicht nur, wie gut
du in deinem Fach bist und welche großartigen Ergebnisse du
lieferst. Viel wichtiger ist, ob ich dir als Person vertraue und
mich mit deinen Werten identifizieren kann. »*Menschen kaufen von Menschen*« ist zwar ein abgedroschener Satz, trifft
aber den Nagel auf den Kopf. Um deine eigene Marke in die
Sichtbarkeit tragen zu können und Menschen überhaupt die
Möglichkeit zu geben, sich mit dir verbunden zu fühlen, ist
der erste Blick immer ins Innen. Das ist der Ort, an dem Personal Branding beginnt: bei dir. Weißt du, wofür du stehst?
Für welche Themen du brennst? Welche Werte dir wichtig
sind? Wie du wirken möchtest? Was ist deine Brand-Story?

Klarheit im Innen. Klarheit im Außen.

Meine 3 Tipps für deinen Selbstbewusstseins-Boost:

- Mindset shift: Ablehnung und Neid kommen immer nur von unten. Ich kenne keinen erfolgreichen Menschen, der andere klein macht. Du etwa? *Ain't nobody got time for that.*
- Lege dir deinen eigenen »Hell yes«-Ordner auf deinem Smartphone an, mit Bildern, auf welchen du dir selbst gefällst. So kannst du immer schnell auf sie zurückgreifen und fängst bei deinem Content nicht bei null an.
- Schreib dir selbst Stimmungsbooster auf Post-its und verteile sie in deinem Büro oder deiner Wohnung. Kleine Nachrichten an dein eigenes Selbstbewusstsein wie: *»Du machst einen Unterschied.«* Oder: *»Du bist stark & kannst andere inspirieren.«*

#leadershipchallenge

Alle unsere Challenges haben ein Ziel: Wir möchten uns gegenseitig inspirieren, vernetzen und unterstützen!

Beantworte in einem Post die Frage: »Was ist deine größte Herausforderung als Leaderin?« Was fordert dich in Bezug auf Leadership besonders? Beispiele könnten sein: schwierige Entscheidungen treffen, Balance zwischen Nähe und Autorität, Team von der Vision begeistern. Erzähle von deinen Erfahrungen und stelle die Frage »Who can relate?«, um zur Interaktion anzuregen. Fordere deine Follower auf, ihre größte Herausforderung ebenfalls zu teilen!

Sobald du @wir.gruenden in deinem Beitrag getaggt hast, teilen wir ihn, um die Reichweite zu erhöhen.

11

11 Mit Fokus, Balance und Weitblick zum Erfolg

Wir kennen es: Gründen ist spannend und gleichzeitig so kräftezehrend. Du möchtest alles am liebsten sofort umsetzen und hältst 1000 Bälle in der Luft. Im letzten Teil unseres Buches wollen wir dich dazu ermutigen, dich in den stressigen Phasen dennoch auf dein Ziel zu konzentrieren und nicht die Nerven zu verlieren. Wir sagen nicht, dass du keine Tage haben wirst, an denen du am liebsten alles hinschmeißen würdest. Als Gründerin wirst du mit Herausforderungen konfrontiert, die über finanzielle Risiken hinausgehen – mentale Hürden wie Selbstzweifel, Stress oder Überforderung können auftauchen. Wir können dir aus eigener Erfahrung sagen: Du kannst diese Bewährungsproben meistern. Auch wir sind durch diese Phasen gegangen und haben es geschafft. Es ist völlig in Ordnung und sogar ratsam, dir Unterstützung zu holen, wenn du sie brauchst. Dies kann durch Mentoren und Mentorinnen, Coaches oder auch durch den Austausch mit anderen Gründern und Gründerinnen geschehen.

11.1 Mach deine mentale Gesundheit zur Priorität

Ein wesentlicher Schritt auf diesem Weg ist, deine Lernfelder zu erkennen und daran aktiv zu arbeiten. Jeder Fehler oder Rückschlag kann dir dabei helfen, persönlich und unternehmerisch zu wachsen. Feiere diese Momente als Gelegenheit, um dich weiterzuentwickeln.

Umgib dich mit inspirierenden Menschen
Suche dir Vorbilder, die den Weg schon gegangen sind, und lasse dich von ihren Erfahrungen leiten. Vernetze dich mit Gleichgesinnten, die dieselben Ziele verfolgen und sich in einer ähnlichen Phase ihrer Gründung befinden. Gemeinsam könnt ihr euch motivieren, voneinander lernen und einander unterstützen. Einige Netzwerke haben wir dir in Kapitel 8 aufgelistet. Du darfst dich hier ausprobieren, um dein passendes Netzwerk zu finden.

Warum FOMO (Fear of missing out) nicht nur ein Jugendwort ist

Kennst du das Gefühl, nichts verpassen zu wollen? Die sogenannte »Fear of missing out« kann zu Stress und Depression führen. Der Wunsch, alle Neuigkeiten in der Welt direkt zu erhalten, und der Druck, immer erreichbar zu sein,[1] wird heutzutage nirgends so gut verkörpert wie über dein Smartphone. Die ständige Vernetzung durch digitale Medien beeinträchtigt die Aufmerksamkeit der Menschen[2]. Nutzer*innen, die in der digitalen Ära sozialisiert wurden, haben oft Schwierigkeiten, ihre Konzentration über längere Zeiträume aufrechtzuerhalten, während Personen, die vor dieser Zeit geboren wurden und viel gelesen haben, eine längere Aufmerksamkeitsspanne aufweisen. Diese Fähigkeit zur Konzentration macht sie weniger anfällig für Ablenkungen.

Das Gehirn hat nicht genügend Zeit, um Informationen zu verarbeiten und im Langzeitgedächtnis zu speichern, wodurch es die Fähigkeit verliert, Informationen effektiv abzurufen. Das Abschweifen der Gedanken während der Arbeit kann deine Leistung negativ beeinflussen, was die Erledigung komplexer Aufgaben erschwert.[3] Dies führt zur Frage, wie lange du dich wirklich auf eine einzige Aufgabe konzentrieren kannst, ohne dich ablenken zu lassen. Teste es doch einmal aus! Wenn du merkst, dass deine Aufmerksamkeitsspanne immer weiter abnimmt, führe eine bewusste Offline-Zeit ein.

Lass das mit dem Multitasking

Die Forschung hat ergeben, dass das menschliche Gehirn nicht für Multitasking ausgelegt ist. Multitasking verringert die Effizienz![4] Der ständige Wechsel zwischen Aufgaben, bekannt als Switching Costs, führt dazu, dass mehr Zeit benötigt wird und die Fehlerquote steigt. Es ist also effektiver, sich auf eine einzige Aufgabe zu konzentrieren, statt zwischen mehreren Aufgaben hin und her zu springen.

Die Kapazität unseres Gehirns ist begrenzt. Jeder kennt das Gefühl, dass es nach einem langen Tag anstrengender ist, sich zu konzentrieren, schwierige Entscheidungen zu treffen oder sich in andere hineinzuversetzen – wir leben in einer chronisch erschöpften Gesellschaft. Der Autor von *Das erschöpfte Gehirn*[5], Michael Nehls, betont, wie seit Jahren die Kapazität unseres mentalen Akkus schrumpft. Bewegungsmangel, falsche Ernährung, schädliche Stoffe in der Umwelt, fehlende oder schädliche soziale Interaktion, digitale Dauerbeschallung: Wir leben nicht unserer Natur entsprechend, was dazu führt, dass die Leistung unseres Gehirns immer weiter abnimmt. Dies ist besonders für Gründerinnen wichtig, da eine dauerhafte Überlastung das kreative Denken und die Entscheidungsfähigkeit schwächen kann.

Nutze den Tag, nicht die Nacht

Wenn du in der Nacht lange über das eigene Business nachgrübelst, kann dies langfristig negative Auswirkungen auf dein Wohlbefinden und deine Leistungsfähigkeit haben – besonders wegen des Serotonin-Spiegels, der eine entscheidende Rolle für deine Stimmung und dein Wohlbefinden spielt.

Serotonin ist ein Neurotransmitter, der wesentlich dazu beiträgt, dass wir uns ausgeglichen und zufrieden fühlen.[6] Wenn du nachts wach liegst und dein Gehirn sich mit Sorgen und Gedanken über dein Business beschäftigt, gerät dein Serotonin-Haushalt aus dem Gleichgewicht.[7] Der Grund dafür ist, dass das nächtliche Grübeln deinen Stresspegel erhöht, was die Produktion von Stresshormonen wie Cortisol ankurbelt. Diese Hormone wirken sich negativ auf den Serotonin-Spiegel aus und können zu schlechter Stimmung, Anspannung und langfristig sogar zu Angstzuständen oder Depressionen führen.

Weiterhin beeinträchtigt das Grübeln deinen Schlaf – und schlechter Schlaf senkt den Serotonin-Spiegel weiter. Schlaf ist essenziell, um den Serotonin-Spiegel stabil zu halten, da während des Schlafs der Körper regeneriert und das Gehirn die Ereignisse des Tages verarbeitet. Wenn du jedoch nachts ständig an deine Geschäftsprobleme denkst, stört das nicht nur deine Erholung, sondern auch deine Fähigkeit, tagsüber klar zu denken und kreative Lösungen zu finden.[8]

Versuche, dir eine feste Routine für den Abend anzulegen, die dir hilft, dich zu entspannen und den Stress loszulassen. Setze dir klare Grenzen, wann du aufhörst, über dein Business nachzudenken – idealerweise mindestens eine Stunde vor dem Schlafengehen. Journaling oder Meditation können dabei helfen, deine Gedanken zu ordnen, Positives in den Vordergrund zu rücken und den Kopf freizubekommen, damit du erholsamer schlafen kannst[9]. Die letzten offenen Fragestellungen, die dir noch im Kopf herumgehen, kannst du dir auf einer To-do-Liste für den kommenden Tag notieren und so den Arbeitstag abschließen.

Letztendlich wirst du erkennen, dass eine erholsame Nacht mit einem stabilen Serotonin-Spiegel deine Produktivität am nächsten Tag steigert und dich besser für die Herausforderungen deines Business wappnet.

Deine Gründung ist ein Marathon, kein Sprint

In *Die Methusalem-Strategie*[10] beschreibt Michael Nehls, wie es uns gelingen kann, langfristig gesund und leistungsfähig zu bleiben. Als Gründerin kannst du viele Parallelen zu diesem Ansatz ziehen. Sieh deine Gründung nicht als Sprint, bei dem du schnellstmöglich ans Ziel kommen musst, sondern als Marathon, der Ausdauer und Strategie erfordert. Plane dein Tempo weise, gönne dir Pausen zur Erholung und schütze deine mentale Gesundheit. Nur so wirst du die Energie haben, dein Unternehmen nachhaltig aufzubauen und langfristig erfolgreich zu sein.

Wie bei einem Marathon kommt es darauf an, nicht alles gleich am Anfang zu geben, sondern sich die Kräfte einzuteilen. Pausen und Regeneration sind dabei genauso wichtig wie produktive Phasen. Genauso solltest du deine Gründung angehen: Es wird Höhen und Tiefen geben. Wenn du dich überlastest und deine Energie unkontrolliert aufbrauchst, wirst du auf lange Sicht nicht durchhalten können. Baue deshalb von Anfang an Routinen ein, die dir helfen, dich nicht zu überarbeiten.

Overconfidence-Effekt und Planning Fallacy: Warum alles länger dauert als geplant

Wir alle kennen das: In der Vorstellung scheint ein Projekt schnell erledigt zu sein und doch dauert es am Ende viel länger als gedacht. Das ist kein Zufall, sondern Teil unserer menschlichen Natur. Bill Gates hat es treffend formuliert: »Menschen überschätzen oft, was sie in einem Jahr erreichen können, und unterschätzen gleichzeitig, was sie in zehn Jahren erreichen können.« Dieser sogenannte **Overconfidence-Effekt** beschreibt die Tendenz, die eigenen Fähigkeiten, das Wissen oder die Kontrolle über eine Situation zu überschätzen.[11] Ein Beispiel dafür ist der Gedanke: »Ach, das kriege ich noch hin. Ich schicke dir die Präsentation morgen.« Aber wie oft hast du festgestellt, dass dieses »Morgen« dann doch nicht einzuhalten ist?

Diese Selbstüberschätzung war früher evolutionär vorteilhaft, weil sie uns half, Risiken einzugehen und neue Herausforderungen anzunehmen. In der modernen Arbeitswelt führt sie jedoch oft zu Verzögerungen und in der Folge zu Frustration, Druck und Stress. Es überrascht daher nicht, dass kaum ein Projekt in der ursprünglich geplanten Zeit fertig wird und das mentale Wohlbefinden der Beteiligten darunter leidet.

Auch die sogenannte **Planning Fallacy** verstärkt dieses Problem. Dabei unterschätzen Menschen systematisch, wie viel Zeit sie für zukünftige Aufgaben benötigen, selbst wenn sie wissen, dass ähnliche Projekte in der Vergangenheit länger gedauert haben.[12] Häufig liegt das daran, dass wir am Anfang eines Projekts noch überhaupt nicht alle Details oder möglichen Hindernisse kennen. Die Planung erfolgt optimistisch – Hindernisse oder Verzögerungen werden selten einkalkuliert.

Was kannst du aus diesen Studien lernen? Zum einen: Sei dir der Tendenz bewusst, dass wir Dinge zu optimistisch einschätzen. Es ist ratsam, frühere Erfahrungen stärker in die Planung einzubeziehen. Auch agile Arbeitsmethoden können helfen, indem sie kürzere Zeitabschnitte nutzen und so Überraschungen minimieren und realistischere Zeithorizonte schaffen.

Hier können wir aus eigener Erfahrung nur bestätigen: Alles dauert länger als ursprünglich geplant. Vor allem, wenn du etwas von Grund auf neu aufbaust, wirst du feststellen, dass sich unerwartete Herausforderungen und neue Aufgaben auftun. Wir empfehlen daher, bei der Planung einen großzügigen Puffer einzubauen – schlage mindestens 20-30 Prozent Zeit und Budget obendrauf. Die Realität hat uns gelehrt, dass diese Planungspuffer unerlässlich sind. Dieser zusätzliche Raum gibt dir nicht nur mehr Sicherheit, sondern auch die Flexibilität, auf Veränderungen zu reagieren, ohne in Stress zu geraten.

Und noch ein Tipp aus der Praxis: Achte darauf, wie viel Zeit du in Meetings und am Bildschirm verbringst. Zu viel Online-Zeit kann nicht nur physisch, sondern auch psychisch ermüdend wirken. Finde ein gesundes Gleichgewicht und plane Pausen ein – das hilft dir, produktiv zu bleiben und deine sozialen und emotionalen Fähigkeiten zu pflegen.

Jessicas Tipp, um physisch stark zu bleiben

Dein Körper ist dein Tempel. Ich persönlich glaube daran, dass es bedeutungsvoll ist, körperlich fit zu bleiben. Mein Alltag als Unternehmerin ist mental sehr herausfordernd. Ich schaffe das nur, weil ich sehr auf meinen Körper achte. Ich laufe, mache Krafttraining und ernähre mich so, dass mein Körper die notwendigen Nährstoffe bekommt.

Es ist wichtig, deinen Geist zur Ruhe zu bringen. Das schaffe ich mit Meditation. Das heißt aber nicht, dass ich stundenlang mit geschlossenen Augen auf dem Yogakissen sitze. Meine Form der Meditation ist Laufen. Die Monotonie hilft mir einerseits, mental zur Ruhe zu kommen, und andererseits, wieder neue Kapazitäten für Kreativität und Innovation zu schaffen.

Mein Sport führt auch zu einer starken Muskulatur und einer geraden Körperhaltung. Mein Gefühl: Ich stehe mit beiden Beinen im Leben und gebe meinem Business das starke

Fundament. Das hat auch eine Wirkung auf meine Kundinnen und Kunden und Partner*innen, denen ich das Gefühl von Sicherheit und Power vermitteln kann.

Cornelias Weg, Erschöpfung vorzubeugen

Wenn ich bemerke, dass mein Herz rumpelt, meine Laune im Keller ist und ich nicht mehr zur Ruhe komme, liebe ich es, spazieren zu gehen. Am besten nachts. Während ich all die Menschen hinter den leuchtenden Fenstern erahne und der mächtige Sternenhimmel über mir thront, erkenne ich, dass dieser berufliche Stress eigentlich so winzig und unbedeutend ist und die Welt viel zu magisch, um nur hinter dem Laptop zu versinken.

Mittlerweile ist auch mein Kind zum absoluten Kraftspender geworden. Während des Spielens mit dem Kind übe ich, Kontrolle abzugeben, neue Blickwinkel einzunehmen, kreativ zu werden, die Welt nicht zu ernst zu nehmen und über mich selbst zu lachen. Ist dir schon einmal aufgefallen, mit welcher Gelassenheit Kinder ihr sorgfältig Gebautes zerstören und einfach fröhlich wieder von vorn anfangen? Keine Reue, kein Hadern, glücklich im Jetzt. Genau da will ich hin. Und genau das darf ich spielerisch von meinem Kind lernen.

Wusstest du, dass Lesen das effektivste Hobby zur Stressreduktion sein soll? Gerade durch die Vorbereitung auf dieses Buch habe ich sehr viel gelesen und dabei deutlich am eigenen Körper gespürt, wie dies mein Stresslevel reduziert. Aber wir sollten uns keinen Druck machen, dass das Hobby auch noch besonders effektiv, ansehnlich, wertstiftend und intellektuell anspruchsvoll sein soll. Es soll genau das Gegenteil bewirken – Druck lösen. Deshalb gilt: Alles ist erlaubt, was entspannt und glücklich macht! Und das funktioniert ehrlicherweise auch sehr gut, wenn ich mir schlichtweg mit meinem Mann oder Freunden und Freundinnen ein Gläschen Vino in der Sonne gönne.

Was sind deine Strategien, um Stress abzubauen, wenn die Tage nur noch aus viel zu langen To-do-Listen bestehen? Mach sie dir bewusst und plane sie regelmäßig ein, um langfristig stark und ausgeglichen deinen Weg gehen zu können.

11.2 Meistere die unterschiedlichen Phasen deiner Gründung

Der Anfang einer Gründung ist oft von Euphorie und Kreativität geprägt. Du hast die Freiheit, deine Vision zu formen, vielleicht sogar eine Marktlücke zu entdecken, die dir am Herzen liegt. Diese Phase bringt dir auch die Möglichkeit, deine Arbeitszeit flexibel zu gestalten und deine eigenen Bedingungen festzulegen. Ein wachsendes Netzwerk und die Möglichkeit zur Selbstverwirklichung sind zusätzliche Vorteile.

Du erreichst dann die ersten Erfolge: Du gewinnst deine ersten Kundinnen und Kunden, erhältst positives Feedback und verzeichnest erste Verkäufe. Diese kleinen Siege motivieren dich, weiterzumachen. Doch die Startphase ist auch eine Zeit hoher finanzieller Unsicherheiten, da die Anfangskosten oft die ersten Einnahmen übersteigen. Hinzu kommen der hohe Druck und die langen Arbeitszeiten, um alles ins Laufen zu bringen. Damit du mit den Herausforderungen der Startphase besser umzugehen lernst, ist es wichtig, realistische finanzielle Ziele zu setzen und ein solides Budget zu erstellen. So behältst die die Ausgaben im Blick. Plane regelmäßig Pausen ein, um Burn-out zu vermeiden, und finde Wege, deine Erfolge, egal wie klein, zu feiern, um die Motivation aufrechtzuerhalten. Suche aktiv den Austausch mit anderen Gründer*innen, damit du Unterstützung und neue Perspektiven gewinnst. Denke daran, dass es normal ist, in der Anfangsphase auf Schwierigkeiten zu stoßen, und bleibe flexibel, um dich an Veränderungen anzupassen.

Jetzt wächst dein Unternehmen. Die Wachstumsrate deines Unternehmens hängt von drei Schlüsselfaktoren ab: der Rentabilität, den Kosten der Kundenakquise und der Wiederkaufrate bestehender Kundinnen und Kunden.[13] Wachstum ist großartig, aber schaffe die richtigen Voraussetzungen, um das Wachstum zu steuern, und halte deine Leidenschaft und dein »Warum« lebendig! Einer der typischen Brüche, die dein Unternehmen durchlaufen kann, ist der Verlust der anfänglichen Leidenschaft oder des »Warums«. Simon Sinek beschreibt dies treffend, wenn er sagt, dass viele Unternehmen ihren Antrieb verlieren, sobald sie Erfolg haben. Sie erinnern sich an die frühen Tage – die »Garagenzeit« – zurück, in der sie mit Leidenschaft und Ideenreichtum begonnen haben. Aber irgendwann ging das Gefühl verloren, warum sie überhaupt gestartet sind.[14]

Dass die Leidenschaft verloren geht, hängt oft an Strukturen und Prozessen, die die Mitarbeitenden müde machen. Auch wenn es oft den Anschein hat, dass mit zunehmendem Wachstum die Bürokratie und Trägheit eines Unternehmens unvermeidlich sind, kann ein Unternehmen mit der richtigen Arbeitsweise auch in der Skalierungsphase schlank, innovationsfreundlich und agil bleiben.[15] Eigenverantwortliche kleine Teams mit einem klaren Ziel können auch in wachsenden Unternehmen schnelle und überzeugende Ergebnisse erzielen.

Jessicas berufliche Wachstumsschmerzen

In der Wachstumsphase siehst du die Früchte deiner harten Arbeit. Dein Unternehmen wächst, der Umsatz steigt, dein Team vergrößert sich und dein Kundenstamm wird breiter. Diese Erfolge sind fantastisch, aber sie bringen auch neue Herausforderungen mit sich. Skalierungsprobleme, wachsender Wettbewerb und das Risiko des Scheiterns trotz des Wachstums sind Hürden, die du überwinden musst.

Ich habe selbst erlebt, wie sich das Wachstum eines Unternehmens auf die ursprüngliche Vision auswirken kann. Mit zunehmendem Erfolg musste ich Verantwortung abgeben und habe gemerkt, dass das Delegieren nicht immer einfach ist. Das Unternehmen darf nicht mehr nur von mir abhängen – und dennoch engagieren meine Kundinnen und Kunden mich und wollen meine Expertise und Kompetenz. Ich muss sicherstellen, dass die Leistungen meines Unternehmens weiterhin meiner Vision entsprechen und meinen Qualitätsstandards genügen.

Ein Test, den ich oft anwende, ist die Frage: »Kann das Unternehmen auch ohne mich überleben?« Aktuell könnte es das bisher nicht, aber es ist wichtig, darüber nachzudenken, ob ich in diese Richtung kommen möchte. Ich suche nach Modellen, die auch ohne meine ständige Präsenz funktionieren, indem ich Mitarbeitende einsetze, die Verantwortung für Projekte übernehmen. Zudem arbeite ich daran, ein starkes Netzwerk aufzubauen und zusätzliche Produkte zu entwickeln, die meine Consulting-Rolle ergänzen.

Wie gehst du mit der Frage um, ob dein Unternehmen ohne dich überleben kann? Was sind deine Strategien, um in diese Richtung zu wachsen?

Um Wachstumsschmerzen bei deinem Unternehmen zu vermeiden, ist es einerseits sinnvoll, das »Warum« im Unternehmen klar zu vermitteln, damit alle an einem Strang ziehen. Andererseits kannst du dich schon im Vorhinein mit potenziellen Stolpersteinen auseinandersetzen. Rückschläge und Fehler sind unvermeidbar, aber sie ermöglichen dir, zu wachsen – sowohl als Unternehmerin als auch als Mensch.

Wir haben Yvonne gefragt, was es in ihren Augen braucht, damit ein Unternehmen erfolgreich wachsen kann. Die Wachstumsexpertin gibt dir einen Überblick!

Yvonne Zermin: Wir wollen wachsen! Wie geht das?

Yvonne Zermin ist Organisationsberaterin und Gründerin der >>Vom Start-up zum Grown-up<< Community. Sie ist Expertin für das strategische und operative Fundament im Unternehmenswachstum. Mit ihrer Skalierungsberatung und ihrer Community unterstützt sie als ausgebildete Change Managerin und Business Coachin kleine Unternehmen und Start-ups im Wachstum dabei, die typischen Growing Pains zu vermeiden und sich effizient und skalierbar aufzustellen. Sie hat außerdem über 20 Jahre Erfahrung im Vertrieb und Marketing.

Foto: Kateryna Myronenko

yvonnezermin.com

Du hast bereits deine Gründungsidee auf solide Beine gestellt – herzlichen Glückwunsch! Jetzt geht die eigentliche Arbeit los. Dein Alltag will gut organisiert sein, damit dein Business nicht nur überlebt, sondern auch wächst und nachhaltig am Markt bestehen kann. Jetzt gilt es, deine Zeit sinnvoll einzuteilen, strategisch zu planen, die Finanzen im Griff zu behalten sowie ein Team aufzubauen und effizient zu führen.

Ich habe als Teil des Management-Teams meines letzten Arbeitgebers das Wachstum von 15 auf 70 Teammitglieder mitgestaltet. Gleichzeitig habe ich viele Kundinnen und Kunden auf ihrem Weg vom Start-up zum Grown-up begleitet. Dabei habe ich gelernt, dass es in jeder Phase der Skalierung unterschiedliche Herausforderungen gibt. Auf den Fortschritt folgt immer auch eine Zeit der Stagnation oder des Rückschrittes. Die Themen reichen von ineffektiven Marketingmaßnahmen über Cashflow-Probleme bis hin zu Schwierigkeiten, die richtigen Teammitglieder zu finden.

Wie kannst du dich also darauf vorbereiten und ein gutes Fundament für dein Unternehmen bauen, das dir hilft, sogenannte Wachstumsschmerzen zu vermeiden oder zu bewältigen? Hier sind die wichtigsten Schritte, die ich aus meinen

Erfahrungen abgeleitet habe, um dir den Weg zu deinem
nachhaltigen Business zu erleichtern:

Strategie – mache dir einen Plan, aber bleib flexibel

Dein Businessplan war der Start. Jetzt geht es darum, immer
wieder zu prüfen, was funktioniert und was nicht. Kenne deine Mission und deine USPs. Mir haben auch zahlreiche Gespräche mit meiner Zielgruppe sehr dabei geholfen zu verstehen, welche ihrer Probleme ich mit meinem Produkt lösen
oder welche Bedürfnisse ich befriedigen kann. Sei flexibel,
aber verliere dabei deine langfristige Vision nicht aus den Augen. Plane dir regelmäßig Zeit ein, um deine Strategie zu hinterfragen, und suche dir Mentorinnen und Mentoren, um einen Blick von außen zu erhalten.

Zeitmanagement – verliere nicht den Fokus

Setze dir Ziele und Prioritäten. Endlose To-do-Listen sind
frustrierend, sie setzen mental unter Druck. Stattdessen: Teile
deine Aufgaben in strategische, operative und delegierbare
Tätigkeiten ein. Plane feste Blöcke, in denen du dich nur auf
eine dieser Tätigkeiten konzentrierst. So vermeidest du, dich
immer wieder in neue Szenarien einzudenken und wertvolle
Zeit zu verschwenden. Überlege, was du sofort abgeben oder
automatisieren kannst, um dich auf das Wachstum zu konzentrieren.

Finanzen – behalte den Überblick

Eine solide Finanzplanung ist entscheidend. Erstelle eine
Cashflow-Übersicht und sorge für finanzielle Reserven. Eine
Buchhaltungssoftware, wie sevDesk, hilft mir, einen guten
Überblick zu behalten und so leidige administrative Aufga-
ben wie die Steuererklärung oder die pünktliche Umsatzsteu-
ervoranmeldung zu vereinfachen.

Marketing und Vertrieb – verstehe die Customer Journey

Um deine Zielgruppe mit einer relevanten Botschaft zur richtigen Zeit und über den richtigen Kanal anzusprechen, musst du die Customer Journey verstehen. Vom ersten Kontakt mit deiner Marke über die Entscheidungsfindung bis hin zum Kauf solltest du für möglichst viele sogenannte Touchpoints mit deiner potenziellen Kundschaft sorgen. Ich konzentriere mich auf wenige, dafür wirkungsvolle Kanäle, um mich nicht zu verzetteln. Außerdem setze ich mir Ziele für jede Maßnahme und messe daran den Erfolg.

Effiziente Prozesse – sorge für klare Strukturen und Verantwortlichkeiten

Ich bin ein visueller Mensch und musste mir die Wertschöpfungskette erst einmal aufzeichnen, um zu prüfen, ob alle Schritte reibungslos und zeitsparend ablaufen. Miro ist dafür ein gutes Tool. Stelle sicher, dass alle Beteiligten ihre Aufgaben und Verantwortlichkeiten kennen und die Kommunikation möglichst automatisiert erfolgt. Projektmanagement-Tools helfen dabei, eine Struktur zu geben, und gewährleisten, dass nichts vergessen wird.

Mitarbeiterführung – motiviere und binde dein Team

Mit den ersten Mitarbeitenden kommen neue Herausforderungen. Stelle nach benötigten Kompetenzen und Werten ein. Erstelle klare Onboarding-Prozesse, vermittle deine Vision sowie deine Prinzipien und gib regelmäßig Feedback. Wir haben einige Talente verloren, weil sie sich in der ersten Zeit allein gelassen gefühlt haben. Fördere die intrinsische Motivation, indem du dein Team bei der Unternehmensentwicklung einbeziehst, Verantwortung überträgst und auch kleine Erfolge feierst.

Risikomanagement – kenne die gesetzlichen Grundlagen

Compliance-Themen solltest du von Anfang an ernst nehmen. Achte auf Datenschutz (DSGVO), prüfe deine Verträge und sichere dich je nach Tätigkeitsbereich mit passenden Versicherungen ab. So etwas wie ein fehlender Double-Opt-in beim Newsletter kann teuer werden, wenn es jemand darauf anlegt.

Ich hoffe, diese Schritte helfen dir dabei, dein Unternehmen nicht nur erfolgreich zu führen, sondern auch langfristig zu wachsen. Sei strukturiert, bleib flexibel und verliere nicht den Überblick – dann kannst du die Herausforderungen souverän meistern. Vergiss aber nicht, dir auch Pausen zu nehmen! Auch deine Gesundheit ist ein entscheidender Faktor für den Erfolg deines Unternehmens.

Ein weiterer Weg, sich auf die Zukunft vorzubereiten, ist, die besonderen Ereignisse der Vergangenheit zu analysieren. Dafür haben wir Reflexionsfragen für dich vorbereitet! Notiere einen Höhepunkt und einen Tiefpunkt aus deinem Businessleben. Analysiere sie nach dem folgenden Muster. Dadurch erkennst du die positiven und negativen Einflussfaktoren und kannst daraus schließen, worauf du in der Zukunft achten musst.

Höhepunkt

	Ursache	Wirkung
Interne Faktoren (z.B. Gesundheit und Wohlbefinden)		
Externe Faktoren (z.B. Geld, Zeit, Familie)		

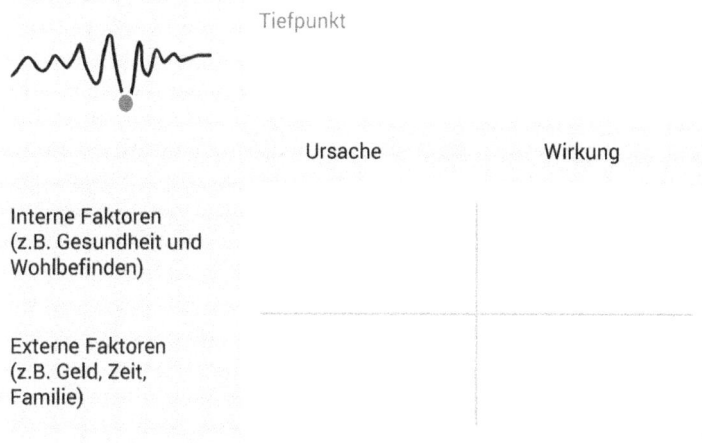

Entwickle Strategien, wie du zukünftig besser mit schwierigen Phasen umgehen kannst. Welche Herausforderungen könnten dir begegnen, wenn dein Unternehmen wächst? Mit welchen Maßnahmen kannst du sie lösen? Diese Überlegungen können dir helfen, vorbereitet in die Zukunft zu starten.

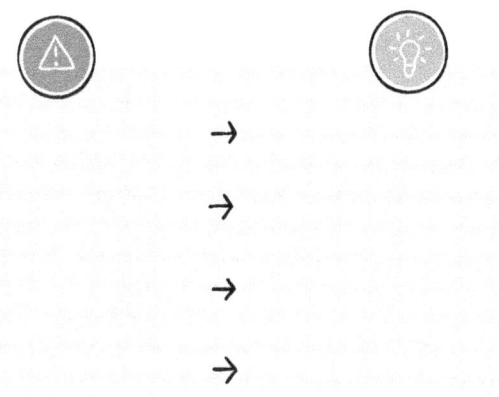

Die Expansion in andere Länder kann mit einigen Herausforderungen verbunden sein, quasi »Wachstumsschmerzen«. Kulturelle

Unterschiede können dazu führen, dass deine bewährten Marketingstrategien im neuen Markt nicht einwandfrei funktionieren wie erhofft. Auch Sprachbarrieren und unterschiedliche rechtliche Vorschriften können den Einstieg erschweren.

Alexandra spricht in ihrem Fall sogar über Hindernisse, die sie lustigerweise auch in ihrem Heimatland Deutschland erlebt hat. Es zeigt, dass man sich nicht nur im Ausland, sondern auch zu Hause anpassen muss, um erfolgreich zu sein.

Alexandra Budde: Vom Selbstläufer zu Stolpersteinen – mein Weg in die Selbstständigkeit auf unterschiedlichen Kontinenten

Foto: np fotograf

Alexandra Budde war über viele Jahre in einem internationalen Automobilkonzern tätig, entschied sich nach einem fünfjährigen Aufenthalt in China jedoch aktiv gegen die Rückkehr in den Konzern und gründete Xīnlǐměi 心里美. Sie verwandelt als in China qualifizierte Expertin für innovative Raumpsychologie Büros zu Orten, an denen Mitarbeitende effizienter, konzentrierter und glücklicher arbeiten können, und verhilft Privathaushalte zu einem Save Space, in dem Menschen holistisch ankommen, statt lediglich zu wohnen.

xinlimei.de

Meine berufliche Laufbahn begann ursprünglich in der Automobilindustrie, in welcher ich mich über viele, viele Jahre verwirklicht und weiterentwickelt habe. Als sich meinem Mann die Chance bot, eine Stelle in Peking anzunehmen, entschieden wir uns als Familie, das Abenteuer China zu wagen. Wie viel Veränderung dieser Schritt mit sich bringen würde, hätten wir zu diesem Zeitpunkt nie gedacht. Ich genoss es, eine fremde Kultur kennenzulernen, Peking zu erkunden, neue Bekanntschaften zu schließen, und stolperte durch Zufall in die Vorlesung eines einheimischen Professors, der über

Feng-Shui sprach. Ich werde nie vergessen, wie Gänsehaut meinen Körper überzog, als ich seinen Worten folgte und fasziniert bemerkte, dass er Emotionen, die ich so häufig gespürt hatte, in Worte fasste. Plötzlich ergab so vieles einen Sinn – weshalb fühlte ich mich in manchen Räumen wohl, in anderen unwohl, warum kam ich an meinem Schreibtisch nicht zur Ruhe, konnte auf der Couch nicht entspannen und schlief so schlecht?

Glücklicherweise konnte ich den Professor – der primär als praktizierender Feng-Shui Meister tätig war und ist – überzeugen, mich zu unterrichten, und ich durfte unsagbar viel von ihm über die Jahre hinweg lernen. Da so manches traditionelle Setting meinem persönlichen Stil nicht entsprach, nutze ich mein erworbenes Wissen, um eine innovative Möglichkeit zu schaffen, welche es mir durch die Nutzung von Markern, Kunst oder persönlichen Gegenständen erlaubt, ohne prägnant sichtbare Veränderungen zu arbeiten und die vollumfängliche Wirkung zu generieren. Mein Studium sprach sich schnell herum und ich erhielt zunehmend Anfragen. Die Männer meiner Auftraggeberinnen registrierten, dass sie zu Hause »plötzlich« besser regenerieren konnten, erholsamer schliefen, das Familienleben in Summe harmonischer wurde … So folgten die ersten Aufträge für Büros und Unternehmen.

Aufgrund der Restriktionen, die Corona in China mit sich brachte, reisten wir kurzfristig nach fünf großartigen Jahren aus China aus und kehrten nach Stuttgart zurück. Es stellte sich die Frage, ob ich in den Konzern zurückkehre … Jedoch hatte ich erleben dürfen, welch immensen Mehrwert ich durch meine Arbeit mit dem Raumpotenzial für Menschen erzielen kann und wie glücklich mich das wiederum macht. So entschied ich mich aktiv, in der Hochphase von

Insolvenzen in Deutschland, zu kündigen, um meiner Passion zu folgen. Die ersten Stolpersteine zeigten sich schnell. Nach meiner Zeit in China, dem Ursprungsland der traditionellen Lehre, fiel es mir schwer, all den Vorurteilen und Mythen in Deutschland über Feng-Shui zu begegnen. Ich verstand sie teilweise nicht, da sie so fern von dem waren, was ich erlebt und gelernt hatte. Zudem hatte ich keinerlei Übung darin, mein Business zu bewerben – dazu hatte bisher keine Notwendigkeit bestanden, da ich stets über Mund-Propaganda weiterempfohlen worden war. Ein Netzwerk nach 5 Jahren Abwesenheit hatte ich dato auch nicht. Trotzdem wusste ich, dass ich den richtigen Weg eingeschlagen hatte, und weiß es bis heute. Ich lernte wunderbare Menschen kennen und fand so den Weg zu The Grow – eine Netzwerk für Unternehmer*innen und Start-ups. Dank des Netzwerks und wertvoller Kontakte ebnet sich der Weg von Xīnlimĕi sukzessive und findet weitere neue inspirierende Ausrichtungen wie beispielsweise die holistische Nutzung des Raumes und dessen Potenzial in Form der innovativen Raumpsychologie. Die Erkenntnis, die ich aus beiden Wegen der Selbstständigkeit mitgenommen habe, ist eindeutig – es erleichtert es, ohne eigenes Zutun erfolgreich zu sein. Persönlich wachsen ließ mich jedoch der steinige Weg um Welten mehr und dieser fühlt sich zudem wesentlich erfüllender an.

Und am Ende wollen wir ja alle genau das – erfüllt sein. Wir glauben auch, dass es am Ende die wertvollen Beziehungen zu Menschen sind, die die meisten Schwierigkeiten und Widerstände abfedern können. Dieses Buch, die Challenges und unsere weiteren Angebote sollen dir helfen, genau solche Menschen um dich zu versammeln.

11.3 Visualisiere deinen Erfolg als Gründerin

Henry Ford sagte:»Ob du glaubst, du kannst etwas, oder du kannst etwas nicht, du hast immer recht.« Glaub an dich, mach dir bunte Bilder im Kopf und stelle dir vor, wie deine Zukunft aussieht – du als erfolgreiche Gründerin, als Visionärin, die ihre Ziele erreicht, einen Mehrwert für die Menschen in ihrem Umfeld schafft und andere auf dem Weg unterstützt. Wir haben das Buch mit diesem Bild von dir als erfolgreiche Gründerin gestartet und möchten nun darauf zurückkommen und das Bild noch verfeinern.

Warum diese Visualisierung wichtig ist:

Wenn du dir bewusst machst, wo du hinwillst, setzt du den richtigen Fokus. Male dir also ein Bild von dir, der zukünftigen erfolgreichen Unternehmerin.

>»Shoot for the moon. Even if you miss, you will land among the stars.«

Norman Vincent Peale

Mit dem richtigen Ziel vor Augen entwickelst du nicht nur dich selbst weiter, sondern inspirierst andere und schaffst auch Raum, um ihnen dabei zu helfen, ihre eigenen Träume zu verwirklichen. Vergiss nicht: Dein Potenzial ist grenzenlos. Jetzt ist der Moment, Geschichte zu schreiben! Danke, dass du dir die Zeit für deine eigene Weiterentwicklung als Gründerin schenkst.

Schließe die Augen und stelle dir vor, dass zehn Jahre vergangen sind. Nimm dir Zeit, alles aufzuschreiben, was dir bei der Visualisierung deiner Zukunft in den Sinn kommt. Erlaube dir, groß zu träumen – ohne Grenzen. Denke bunt, mutig und optimistisch. Stell dir einfach vor, du hättest einen Zauberstab, der dir jeden Wunsch erfüllen kann.

Beschreibe dich. Wo stehst du im Leben? Was hast du erreicht? Wer steht in deinem Zielbild neben dir? Was umgibt dich? Wie fühlst du dich als erfolgreiche Unternehmerin?

Wie geht es deinem Unternehmen? Wie sind eure Kultur und Zusammenarbeit? Welchen Mehrwert hast du für die Welt geschaffen? Inwiefern haben deine Produkte das Leben deiner Kundschaft verändert?

_____

_____

_____

_____

_____

#focuschallenge

Hier wartet die allerletzte Challenge dieses Buches
auf dich!

Verfasse einen Post auf LinkedIn oder Instagram, in dem
du darüber sprichst, welche Strategien dir als Gründerin

helfen, deinen Fokus zu halten und deine Ziele zu erreichen. Was sind die größten Ablenkungen, die du dabei
meistern musst?

Frage deine Follower, wie sie in herausfordernden Zeiten
den Fokus behalten und welche Methoden ihnen dabei helfen. So schaffst du eine Plattform, um Erfahrungen zu teilen, zu vernetzen und gemeinsam stark zu sein.

Tagge @wir.gruenden in deinem Beitrag, um die Reichweite zu erhöhen.

Schlusswort

Respekt! Echt starke Leistung! Wir verleihen dir gedanklich eine »Sie gründet«-Ehrenurkunde und drücken dich ganz fest. Mit all deiner geduldigen Ausfüllarbeit, deinen durchschlagenden Gedankengängen, deiner Zeit, die du dir immer wieder freigeschaufelt hast, hast du das gesamte Buch abgeschlossen und bist dabei unglaublich gewachsen. Es hat sich so gelohnt, dass du immer wieder innere Schranken weggekickt hast, um dich mutig und ernsthaft mit nicht so einfachen Themen auseinanderzusetzen. Wir sind stolz auf dich und das kannst du auch sein. Wir glauben, es brodelt jetzt so heftig in dir, dass du mit deinem Feuer eine Bewegung anzetteln kannst und die Welt von deiner Idee überzeugst und sie damit beglückst. Wir hoffen, das Buch hat dir geholfen, ein wenig Leichtigkeit in deinen Gründungsprozess zu bringen. Es geht nicht darum, die Arbeit an sich zu erleichtern. Vielmehr möchten wir dich dazu ermutigen, deine eigene Haltung zu verändern und den Umgang mit den eigenen Ressourcen zu verbessern.

Du hast jetzt ein neues Handwerkszeug, mit dem du deine Herausforderungen meistern kannst. Durch jede Challenge, die du absolviert hast, hast du bereits selbst dein Netzwerk vergrößert und bestimmt wertvollen Support für dein Unternehmen gewinnen können. Gelegentlich wirst du vielleicht trotzdem an Punkte kommen, an denen du im Nebel steckst. Und dann sind wir gerne für dich da. Schreib uns einfach eine E-Mail an: *info@wirgruenden.com*!

Unser Angebot an dich

Durch dieses Buch geben wir dir Zugang zu einem großen Kreis an Frauen, die wertvolle Geschäftspartnerinnen oder Mentorinnen sein können. In der Danksagung findest du die Liste aller Gastautorinnen. Vernetze dich gerne direkt mit ihnen und uns auf LinkedIn oder Instagram und schreibe eine kurze Nachricht. Wir freuen uns, dich kennenzulernen!

Neben dem Netzwerkangebot möchten wir dir noch konkrete Weiterentwicklungsangebote bieten. Die Coachings und Download-Materialien sollen dir dabei helfen, Klarheit zu gewinnen, wie du dein Unternehmen am besten aufbaust, welche Schritte strategisch sinnvoll sind, um dein Ziel zu erreichen und dir eine langfristige Perspektive für dein Wachstum zu geben. Wir stellen dir Experten/Expertinnen vor, an die du dich bei Fragen wenden kannst. Außerdem unterstützen wir dich gerne beim Aufbau deines eigenen, kleinen, aber feinen Circles mit Materialien und Methoden von der Organisation bis zur Moderation.

 All das findest du auf unserer Plattform
wir-gruenden.com

Dort dreht sich alles rund um die Vernetzung und Unterstützung von Gründer*innen. Durch unsere Leistungen tragen wir dazu bei, dass mehr Gründerinnen ihre unternehmerischen Ziele erfolgreich verwirklichen können.

Danksagung

Von Herzen möchten wir uns zunächst bei dir, liebe Leserin, bedanken. Deine Entscheidung, die Welt mit deiner Idee zu bereichern, verdient großen Applaus! Dass du unser Buch als Unterstützung auf deinem Weg gewählt hast, feiern wir ganz besonders. Dein Vertrauen und der Kauf dieses Buches bedeuten uns sehr viel.

Ein besonderer Dank gilt all den großartigen Gründerinnen, die als Gastautorinnen zu diesem Werk beigetragen haben. In alphabetischer Reihenfolge möchten wir nennen:

Alexandra Budde, Alisa Stolze, Anika Schmidt, Annika Junker, Ashley Forsson, Carolin Ackermann, Dr. Christiane Gierke, Ilka Mandernach, Dr. Julia König, Katharina Stapel, Lena Soukup, Madeleine Adam, Nicole Wiegand, Patricia Paule, Petra Huber, Dr. Petra Arends-Paltzer, Saina Cortez, Sylke Mokrus, Tanja Kammler, Ursula Volpe, Vera Peters und Yvonne Zermin.

Euer wertvoller Beitrag und das Teilen eurer persönlichen Gedanken und Geschichten haben dieses Buch bereichert.

Ein besonderes Dankeschön an:

- Patricia Paule für deine durchdachten Tipps,
- Ursula Volpe für all deinen Input,
- Alisa Stolze für deinen Blick auf die Details,
- Jan Fischbach für deine klaren Ansagen,
- Manuel Chandramohan für deine motivierenden Worte,
- Hedda Haupt für deine Unterstützung.

Ein herzliches Dankeschön geht auch an unsere Lektorin Jutta Hörnlein und den Wiley Verlag. Euer scharfer Blick, euer offenes Ohr und eure fundierten Ratschläge haben entscheidend zur Qualität dieses Werkes beigetragen. Eure Geduld, Kooperationsbereitschaft und Fachkenntnis waren in diesem Prozess unverzichtbar.

Nicht zuletzt danken wir unseren Familien und Freunden/ Freundinnen, die einen großen Anteil daran haben, dass wir so sind, wie wir sind, und tun, was wir tun. Mit eurer Liebe, eurem Verständnis und eurer Verbundenheit seid ihr eine große Unterstützung.

Euch allen von Herzen, danke!

Über die Autorinnen

Cornelia Biegler

Cornelia Biegler ist freiberufliche Designerin mit Schwerpunkt auf UX/UI-Design & Branding. Sie hat zwei Design-Studienabschlüsse und zusätzliche Zertifizierungen in Ethik, Nachhaltigkeit sowie globales Unternehmertum erworben. Als angestellte UX/UI-Designerin war sie Teil der Reise vom Start-up zum Scale-up und gründete danach selbst ein Start-up. Aktuell begleitet sie Start-ups, Kleinunternehmen und ihren Sohn beim Großwerden.

Cornelia auf LinkedIn

Jessica Turner

Jessica Turner hat ihr eigenes Unternehmen gegründet, META Projects & Training, mit dem sie Organisationen und Menschen durch IT-Transformationsprojekte wie die SAP S/4HANA Einführung begleitet. Sie betreut eigeninitiativ Entwicklungsprojekte in Kenia und Nepal, um Frauen und Kindern Starthilfe in ein selbstbestimmtes Leben zu geben. Und seit einiger Zeit investiert Jessica auch in Start-ups, die gesellschaftlichen Mehrwert stiften. Mit gezieltem Start-up-Mentoring hilft sie Gründerinnen und Gründern zum erfolgreichen Business.

Jessica auf LinikedIn

Anmerkungen

1 Was bedeutet es, zu gründen?

1. Vgl. Hirschfeld, A., Kollmann, T., Gilde, J., Walk, V., & Ansorge, M. (o.J.)
2. Vgl. Bündnis Sorgearbeit Fair Teilen. (o.J.)
3. Vgl. DGB Deutscher Gewerkschaftsbund. (o.J.)
4. Vgl. Tenmorein. (o.J.)
5. Vgl. Tenmorein. (o.J.)
6. Vgl. Balke, B., & Östros, T. (o.J.)
7. Vgl. Hirschfeld, A., Kollmann, T., Gilde, J., Walk, V., & Ansorge, M. (o.J.)
8. Vgl. Balke, B., & Östros, T. (o.J.)
9. Vgl. Lorenzo, R., & Reeves, M. (2018)
10. Vgl. Hirschfeld et al. (o.J.)
11. Vgl. Rösler, A., & Höllrigl Tschaikner, E. (2023)
12. Vgl. Cammarata, P. (2024)

2 Deine persönliche Entwicklung

1. Vgl. Dehnert, C. (2024)
2. Vgl. Boerner, M. (2014)
3. Vgl. Bandura, A. (1997)
4. Vgl. Haas, R., Watson, J., Buonasera, T., Southon, J., Chen, J.C., Noe, S., Smith, K., Llave, C.V., Eerkens, J., & Parker, G. (o.J.)
5. Vgl. Schöler, L. (2024)
6. Vgl. Esterson, A., & Cassidy, D.C. (2019)
7. Vgl. Schöler, L. (2024)
8. Vgl. *Rosalind Franklin Papers at the National Library of Medicine* (2007)
9. Vgl. Schöler, L. (2024)
10. Vgl. Weidenbach, V. (2022)
11. Vgl. Strobel, C. (o.J.)
12. Vgl. Schöler, L. (2024)
13. Vgl. Zykunov, A. (2023)
14. Vgl. Wen, S.C., & Zhuo, L. (2008)
15. Hawkins, D.E. (2016)
16. Vgl. APA. (2020)
17. Vgl. APA. (2020)
18. Vgl. World Health Organization. (o.J.)
19. Vgl. Siegfried, T. (2022)
20. Vgl. Madame Moneypenny. (o.J.)

3 Finde dein Ding

1. Vgl. Sinek, S. (2011)
2. Vgl. Sinek, S. (2011)
3. Vgl. Sinek, S. (2011)
4. Vgl. Sinek, S. (2011)
5. Vgl. Sinek, S. (2011)
6. Vgl. Neumeier, M. (2022)
7. Vgl. Sinek, S. (2011)
8. Vgl. Sinek, S. (2011)
9. Vgl. Quiller-Couch, A. (2006)
10. Vgl. Metzger, G. (2024)
11. Vgl. Manual of me. (o.J.)

4 Marktforschung und Geschäftsentwicklung

1. Vgl. Startup Verband. (o.J.)
2. Vgl. Bundesministerium für Wirtschaft und Klimaschutz (BMWK). (2023a)
3. Vgl. Startup port. (2023)
4. Vgl. Weiskam, A., & Davies, G. (2023)
5. Vgl. Weiskam, A., & Davies, G. (2023)
6. Vgl. Startup Verband. (o.J.)
7. Vgl. Zukunftsinstitut. (2023)
8. Vgl. Anderson, P., Black, A., Bourne, P., & Rickman, C. (2022)
9. Vgl. Neumeier, M. (2022)
10. Vgl. Ries, E. (2024)
11. Vgl. Ries, E. (2024)
12. Vgl. Ries, E. (2024)
13. Ries, E. (2024), S. 81
14. Vgl. Neumeier, M. (2022)
15. Vgl. Ries, E. (2024)
16. Vgl. Ries, E. (2024)
17. Vgl. Anderson, P., Black, A., Bourne, P., & Rickman, C. (2022)

5 Vermarktung und Markenbildung

1. Vgl. Sinek, S. (2011)
2. Vgl. Lupton, E. (2017)
3. Vgl. Lupton, E. (2017)
4. Vgl. Neumeier, M. (2022)

5. Vgl. Lupton, E. (2017)
6. Vgl. Lupton, E. (2017)
7. Vgl. Hubspot. (o.J.)
8. Vgl. Hubspot. (o.J.)
9. Vgl. Hubspot. (o.J.)
10. Vgl. Hubspot. (o.J.)
11. Vgl. Sinek, S. (2011)
12. Vgl. Neumeier, M. (2022)
13. Vgl. Neumeier, M. (2022)
14. Vgl. Neumeier, M. (2022)
15. Vgl. Elliot, A.J., & Maier, M.A. (2014)
16. Vgl. Lupton, E. (2017)
17. Vgl. Anderson, P., Black, A., Bourne, P., & Rickman, C. (2022)
18. Vgl. Ries, E. (2024)
19. Vgl. Graßmann, S., & Raiser, S. (2024)
20. Vgl. Graßmann, S., & Raiser, S. (2024)
21. Vgl. Ries, E. (2024)
22. Vgl. Statista. (2024)

6 Rechtliche Grundlagen deiner Gründung

1. Vgl. Anderson, P., Black, A., Bourne, P., & Rickman, C. (2022)

7 Dein Weg zur Finanzierung

1. Vgl. Anderson, P., Black, A., Bourne, P., & Rickman, C. (2022)
2. Anderson, P., Black, A., Bourne, P., & Rickman, C. (2022)
3. Vgl. Metzger, G. (2024)
4. Vgl. Hirschfeld, A., Kollmann, T., Gilde, J., Walk, V., & Ansorge, M. (o.J.)
5. Vgl. Deutschland startet. Die Initiative für Existenzgründer. (o.J.)
6. Vgl. Gofundme. (o.J.)
7. Vgl. Deutsche Startups. (o.J.)
8. Vgl. Bundesministerium für Wirtschaft und Klimaschutz (BMWK). (2023b)

8 Netzwerk, Netzwerk, Netzwerk

1. Vgl. SAP.io. (o.J.)

9 Team work makes dream work

1. »DiSG«, »DISG« und »Everything DiSG« sind eingetragene Marken von John Wiley & Sons, Inc.

2. Vgl. Google. (2015)
3. Vgl. Sinek, S. (2011)
4. Vgl. Agile Moose. (o.J.)
5. Vgl. Tuckman, B.W. (1965)

10 Du als inspirierende Leaderin

1. Vgl. OECD (2012)
2. Vgl. Ries, E. (2024)
3. Vgl. Ries, E. (2024)
4. Vgl. Lupton, E. (2017)
5. Vgl. Sinek, S. (2011)
6. Vgl. Sinek, S. (2011)
7. Vgl. Buhr, A. (2023)
8. Vgl. Brand, M., & Kloppenburg, N. (2024)
9. Vgl. Scheelen, F. (2023)
10. Vgl. Asendorpf, J. B., & Neyer, F. J. (2012)
11. Vgl. Gierke, C. (2010)
12. Vgl. Gierke, C. (2016)
13. Vgl. Onaran, T. (2023)

11 Mit Fokus, Balance und Weitblick zum Erfolg

1. Vgl. Fioravanti, G., Casale, S., Bocci Bennuci, S., Prostamo, A., Falone, A., Ricca, V. & Rotella, F. (2021)
2. Vgl. Medvedskaya, E. I. (2022)
3. Vgl. Randall, J.G., Oswald, F.L. & Beier, M.E. (2014)
4. Vgl. Meyer, D.E., Evans, J.E. & Rubinstein, J.S. (2001)
5. Vgl. Nehls, M. (2022)
6. Vgl. Monteleone, P., Maj, M. & Rauso, R. (1992)
7. Vgl. Heinz, A. J. (2015)
8. Vgl. Walker, M.P. (2009)
9. Vgl. Young, S.N. (2007)
10. Vgl. Nehls, M. (2011)
11. Vgl. Dobelli, R. (2020)
12. Vgl. Lovallo, D. & Kahnemann, D. (2003)
13. Vgl. Ries, E. (2024)
14. Vgl. Sinek, S. (2011)
15. Vgl. Ries, E. (2024)

Literaturverzeichnis

Asendorpf, J. B., & Neyer, F. J. (2012). *Psychologie der Persönlichkeit.* Springer-Verlag.

Anderson, P., Black, A., Bourne, P., & Rickman, C. (2022). *START-UP gründen. Der Weg zum Erfolg.* Dorling Kindersley Verlag.

Bandura, A. (1997). *Self Efficacy. The Exercise of Control.* Worth.

Buhr, A. (2023). *Führungsprinzipien.* GABAL Verlag.

Boerner, M. (2014). *Byron Katies The Work. Der einfache Weg zum befreiten Leben.* Boerner Media.

Cammarata, P. (2024). *Musterbruch. Überraschende Lösungen für wirkliche Gleichberechtigung.* Julius Beltz GmbH & Co. KG.

Dehnert, C. (2024). *Das Gefühl von Armut. Über knappe Kohle, geringen Selbstwert und einen Sozialstaat, der uns im Stich lässt.* Edition Michael Fischer.

Dobelli, R. (2020). *Die Kunst des klaren Denkens. 52 Denkfehler, die Sie besser anderen überlassen. (2. Aufl.).* Piper Verlag GmbH.

Elliot, A.J., & Maier, M.A. (2014). Color psychology: effects of perceiving color on psychological functioning in humans. *Annu Rev Psychol. 2014, 65,* 95-120. doi: 10.1146/annurev-psych-010213-115035. PMID: 23808916.

Esterson, A., & Cassidy, D.C. (2019). *Einstein's Wife. The Real Story of Mileva Einstein-Maric.* MIT Press.

Fioravanti, G., Casale, S., Bocci Bennuci, S., Prostamo, A., Falone, A., Ricca, V. & Rotella, F. (2021). Fear of missing out and social networking sites use and abuse: A meta-analysis. In M. J. Guitton (Hrsg.), *Computers in human behavior, Volume 122.* Elsevier.

Gierke, C. (2010). *Das ist ja 'ne Marke!: bekannter, beliebter und erfolgreicher mit Persönlichkeitsmarketing.* GABAL Verlag GmbH.

Gierke, C. (2016). *Sieben Geheimnisse erfolgreicher Persönlichkeiten.* In Buhr, A. (Hrsg.), *Training ist der Erfolg von morgen. So bringen Sie Ihr Unternehmen voran, go!* LiveVerlag.

Graßmann, S., & Raiser, S. (2024). *Kids & Kröten. Wie du familienkompatibel finanziell erfolgreich wirst.* FBV.

Haas, R., Watson, J., Buonasera, T., Southon, J., Chen, J.C., Noe, S., Smith, K., Llave, C.V., Eerkens, J., & Parker, G. (o.J.). Female hunters of the early Americans. *Science Advances, Vol. 6*(45). https://www.science.org/doi/10.1126/sciadv.abd0310

Hawkins D. R. (2016). The Eye of the I: From Which Nothing is Hidden. Hay House LLC.

Heinz, A. J. (2015). Sleep disturbance, serotonin, and vulnerability to major depressive disorder. *Journal of Affective Disorders, 182,* 32–38.

Kim, W. C., & Mauborgne, R. (2015). *Blue Ocean Strategy. How to Create Uncontested Market Space and Make the Competition Irrelevant.* Harvard Business Review Press.

Lovallo, D. & Kahnemann, D. (2003). Delusion of Success: How Optimism Undermines Executives' Decisions. *Harvard Business Review 81* (7). 56–63.

Lupton, E. (2017). *Design is storytelling.* Thames & Hudson.

Medvedskaya, E. I. (2022). Features of the Attention Span in Adult Internet Users. In *RUDN Journal of Psychology and Pedagogics 2022 Vol. 19* No. 2, 304–319, https://doi.org/10.22363/2313-1683-2022-19-2-304-319

Meyer, D.E., Evans, J.E. & Rubinstein, J.S. (2001). Executive Control of Cognitive Processes in Task Switching. *Journal of Experimental Psychology: Human Perception and Performance 2001, Vol. 27* No. 4, 763–797. doi: 10.1037//0096-1523.27.4.763. PMID: 11518143.

Monteleone, P., Maj, M., & Rauso, R. (1992). Effects of sleep deprivation on nocturnal melatonin and serum serotonin levels in healthy subjects. *Psychiatry Research, 41*(1), 31–36.

Nehls, M. (2011). *Die Methusalem-Strategie. Vermeiden, was uns daran hindert, gesund, älter und weiser zu werden* (4. Aufl.). Mental Enterprises.

Nehls, M. (2022). *Das erschöpfte Gehirn: Der Ursprung unserer mentalen Energie – und warum sie schwindet – Willenskraft, Kreativität und Fokus zurückgewinnen.* Heyne Verlag.

Neumeier, M. (2022). THE BRAND GAP. *Wie sich die Lücke zwischen Design und Unternehmensstrategie schließen lässt* (1. Aufl.). Pearson Studium.

OECD (2012). Gender equality in Entrepreneurship. *Closing the Gender Gap: Act Now*, 273–343. OECD Publishing. https://doi.org/10.1787/9789264179370-6-en

Onaran, T. (2023). *Be Your Own F*cking Hero: Trau dich – weil du es kannst.* Goldmann Verlag.

Quiller-Couch, A. (2006). *On the Art of Writing.* Dover Publications.

Randall, J.G., Oswald, F.L. & Beier, M.E. (2014). Mind-wandering, cognition, and performance: A theory-driven meta-analysis of attention regulation. *Psychological Bulletin, 140,* 1411–1431.

Ries, E. (2024). *The Lean Startup. How Today's Entrepreneurs Use Continuous Innovation to Create Radically Successful Business.* Crown.

Rosalind Franklin Papers at the National Library of Medicine (2007). Watermark (Arch Libr Hist Health Sci). *30*(3), 72–3. PMID: 19425260.

Rösler, A., & Höllrigl Tschaikner, E. (2023). *Mythos Mutterinstinkt. Wie moderne Hirnforschung uns von alten Rollenbildern befreit und Elternschaft neu denken lässt – Von Muttertät und Matreszenz.* Kösel-Verlag.

Scheelen, F. (2023). Unternehmen Exzellenz. *It´s a Match! Was Unternehmen wirklich brauchen, um mit starken Teams Krisen zu meistern.* Bildungsverlag by Scheelen.

Schöler, L. (2024). *Beklaute Frauen: Denkerinnen, Forscherinnen, Pionierinnen. Die unsichtbaren Heldinnen der Geschichte.* Verlagsgruppe Random House GmbH.

Sinek, S., Mead, D., & Docker, P. (2018). *Finde dein Warum. Der praktische Wegweiser zu deiner wahren Bestimmung.* Redline Verlag.

Sinek, S. (2011). *Frag immer erst: warum. Wie Führungskräfte zum Erfolg inspirieren* (11. Aufl.). Redline Wirtschaft.

Tuckman, B. W. (1965). Developmental sequence in small groups. In *Psychological Bulletin, 63*(6), 384–399.

Turner, J. (2023). *Metamorphose. Das Buch für deine Veränderung.* Tredition.

Walker, M.P. (2009). The role of sleep in cognition and emotion. *Annals of the New York Academy of Sciences, 1156*(1), 168–197.

Weidenbach, V. (2022). *Die unerzählte Geschichte. Wie Frauen die moderne Welt erschufen – und warum wir sie nicht kennen*. Rowohlt Verlag GmbH.

Wen, S.C., & Zhuo, L. (2008). *Mit TCM gesünder leben. Zufriedenheit und Lebensqualität für den Alltag*. Springer. https://doi.org/10.1007/978-3-211-77141-9_3

Young, S.N. (2007). How to increase serotonin in the human brain without drugs. *Journal of Psychiatry & Neuroscience, 32*(6), 394–399.

Zykunov, A. (2023). *Was wollt ihr denn noch alles?! Zahlen, Fakten und Absurditäten über unsere ach-so-tolle Gleichberechtigung*. Ullstein Buchverlage.

Onlinequellen

Agile Moose. (o.J.). *Design the Team Alliance – Creating the space.* https://www.agile-moose.com/design-team-alliance. Zugegriffen: 30. Oktober 2024.

American Express. (o.J.). *The 2018 State of women-owned business report. Summary of key trends.* https://mycnote.com/resources/2018-state-of-women-owned-Business-report_FINAL.pdf. Zugegriffen: 28. Oktober 2024.

APA. (2020). *Stress in America™ 2020. A National Mental Health Crisis.* https://www.apa.org/news/press/releases/stress/2020/report-october#:~:text=Each%20year,%20the%20American%20Psychological%20Association%20(APA). Zugegriffen: 28. Oktober 2024.

Balke, B., & Östros, T. (o.J.). *Frauen an der Spitze sind gut fürs Geschäft.* Europäische Investitionsbank. https://www.eib.org/de/stories/climate-women-profits?recommendation=1. Zugegriffen: 28. Oktober 2024.

Brand, M., & Kloppenburg, N. (2024). (Hrsg.) *Kompendium Persönlichkeitsanalysen.* https://persoenlichkeitsanalysen.de. Zugegriffen: 30. Oktober 2024.

Bundesministerium für Wirtschaft und Energie (BMWi). (2021). *Starthilfe. Der erfolgreiche Weg in die Selbstständigkeit.* https://www.bmwk.de/Redaktion/DE/Publikationen/Mittelstand/starthilfe-der-erfolgreiche-weg-in-die-selbstaendigkeit.pdf?__blob=publicationFile&v=1. Zugegriffen: 28. Oktober 2024.

Bundesministerium für Wirtschaft und Klimaschutz (BMWK). (2022). *Die Start-up-Strategie der Bundesregierung.* https://www.bmwk.de/Redaktion/DE/Publikationen/Existenzgruendung/Start-up-strategie-der-bundesregierung.pdf?__blob=publication File&v=4. Zugegriffen: 28. Oktober 2024.

Bundesministerium für Familie, Senioren, Frauen und Jugend (BMFSFJ). (2022). *Ohne Frauen geht es nicht.* https://www.bmfsfj.de/bmfsfj/mediathek/ohne-frauen-geht-es-nicht-202626 Zugegriffen: 28. Oktober 2024.

Bundesministerium für Wirtschaft und Klimaschutz (BMWK). (2023a). *Mehr Unternehmerinnen für den Mittelstand. Gemeinsamer Aktionsplan von Bundesministerien, Verbänden, Netzwerken und wissenschaftlichen Instituten auf Initiative des BMWK.* https://www.bmwk.de/Redaktion/DE/Dossier/mehr-unternehmerinnen-fuer-den-mittelstand.html. Zugegriffen: 28. Oktober 2024.

Bundesministerium für Wirtschaft und Klimaschutz (BMWK). (2023b). *Förderrichtlinie. Förderung von Unternehmensgründungen (EXIST-Gründungsstipendium) im Rahmen des Förderprogramms Existenzgründungen aus der Wissenschaft.* https://www.exist.de/EXIST/Redaktion/DE/Downloads/EXIST-Richtlinien/Richtlinie-EGS-18-04-2023.pdf?__blob=publicationFile&v=5.* Zugegriffen: 30. Oktober 2024.

Bündnis Sorgearbeit Fair Teilen. (o.J.). *Factsheet – Der Gender Care Gap und seine Folgen.* https://www.sorgearbeit-fair-teilen.de/wp-content/uploads/2024/06/BSFT-Factsheet-GenderCareGap.pdf. Zugegriffen: 29. Oktober 2024.

Deutsche Startups. (o.J.). *Die größten und wichtigsten Startup-Investoren aus Deutschland, Österreich und der Schweiz.* https://www.deutsche-startups.de/die-groessten-startup-investoren/. Zugegriffen: 30. Oktober 2024.

Deutschland startet. Die Initiative für Existenzgründer. (o.J.). *Was bedeutet der Begriff Bootstrapping?* https://www.deutschlandstartet.de/bootstrapping/#:~:text=Abgeleitet%20wird%20der%20Begriff%20vom,Haaren%20aus%20einem%20Sumpf%20zog. Zugegriffen: 30. Oktober 2024.

DGB Deutscher Gewerkschaftsbund. (o.J.). *Equal Pay: Das brauchen wir für gerechte Bezahlung!* https://www.dgb.de/geld/equalpay/. Zugegriffen: 29. Oktober 2024.

GEM Global Entrepreneurship Monitor. (2023). *GEM 2022/23 Women's Entrepreneurship Report: Challenging Bias and Stereotypes.* https://www.gemconsortium.org/reports/womens-Entrepreneurship. Zugegriffen: 29. Oktober 2024.

Gofundme. (o.J.). *Die führende Crowdfunding-Plattform. Deine Anlaufstelle für Hilfe.* https://www.gofundme.com/de-de. Zugegriffen: 30. Oktober 2024.

Google. (2015). *Rework with Google.* https://rework.withgoogle.com/jp/. Zugegriffen: 28. Oktober 2024.

Hernandez Kent, A. (2021). *Gender Wealth Gaps in the US: and Benefits of Closing Them.* Federal Reserve Bank of St. Louis. https://www.stlouisfed.org/open-vault/2021/september/gender-wealthgaps-us-benefits-of-closing-them. Zugegriffen: 29. Oktober 2024.

Hirschfeld, A., Kollmann, T., Gilde, J., Walk, V., & Ansorge, M. (o.J.). *Deutscher Startup Monitor. Den Blick nach vorne.* Startup Verband. https://startupverband.de/fileadmin/startupverband/mediaarchiv/research/dsm/Deutscher_Startup_Monitor_2024.pdf. Zugegriffen: 29. Oktober 2024.

KfW Research. (2024). *KfW Entrepreneurship Monitor 2024* https://www.kfw.de/PDF/Download-Center/Konzernthemen/Research/PDF-Dokumente-Gr%C3%BCndungsmonitor/Gr%C3%BCndungsmonitor-englische-Dateien/KfW-Gr%C3%BCndungsmonitor-2024_EN.pdf. Zugegriffen: 29. Oktober 2024.

Kiefl, S., Scharpe, K., Wunsch, M., & Hoffmann, P. (o.J.). *4. Deutscher Social Entrepreneurship Monitor 2021/2022.* Social Entrepreneurship Netzwerk Deutschland e. V. https://www.send-ev.de/wp-content/uploads/2022/04/4_DSEM_web.pdf. Zugegriffen: 28. Oktober 2024.

Kollmann, T., Strauß, C., Pröpper, A., Faasen, C., Hirschfeld, A., Gilde, J., & Walk, J. (2022). *Deutscher Start-up Monitor 2022*. Bundesverband Deutsche Startups e.V. & PwC Deutschland. https://startupverband.de/fileadmin/startupverband/mediaarchiv/research/dsm/DSM_2022.pdf. Zugegriffen: 28. Oktober 2024.

Lorenzo, R., & Reeves, M. (2018). *How and Where Diversity Drives Financial Performance*. Harvard Business Review. https://hbr.org/2018/01/how-and-where-diversity-drives-financial-performance. Zugegriffen: 29. Oktober 2024.

Madame Moneypenny. (o.J.). *Own it. Der Female Finance Podcast*. https://open.spotify.com/show/4ii7YHR5Q7t7gbqFgv5Fpe?si=ed3a63ba1fda4be0&nd=1&dlsi=370a3c062f6b4d25. Zugegriffen: 29. Oktober 2024.

Manual of me. (o.J.). *Explore and explain how you work better together*. https://www.manualof.me/. Zugegriffen: 29. Oktober 2024.

Metzger, G. (2024). *KfW Entrepreneurship Monitor 2024. Start-up activity lacks macroeconomic impetus – self-employed people are becoming more important as multipliers*. KfW Research. https://www.kfw.de/PDF/Download-Center/Konzernthemen/Research/PDF-Dokumente-Gr%C3%BCndungsmonitor/Gr%C3%BCndungsmonitor-englische-Dateien/KfW-Gr%C3%BCndungsmonitor-2024_EN.pdf. Zugegriffen: 29. Oktober 2024.

Rimpler, R. (o.J.). *Frauen des Handwerks*. ZDH Zentralverband des deutschen Handwerks. https://www.zdh.de/daten-und-fakten/kennzahlen-des-handwerks/frauen-des-handwerks/. Zugegriffen: 28. Oktober 2024.

SAP.io. (o.J.). *The fastest way to Start-up with SAP*. https://sap.io/foundries/. Zugegriffen: 30. Oktober 2024.

Schwartz, M. (2022). Frauenquote im Mittelstand auf niedrigem Niveau sogar rückläufig: Sind Impulse für Zuwachs an Chefinnen in weiter Ferne? *Fokus Volkswirtschaft, Nr. 370*, 1–5. https://www.kfw.de/PDF/Download-Center/Konzernthemen/Research/PDF-Dokumente-Fokus-Volkswirtschaft/Fokus-2022/Fokus-Nr.-370-Maerz-2022-Chefinnen.pdf. Zugegriffen: 30. Oktober 2024.

Siegfried, T. (2022). *Old-Age Record Could Reach 130 by Century's End*. Smithsonian Magazine. https://www.smithsonianmag.com/science-nature/old-age-record-could-reach-130-by-centurys-end-180979301/. Zugegriffen: 29. Oktober 2024.

Startup port. (2023). *German Startup Monitor 2023: Despite the crisis – startups assert themselves as innovation drivers*. https://startupport.de/en/german-startup-monitor-2023-despite-the-crisis-startups-assert-themselves-as-innovation-drivers/. Zugegriffen: 29. Oktober 2024.

Startup Verband. (o.J.). *Female Founders Monitor 2022*. https://startupverband.de/fileadmin/startupverband/forschung/studien/ffm/Female_Founders_Monitor_2022.pdf. Zugegriffen: 28. Oktober 2024.

Statista. (2024). *Anteil der Internetnutzer in Deutschland in den Jahren 2001 bis 2023*. https://de.statista.com/statistik/daten/studie/13070/umfrage/entwicklung-der-internetnutzung-in-deutschland-seit-2001/. Zugegriffen: 29. Oktober 2024.

Strobel, C. (o.J.). *Lotte Reiniger. Die Filmpionierin und ihre Scherenschnittfilme*. https://www.lottereiniger.de/lotte_reiniger/biographie.php. Zugegriffen: 28. Oktober 2024.

Tenmorein. (o.J.). *The modern-day leadership platform. Female first*. https://www.tenmorein.com/. Zugegriffen: 29. Oktober 2024.

Voigt, N., van der Vegte, M., & Welpe, I. (2021). *Gender Diversity Index Deutschland 2021. Key Insights*. Boston Consulting Group. https://web-assets.bcg.com/7b/8b/850022a9438b974c7d92162d4420/bcg-gender-diversity-index-2021-key-insights.pdf. Zugegriffen: 28. Oktober 2024.

Weiskam, A., & Davies, G. (2023). *Germany's Booming Startup Scene, in Berlin and Beyond ... Sapphire*. https://sapphireventures.com/blog/germanys-booming-startup-scene-in-berlin-and-beyond/. Zugegriffen: 29. Oktober 2024.

World Health Organization. (o.J.). *Global Health Estimates: Life expectancy and leading causes of death and disability*. https://www.who.int/data/gho/data/themes/mortality-and-global-health-estimates. Zugegriffen: 29. Oktober 2024.

Zukunftsinstitut. (2023). *Die Megatrends.* https://www.zukunfts institut.de/zukunftsthemen/megatrends. Zugegriffen: 29. Oktober 2024.

Literaturempfehlungen

Blinkist. (o.J.). *Die besten 100 Bücher zu Führung.* https://www .blinkist.com/de/content/topics/leadership-de. Zugegriffen: 28. Oktober 2024.

Brand, M., & Kloppenburg, N. (2024). *Kompendium Persönlichkeitsanalysen.* https://www.persoenlichkeitsanalysen.de/. Zugegriffen: 28. Oktober 2024.

Buhr, A., & Feltes, F. (2018). *Revolution? Ja, bitte! Wenn Old-School-Führung auf New-Work-Leadership trifft.* Gabal Verlag.

Buhr, A. (2023). *Führungsprinzipien: Führung geht heute anders. Die 12 Leitsätze der Clean Leadership.* Gabal Verlag.

Cremades, A. (2016). *The Art of Startup Fundraising. Pitching Investors, Negotiating the Deal, and Everything Else Entrepreneurs Need to Know.* Wiley.

Feld, B., & Mendelson, J. (2019). *Venture Deals. Be Smarter Than Your Lawyer and Venture Capitalist* (4. Aufl.). Wiley.

Gianforte, G., & Gibson, M. (2007). *Bootstrapping Your Business. Start and Grow a Successful Company with Almost No Money.* BookSurge Publishing.

Gierke, C. (2010). *Das ist ja´ne Marke! Bekannter, beliebter und erfolgreicher mit Persönlichkeitsmarketing®.* Gabal Verlag.

Gravagna, N., & Adams, P. K. (2013). *Venture Capital for Dummies.* Wiley.

Malik, F. (2024). *Was lässt Sie nachts nicht schlafen? Erste Hilfe für Führungskräfte – Essentials für den Alltag.* Campus Verlag.

Miller, D. (2017). *Building a StoryBrand. Clarify Your Message So Customers Will Listen.* HarperCollins Leadership.

Ries, E. (2012). *Lean Startup. Schnell, risikolos und erfolgreich Unternehmen gründen.* Redline Verlag.

Scheelen, F.M. (2023). *Unternehmen Exzellenz. It´s a Match! Was Unternehmen wirklich brauchen, um mit starken Teams Krisen zu meistern.* Bildungsverlag by Scheelen.

Sgura, S., & Bojahr, D. (2024). *GROWTH MASTERY. Wie Sales Leader heute ihre Teams zum Erfolg führen.*

Stotz, N. (2022). *Product-Market-Fit. Der entscheidende Meilenstein eines Start-ups.* Springer Gabler.

Turner, J. (2024). *Online-Meetings mit Fokus und Mehrwert. Schluss mit Kalender-Tetris – wie virtuelle Besprechungen effizienter werden.* Springer Gabler.